Karin Struck
Klassenliebe
Roman

Suhrkamp Verlag

edition suhrkamp 629
Erste Auflage 1973
© Suhrkamp Verlag, Frankfurt am Main 1973.
Erstausgabe. Printed in Germany. Alle Rechte vorbehalten, insbesondere
das der Übersetzung, des öffentlichen Vortrags und der Übertragung durch
Rundfunk und Fernsehen, auch einzelner Teile. Satz in Linotype Gara-
mond. Druck Nomos Verlagsgesellschaft, Baden-Baden. Gesamtausstat-
tung Willy Fleckhaus.

19 20 21 22 23 − 97 96

Schwarzsauer: Diese dunkle Suppe mit dem Gänseblut und den Backpflaumen... auf ostpreußischen Gütern war es an Schlachttagen ein *Leuteessen*, im Rinder- oder Schweine-Schwarzsauer wurden die *geringwertigen* Fleischstücke, Ohren, Schnauze, Innereien und auch Knochen, im pommerschen Gänse-Schwarzsauer wurden die *geringwertigen* Fleischstücke, Leber, Magen, Herz, Flügel, Füße, Hals, Stütz... verwendet, die der *Herrschaftsküche* nicht gut genug waren...

16. Mai 72. Ich arbeitete bei einer Gewerkschaftsschulung mit, als Mitglied eines »Teams« von zwei Studenten und zwei Gewerkschaftlern. Am ersten Tag der Wochenendschulung wollten wir mit den jungen Arbeitern über die Geschichte der Arbeiterbewegung diskutieren. Ein Student referierte. Danach saßen alle steif und starr und schwiegen. Nach dem Mittagessen gingen die Kollegen nach draußen einen Feldweg entlang (wir wohnten auf dem Land). An einer Wiese blieben alle stehen: zwei Bauern oder Arbeiter in blauen Kitteln waren dabei, zwei Bullen einzufangen. Dieses Schau-Spiel verfolgten alle mit großer Lust bestimmt eine halbe Stunde lang: die Bullen waren ziemlich wild. Und nachts kamen Jungen in das Mädchenzimmer, in dem ich mit drei jungen Arbeiterinnen schlief. Sie saßen sehnsüchtig auf den Hockern und sprachen mit den Mädchen, die schon im Bett lagen. Im Dunkeln. Alles natürlich heimlich. »Kann man den Kapitalismus anfassen?« Warum sollte alles so anonym sein, daß man nichts mehr anfassen kann, sinnlich wahrnehmen? Ist ein Krebs in der Brust nicht sinnlich wahrnehmbar? Die Ursache des Krebses schon nicht mehr sinnlich, anschaulich. Aber Theorie ist Anschauung *und* Denken, könnte es sein.

Vögel schreien. Schon morgens. Ich liege mit nassen Haaren. Warum wäschst du dir nach Mitternacht noch die Haare, fragt Z. mißtrauisch, als sei diese Handlung ein Krankheitszeichen. Etwa Waschzwang. Achtunddreißig Jahre. Eine magische Zahl. Der Gegensatz: diese glatte Stirn, die Zähne. Bilder im Kopf, wie ich verfließen kann. Alles Floskeln: ich kann nicht beschreiben, was ich phantasierte, als ich lag mit nassen Haaren, Vögel schrillten, zwischen den Rippen der Rolladen schon Licht. Schön wär's, wenn ich stumm wäre.

»Was soll es bedeuten, daß ich so traurig bin. Und alle Lust will Ewigkeit, will tiefe tiefe Ewigkeit.« Sätze, die mir im Kopf rumspuken. Lächerliche Sätze. Gut, wenn man richtig heulen kann. Und sogar tröstet einen jemand. Aber kann er einen trösten? Ich ging mit dir durch die Straßen. Ich nahm aber keine Straße wahr. Ich sehe gar nichts. Ich weiß nicht, wo die Augen hinsehen. Wenn man offenen Auges gar nichts sieht. Ich fühlte mich als geschrumpfter Mensch: vor Angst in mich eingeschrumpft. Gefesselt: ich traue mich nicht nach außen, ohne daß mich ein anderer an die Hand nimmt. *Jähe Sympathie aus einer jähen Reminiszenz. Ihr Gesicht glitzerte vor Nebel.* Mein Gesicht glitzert von dir. Viele Treppen, Holztreppen, glänzend gestrichen, und ein schreiender Fernseher, auf einem Flur an den Wänden Plakate, eines riesengroß mit einem sterilen Mädchen, das seinen BH-Busen zeigt: das bin doch nicht ich. Ich fühle mich als Anhängsel: jemand schleift mich durch die Straßen von Frankfurt, eine glänzende Holztreppe hinauf, an einem Plakat vorbei mit einem entsetzlichen BH-Mädchen drauf. Ja gestern nacht die Wiesen im Wald die Wiesen hätten warm sein müssen. Oder wir hätten vergessen, daß die Wiesen naß und nachtkalt waren. Was hast du gegen Pfützen? Schon deine Stimme allein. Schade, daß ich sie nicht im Gedächtnis behalten kann, ich würde sie mir sonst vorspielen. Ich auch mal zynisch: deine Stimme ist keine Schallplatte. Du liebst, daß ich deine Stimme liebe, weil *du* deine Stimme liebst. Stimmnarzißmus: du liest deine Gedichte vor, du sprichst im Fernsehen. Deine modellierte Stimme. Stimme, die Literatur spricht. Literatur ist Narzißmus, und dann noch eine Stimme, Literatur lesend. Verdammt, Ekel vor mir selbst. Ich möchte so schön sein, daß ich Macht über jeden bekäme, über den ich mächtig sein will. Ich bring mich um, wenn ich nicht schön und klug werde wie ich es mir vorstelle, aber es kann ja sein, sogar, daß ich eines Tages, nicht wie im Märchen, auf einer Autobahn verstümmelt liege, und dann werde ich reumütig an diese frommen Wünsche denken. Ich will, daß meine Haut am ganzen Körper so weich ist, daß du an die Haut denken mußt, sobald du irgendwas Weiches anfaßt. Das Eisen glühend machen. Schlangen beschwören. Die Haut küssen streicheln bis sie brennt und brennt: the fire next time. Ich habe geheult, ich kann diese Dissertation nicht schreiben. *»Die tödliche Kälte der College-Atmosphäre paralysierte Stephens Herz.«* Schön war es in dem dunklen Flur, wir, gelehnt an das Riesenglasfenster im Eingang der Frankfurter Jugendherberge, weitab vom Gemurmel der diskutierenden schreibenden Arbeiter vom »Werkkreis Literatur der Arbeitswelt«, ich habe dir erzählt, verdammt man wollte in Stein gehauen werden und nicht mehr erwachen, das wär so gut wie du fragst ob... *»liegst du auch bequem?«*, nein: *»ist es dir bequem?«*, so sagst du es, und so lieb, der kühle Schweiß, auch ihn in Stein hauen. Ich rede kitschig? Die anderen sind nur raffinierter, sie schreiben nicht »das Heu duftet«, sondern: »Jetzt ist die Sonne in die Hecken gefallen. Fehlt bloß noch, daß sie quer über eine Wiese laufen, und das Heu duftet...« Immer muß ich mich verteidigen. Warum hab ich geheiratet? *»Heiraten ist etwas relativ Gesundes, nicht?«* Immer der Mißbrauch mit dem armen guten Wort *gesund.* Und wenns ums Wohngeld ging, aber es ging nur beiläufig darum. Ich wollte einen Vater haben, eine Mutter, wollte sicher sein vor Wölfen, vor mir und – vor dir: Z. Aber die Ringe verkauften H. und ich an einen betrübten Juwelier, er dachte, nun scheiden sie sich, die Armen. Mag er sie wieder eingeschmolzen haben, der Kuppler. Auch ich hatte einen leichten Schnupfen morgens, die dünne Decke, als du frorst, wärmte ich dich. Schade, ich kann mich an keinen Traum erinnern, aber die Nacht hat es gegeben, das kannst du mir nicht ausreden, im Schlaf ist man immer noch am glücklichsten. Morgens hast du dir die Haare gewaschen, deine achtunddreißig Jahre alten Haare, du wolltest »giftigen Tee«, kein Herd geht. Immer das Schlucken. Einmal ist man auch gesättigt. Wenn *du* das Wort sagst, ist es ungefährlich: *gesättigt – ungesättigt.* Qualwort »satt«. Ich sage, ich könnte die Dissertation in einer Form schreiben, in der sie keine mehr wäre. Dann tu das doch, sagt H. Du bist frei. Frei? *»Zu schreiben kann erst beginnen, wem die Realität nicht mehr selbstverständlich ist.«* Wahnsinnig werden können. Aber die würden einen hier schon fertigmachen, wenn man mitten an einem Wintertag auf den Dächern der Stadt nackt spazierenginge. Die würden einen auch kaputtmachen, wenn man auf dem Kopf gehen wollte. Menschen kommen sehr oft gerade dann in die psychiatrische Anstalt, wenn sie *gesund* werden. Da sitzen sie – nicht *sie,* sondern *sie*: H. und K. – an einem Tisch: Wie soll ich mir erklären/ daß ein Verstümmelter ein Nichts ist?/ Ein Verstümmelter ist kein Verstümmelter/ dann wäre er ja noch etwas/ er ist *nichts*/ er ist ein Nichts/ schwer zu erkennen/ daß er ein Nichts ist/ weil er verstümmelt ist/ so schwer wie/ zu erkennen/ daß Langeweile von Lehrlingen/ Zeichen der Verstümmelung ist/ daß Nicht-Reden-Können/ Zeichen von Verstümmelung ist/ Johannes der Säufer der Arbeiter/ Juttas Freund früher/ er konnte nicht reden/ H. und ich/ wir konnten nicht reden/ saßen wir an einem Tisch/ und sahen Sinalco-Flaschen an/ auch die Bücher konnten die Verstümmelung noch nicht heilen/ ich schreie/ »kraftlos Gewimmer«/ aber ich schrie schon laut/ daß einer/ im Hochhaus/ die Polizei holen wollte/ wie soll ich mir erklären/ daß ein Verstümmelter ein Nichts ist? – Und wissen nichts zu sagen. Ein Nichts zu sein, ertragts nicht länger, ein Ich zu werden, strömt zuhauf. Rede doch endlich mit mir, Z.! Mein Kopf ist ganz leer, »mein Gehirn läuft aus«, ich bin ganz leer, du bist aus mir rausgeflutscht, aber zuerst hab ich gedacht, wie lieb du bist, »als sei es das erste Mal«. Es *war* das erste Mal. Wir hätten dann nur mal wegfliegen müssen, man verliert die Übersicht, für kurze Zeit, hast du schon bemerkt, wenn du Eukalyptusöl im Zimmer auf Möbel und Wände sprühst, deine Nase riecht es ganz stark, aber wenn du länger im Zimmer bist, riechst du nichts mehr. Ich habe schon mal vergebens versucht, meine Arme zu schwingen in Schloß Holte vor dem Haus mit dem kastrierten Vorgarten, aber ich kam nicht hoch, nur ein Stück über die Erde. Und das Flugzeug war mir kein Ersatz.

17. Mai. »Sie weinte bitterlich«, als ihre Eltern durchs Telefon eine verstümmelte Stimme riefen. Deshalb liebte sie Z.s Stimme. Die Eltern gratulierten ihr zum Geburtstag. Geburtstag? Der Tag welcher Geburt? Erinnere dich doch aber schnell. Die Hebamme und der Vater, der mit der Kutsche sie holt, Schlagtow 1947, Ort: Bauernhof, zwanzig Hektar, das sind viermal soviel Morgen. Diese verstümmelte Stimme riefen sie durch sie sagten sie durch durchsagen durch mich hindurch in mich hinein kann man die Stimme rausreißen aus euch schreit doch mal ganz laut. Zum Muttertag Maiglöckchen? Ich vergaß die Maiglöckchen. Astern sah ich nicht. Man sollte diesen Scheißmuttertag abschaffen. Aber internationaler Frauentag was soll der uns. Lieber Z., du wunderst dich, daß ich so viel Zeit habe zu schreiben, aber ich muß schreiben, einen Rosenkranz besitze ich leider nicht und wüßte auch nichts damit anzufangen. Trotzdem scheint mir das hier ein monotones Rosenkranzgebet...

Heute bekam ich einen Brief von einem jungen Arbeiter, der bei Wella in Darmstadt in der Computervorbereitung arbeitet: Bitte werten Sie es nicht als Desinteresse, weil ich nun nicht nach Frankfurt zur Werkstättentagung gekommen bin... vielleicht ist es Angst, mit fremden Leuten zusammenzutreffen... auch gerade deshalb, weil ich mich als Arbeiter fühle... will ich etwas über die Motive aussagen, die mich bewegen zu schreiben. Ich entstamme einer Arbeiterfamilie. Ich durfte das Gymnasium besuchen – unterstützt von meinem Vater (der Junge soll es einmal besser haben) – gegen den Willen meiner Mutter. Die ersten beiden Jahre verliefen befriedigend. Im dritten Jahr kam es zur ersten Krise – ich wurde nicht versetzt, wiederholte aber die Klasse mit Erfolg. Alles schien wieder in Ordnung. Aber immer klarer erkannte ich den sozialen Unterschied zwischen mir und den anderen (mit mir waren noch zwei, drei Arbeiterkinder in der Klasse – bis zum Abitur hat es, so viel ich weiß, keiner geschafft). Der Unterschied zeigte sich schon in der Kleidung und beim Taschengeld. Ich bekam Minderwertigkeitskomplexe, die oft... zu starken Depressionen führten. Einige Lehrer förderten diesen Zustand. *Eine Lehrerin sagte einmal montags: Du trägst ja den gleichen Pullover wie am Samstag, der muß doch stinken.* In dieser Zeit entstanden meine ersten Gedichte.

Ein starkes Solidaritätsgefühl, wo Herbert Friedmann von der Lehrerin spricht. Das einzig gute Gefühl diesen Tag. Jedes Kind sei noch, bevor die Indoktrination durch seine Familie einen bestimmten Punkt überschritten hat und die Indoktrination durch die Volksschule einsetzt, ein Visionär und ein Revolutionär. Hast du auch das ganz starke Gefühl gehabt, daß Walser ein Kind ist, als er den Satz sagte: »Wenn der Autor die Arbeit des Schreibens nicht zur eigenen Veränderung braucht, dann wird er auch keinen anderen verändern. Möchte ich behaupten. Und das, soweit es Literatur betrifft. Pädagogik ist vielleicht etwas anderes.« Und er fügt hinzu: »Genau weiß ich es aber auch nicht«, dies sagt er wie ein Kind. Lieber Z., ich habe eben ein Brot für dich geknetet, man riecht den Duft aus dem Ofen schon.

Ehebruch? Seiten-Sprung? Wörter aus einer anderen Welt. Gangsterwelt. Nicht meine. »Warst du zärtlich mit ihm?« Darauf antworte ich nicht. An einem schwedischen Meer, an der Ostsee, direkt am Meer eine Sauna, genauer zwei Saunas, für Mann und Frau, man kann auf Planken, geschützt wovor mit Matten, laufen, ins Meer springen, wenn man nicht Angst hat, von den Fahrern schneller Motorboote gesehen zu werden, aber man taucht unter, nur das Wasser sieht, ich laufe auf den Planken, werfe die Hände in die Luft, »ich habe dich gesehen, man konnte dich sehen«, sagt H. zu mir, als wir wieder angezogen über den Steg aus der Sauna, aus den Saunas, gehen, *wer* konnte mich sehen? Traurig war H., daß ein anderer Mann einen Zipfel meines nackten Körpers sehen konnte: ich hatte *daran* nicht gedacht. Weinend laufe ich nach Hause, lieber Z. Die Ballettanzlehrerin Frau Wölke singt ein Loblied der Ehe. Liebe habe etwas von Besitzergreifen, Liebe sei Besitzergreifen. Ihr Mann Ingenieur oder Marktforscher oder so. Fünfunddreißig muß sie sein. Das Sexuelle sei mit der Zeit nicht mehr so wichtig, keine Überraschung mehr. Was zähle, daß sie ihren Kopf an ihren Mann legen könne, daß ihr Mann ihren Hals streichle und ihr die Hände auf die Schultern lege, sie tröste, wenn sie elend sei. Verloren, wenn sie allein oder mit der besten Freundin im Kino oder in einem Konzert sei. In den Kindern entdecke sie ihren Mann wieder, in den Gesten der Kinder die ihres Mannes. Ist es nicht eine Fiktion, daß ich geweint haben soll über Frau Wölke? Ich kam spottend »nach Hause« und hielt H. und Dietger und Jutta die Rede der Frau Wölke, ironisch verfremdet. »Verantwortung«, das Wort kam oft vor. Leben Regung regen Regen Regung erregt. Burkhard sagt, erst nach seiner Heirat habe er Verantwortungsgefühl bekommen, nur dadurch habe er die Fachschule gemacht, diese Scheißschule, diese Scheiß-Betriebswirt-ausbildung, dann die Schulung zum Ärztebesucher, Karola solle bald aufhören zu arbeiten, dann könnten sie, Karola und Burkhard, sich Kinder »anschaffen«, er verdient netto tausendsechshundert, findest du es gut, wenn eine Frau nicht mehr arbeitet, ja, sagt Burk-hard.

Auf der Schallplattenhülle ein männliches Gesicht, das die Zähne zeigt, zwei Goldzähne zu sehen, ein Sänger mit Goldzähnen. Ich wünsche mir, daß du kommst, Z., und daß wir tagsüber durch den Hochtaunus »strei-fen«, Sarah könntest du auf dem Rücken tragen, sie ist ja da, oder sollen wir sie mit ein bißchen georgischem Rotwein einschläfern, H. will wegfahren, »ausreißen«, aber er meint es nicht ernst. »Ich persönlich habe nichts gegen Friedhöfe… Der Geruch der Leichen, den ich unverkennbar unter dem des Grases und des Mutterbo-dens herausrieche, ist mir nicht unangenehm. Etwas süßlich vielleicht und zu Kopf steigend, aber wieviel erträglicher als der Geruch der Lebenden, der Achsel-höhlen, der Füße, der Gesäße, der wachsigen Präputien und der frustrierten Ovula… *Sie mögen sich noch so fein waschen, die Lebenden, und sich noch so fein parfü-mieren, sie stinken.* Ils ont beau se laver, les vivants, beau se parfumer, ils puent.« Der Mann mit den Goldzähnen rechts und links, er lächelt, vielmehr er verzieht den Mund zu einer Grimasse, warst du schon in einem Irrenhaus und hast grimassierende Irre beobachtet? Etwa um fünf Uhr nachmittags setze ich mich auf einen Hocker in einem Schallplattengeschäft, ich setze die Hörer an beide Ohren, afrikanische Musik suche ich, totale Ekstase und so, aber ich kann nicht entscheiden, welche Musik ich nun, auf das Runde, Platte genannt, gepreßt, mitnehmen soll, ich höre ungefähr zehn, auch spanische Flamencotänze von einer Sängerin namens La Singla, die soll sehr berühmt sein, um mich rum Kassetten, die Plattenfrau erinnert mich an Evelyn S.: kupferbraunes Haar, entsetzte Augen. »Seien Sie mir nicht böse« bittend gehe ich weg. Das Geschäft, zu dem man durch zwei Türen zwischen zwei Straßen Zugang hat: die Musik der verschiedenen Platten, die verschiedene Käufer durch jeweils zwei Kopfhörer hören, vermischt sich mit dem Straßenlärm zu einem weitentfernten sterilen Geräusch. »Eine tote Frau« verlangt Beethovenmusik. Lohnt es, achtzehn oder zwanzig Mark auszugeben, um »zu Hause« immer wieder die Platte kreisen zu lassen, passierte oft, daß ich eine Platte nach mehrmaligem Hören auch wenn sie lief nicht mehr hörte, und ich verstehe kein Spanisch, kein Afrikanisch: da verkaufen die Urwaldmusik, berauschen sich daran, »die Wirkung eines Cocabissens dauert vierzig Minuten«, diese flauen Leute, diese aus- und eingesargten und »eingekastelten« Leute, die lechzen, aber auch lechzen können sie gar nicht mehr, welch schönes Wort, lechzen, aber auch lechzen können sie gar nicht mehr, die mit ihren faulen Zahnstümpfen und dem Krebskörper, wollen sich einen

Rausch an-hören, Fernsehen zweites Programm eine Schwarzenschau, get higher, die schwarze Schau, das ist: schwarz ist schön, das ist: seit langem nicht mehr gefügig (Z. sagt, wenn ich so rede, rede ich »faschistisch«). Also da diese Tänzerin oder nein Sängerin, sie ist *sie*, und *ich*? Kennt wirklich »alle Welt« den Namen Becketts? Und wäre Beckett nicht Beckett, kennte ihn »alle Welt«, als wen kennte sie ihn dann? Wer ist »alle Welt«? Auch die »alte Vettel« mit fünf Kindern in einer klitzekleinen »Wohnung«, die M. in der Kneipe befragt, um über sie zu schreiben? Verkäufer, soll ich denn den ganzen Tag in diesen Kaufhäusern rumlaufen? Leiden sie mehr als ich, die Verkäuferinnen? Die Angst muß größer werden, immer immer größer. Die Angst schüren. The fire next time. Keine Angst mehr haben, nie mehr. Und die Angst schüren. Keine Sekunde nur diese Luft wie in Z.s Gedicht »Kultur« (»und dann sitze ich wieder beim Frühstück... wie eine frischgefickte Frau«), fast soll man an einen frischgepflückten Apfel denken, soll man? Aber es ist doch anders: wie in einem Film Antonionis, »Blow up«, wo zwei fressen, saufen, rauchen und dann in das hinter dem Tisch stehende Bett plumpsen und weiter rauchen, saufen, fressen, die Tiere sind besser, herrlicher Anblick, wenn ein Schwein frißt, wenn eine Sau sich suhlt, sich suhlt, die Menschen ahmen die Tiere ohne Begabung nach, kennst du den Ausdruck »ich hab eine Frau *aufgerissen*«? In Anspach kam ich nachmittags durch eine enge Straße, auf einem Vorhof jagten zwei Blaukittel zwei Rinder, Bulle und Kuh, aufeinander, ich traute mich nicht, stehenzubleiben und zu gucken, früher in Bochum sah ich aus dem Fenster Kater und Katze grad nach Sonnenaufgang, dies miau, scharf und »unsittlich«, wenn man in diesem Land erzogen worden war, immer wieder ging ich zum Fenster, ich *wollte* sehen und *wollte* nicht sehen, im Studentenwohnheim erzählt Christa M. entsetzt, sie habe ein gebrauchtes Präservativ auf der Straße liegen sehen, das schreckliche Miau-Geschrei, geil und scharf, der Katzen, und wie die Fellflusen fliegen, wie wäre Liebe von Anfang an ohne Wertung, ohne diese diese diese Wertung? Wir wußten nicht, wo es *reingeht*: H. und ich. Bei dir, Z., wohnt eine Margot und noch ein Mädchen. Z. ist Baal und hat viele Geliebte. Beschläft viele Geliebte unter dem Machandelbaum, ich kenne den Baum nicht. Warum esse ich immer so viel? Warum soll ich nicht lieben, wen ich lieben will? Seit Tagen esse ich kaum. Meine Phantasie ernährt mich. Man sollte natürlich sowieso ein Hungerkünstler sein. Warum nicht: am Meer leben und sich durch die Poren von Luft ernähren. Ich hätte Lust, in ein Schlachthaus zu gehen. Ob das so einfach geht, ich könnte mich als Journalistin ausgeben: was empfinden Sie, wenn Sie den Ochsen schlachten, würde ich die Schlächter fragen. *»Letzthin dachte der Fleischer, er könne sich wenigstens die Mühe des Schlachtens sparen . . .«* Ich habe mir Kafkas Tagebücher gekauft. Lach nicht.

Gestern abend nacht, am Telefon, es muß ja fünfzig Mark kosten, dieses lange Gespräch. Ich las dir Sätze vor. »Für den Schreiben das Mittel ist, sich mit der Zeit zu verschmelzen in dem Augenblick, da beide ihre dichteste, konfliktreichste und schmerzhafteste Annäherung erfahren.« Du konntest an diesem Satz nichts finden. Sollte Christa Wolf Blödsinn schreiben, bedeutungslos, was mir bedeutungsvoll schien? Als ich dich fragte, ob du »Nachdenken über Christa T.« kennst, sagtest du nein, du hättest jetzt mal »reingesehen« und manches sei doch sehr »verblasen«, Mensch wie schnell du das feststellst. Auch »Lesen und Schreiben« kennst du nicht. Hermann Kant kennst du, diesen Kerl, für den Literatur kein »Druckfehler« ist. Für diese Scheißintellektuellen, sagt H., gibts nichts Neues mehr unter der Sonne.

Wir waren mit Mutti ins Theater gegangen. Für eine Arbeiterfamilie ist *ins Theater gehen* etwas Außergewöhnliches, Feierliches. »Davon kann ich nun wieder eine Woche zehren«, sagt sie. *Zehren.* Wovon zehrte sie sonst? Mutti. Wegzehrung. Braucht sie *auch*. Wieso *auch*? Heimarbeiterin, Büroangestellte, Stenotypistin, Hausfrau, Mutter. Vater einundfünfzig. Ich rufe an. Gestern habe ich die Gärtnerei Offele angerufen: sie brachte heute morgen um acht einen Blumentopf ihm zur Post, wo er seit einigen Monaten arbeitet. Ich sage ihm am Telefon, daß ich *schreibe,* er soll es aber für sich behalten, daß ich über ihn schreibe, daß ich alles wissen will, über Schlagtow, frage ihn, ob er leidet, daß sein Leben völlig anders gewesen ist als er wollte, nein, sagt er, er leide nicht, er fühle sich wohl, Sätze kommen vor im Sinn von: man könne ja nichts ändern, kleine Widersprüche, die stutzig machen, was denkst du von deiner Zukunft? Was denkst du von deiner Zukunft: wies jetzt läuft, so läßt mans laufen, man kann ja nicht wieder andere Bahnen betreten, oder was dachtest du? Von beiden Gesellschaftsordnungen, Karin, ist diese immer noch die mit den kleineren Übeln, sagt er. Ich meine damit, warum versuchst du nicht einmal so zu leben, wie die Masse der Menschen, wie Karola und ich, wie Papa und Mutti? Du suchst dir eine hübsche Wohnung, schaffst dir ein Auto an... Eine andere Frage ist, ob eine Integration dieser Art noch möglich ist. Und da hast du recht, diese Art der Anpassung ist nicht (mehr) möglich, eher würde ich Verbrecherin, Hure oder Bombenlegerin wie Ulrike Meinhof, dazu hasse ich diese Gesellschaft zu sehr. Wies jetzt läuft, so läßt mans laufen. Wahnsinnige, erzwungene Normalität. Warum nicht Vater der Bauer der große Reden hält Thomas Münzer ich weiß gar nichts von dem nur daß er ein Bauernaufrührer war, Vater Postbote wies jetzt läuft so läßt mans laufen, *was* läuft? »Gezeichnet. Im Alter von vierzig bis fünfzig Jahren pflegen Menschen eine seltsame Erfahrung zu machen. Sie entdecken, daß die meisten derer, mit denen sie aufgewachsen sind... Störungen... des Bewußtseins zeigen... tragen Anzeichen von Dekomposition. Die Unterhaltung mit ihnen wird schal, bramarbasierend, faselig... unter den gegebenen Verhältnissen führt der Vollzug der bloßen Existenz bei Erhaltung einzelner Fertigkeiten... schon im Mannesalter zum Kretinismus (Zwergwuchs, Idiotie)...« Im Streit hat ein siebenundzwanzigjähriger Umschüler aus dem Westberliner Bezirk Wedding den sechzig Jahre alten Direktor der Otto-Bartning-Schule erstochen und sich dann selbst mehrere Stiche zugefügt, in der Berufsschule werden Umschüler für das Baugewerbe ausgebildet, ich wundere mich, daß du, Papa, und du, Mutti, niemals jemand erstochen hast.

19. Mai 72. Lieber Z. Als du mit Hans wegfuhrst, hätte ich richtig heulen mögen. Meine Eltern haben mich nach der Flucht aus der DDR, in den »Goldenen Westen«, in ein Lager in Westberlin gesteckt, ein »Kinderheim«, »Schwestern« schleppten mich eine Treppe hoch, meine Mutter entfernte sich, ich schrie und versuchte mich loszureißen, die Treppe hinunterzulaufen, aber ich schaffte es nicht, meine Mutter ging lächelnd in ihrem Pelzmantel aus Kaninchenfell weg (Stoffe gab es in der DDR damals nicht, aber Pelze). Du sagst, daß deine Mutter dich nach dem Selbstmord deines Vaters in ein Internat geschickt habe, sei eine gute »Abnabelung« gewesen, du bist immer wieder ausgerissen aus dem Internat, hast dich in den Zug gesetzt, deine Schwester hat dich zurückgebracht, aber du sagst: eine gute »Abnabelung«, du sagst, vielleicht hätte ich mich nie so gelöst von der Familie, die anderen sind immer noch nicht abgenabelt, was für eine tolle, was für eine menschliche »Abnabelung«. Mehrere Stunden ging ich mit H. und Sarah im Wald, in dem Grün woraus der Wald jetzt fast nur besteht könntest du dich ermorden aber das Grün lädt nicht dazu ein. Ich habe den Begriff geprägt »soziale Liebe«, »soziales Schicksal«, die Liebe mit H. war vielleicht eine solche »soziale Liebe«. Ich habe H. gesagt, daß ich dich liebe. Du sagst: ein Kind, aber du hast Angst vor der »Verantwortung«. Ich habe schon zu viele Zusammenbrüche erlebt, sagst du. Ich möchte ein Kind mit dir haben. Es würde mir unheimlich gut gehen in der Schwangerschaft, und das Kind wäre ganz gesund: Elias. Woher weißt du, daß es gesund wird, vielleicht von dir, aber von mir kann es ja etwas haben, sagst du am Telefon. Ich strebe danach, den Mut und die

Wut wiederzugewinnen, die mein Vater, mein Großvater, Bauern, Landarbeiter, Arbeiter, einmal gehabt haben müssen. Alle falschen Ängste verlieren, dafür eine lange Angst, eine lange Wut einsetzen. Die lange Wut bei Brecht: Lang-wut und Lang-mut. Wie ich Z. das Wort Lang-mut, in großen Buchstaben auf eine Seite geschrieben, zeige, ein gutes Wort, nicht? *»Die Schwachen kämpfen nicht. Die Stärkeren kämpfen vielleicht eine Stunde lang. Die noch stärker sind, kämpfen viele Jahre. Aber die Stärksten kämpfen ihr Leben lang. Diese sind unentbehrlich.«* Nur, wie kommen wir dahin? Und was heißt: kämpfen? Es stimmt gar nicht, daß ich mich ermorden will, vielmehr überlege ich immerzu, wie ich wahnsinnig werden könnte, richtig wahnsinnig, daß es jeder sieht, nicht nur ich selber, aber nicht um es den anderen zu zeigen, sondern um herauszukommen aus einer Hülle, die immer noch an mir klebt, wenn sie auch schon ganz zerrissen ist, Cooper hat, glaube ich, völlig recht, in seinem Buch »Der Tod der Familie«, nach volkstümlicher Auffassung sei der Schizophrene der Verrückte, der sich über die Gesunden lustig macht, er grimassiert, er ist ein Clown, er zieht sich auf subtile Arten zurück, er sei der Unlogische, dessen Logik krank ist, verbirgt sich nicht hinter dieser Verrücktheit eine geheime Gesundheit? Die Hülle zerreißen. Nächste Woche muß ich mich ganz auf ein Referat konzentrieren, das ich auf einer Tagung des DGB der Stiftung Mitbestimmung halten muß. Ich habe das Gefühl, noch fast gar nichts von dir zu wissen, aber du selbst weißt nicht viel von dir, stimmt das? Du denkst bestimmt, wenn ich so rede, ich bin unpolitisch, aber sollen verkrüppelte Menschen die Revolution machen? Das wird eine verkrüppelte Revolution. Nur Menschen, die gegen ihre Verkrüppelung schon vor und während der Revolution wahnsinnig werden, können Revolution machen, gegen Verkrüppelung in jeder Hinsicht, alle Verhältnisse abschaffen, in denen der Mensch ein erniedrigtes Wesen ist: *alle*, da gibt es keine Prioritäten, nichts wird aufgeschoben, »unpolitisch« ist nur ein Schreckwort. »In dem Verhältnis zum Weib als dem Raub und der Magd der gemeinschaftlichen Wollust, ist die unendliche Degradation ausgesprochen, in welcher der Mensch für sich selbst existiert... Das unmittelbare, natürliche, notwendige Verhältnis des Menschen zum Menschen ist das Verhältnis des Mannes zum Weibe. In diesem natürlichen Gattungsverhältnis ist das Verhältnis des Menschen zur Natur unmittelbar sein Verhältnis zum Menschen, wie das Verhältnis zum Menschen unmittelbar sein Verhältnis zur Natur... ist... Aus diesem Verhältnis kann man... die ganze Bildungsstufe des Menschen beurteilen...« Kannst du mir helfen, das zu verstehen? Der Gebrauch des Begriffs »Natur«. Ich denke, wenn das Verhältnis des Menschen zur Natur ein räuberisches ist, dann ist es auch das des Mannes zur Frau, und umgekehrt. Seit dem siebzehnten Jahrhundert spätestens ist das Verhältnis zur Natur ein total räuberisches, wohl historisch notwendig wie die Unterjochung des Proletariats. Ja? Und jetzt? Ist nicht schon längst der Zeitpunkt da, wo beide Unterjochungen anachronistisch sind? »Es geht nicht mehr um Naturbeherrschung, sondern um die Beherrschung von Naturbeherrschung.« Aber was heißt: »die Natur zum menschlichen Wesen des Menschen geworden ist«? Sogar die heutigen Marxisten verstehen darunter, daß die Natur zur zweiten, zur

23

künstlichen Natur »vermenschlicht« worden ist. Ist in den Frauen nicht eine Qualität, die anfangs auch in den männlichen Menschen war, die ihnen aber ausgetrieben wurde? Spitz schreibt, daß in der Frau, die ein Kind geboren hat, die Fähigkeit zur coenästhetischen Wahrnehmung reaktiviert wird, das ist diese Ganzheitswahrnehmung, die der Säugling noch hat, ihm aber im Laufe seines Anpassungsprozesses an die soziale Umwelt abgewöhnt wird, vielleicht daher die schrecklichen Depressionen vieler Frauen nach der Geburt, weil niemand diese Fähigkeit will, alle sie verdrängen und bekämpfen, wie sie die »Irren« in abgekapselte Löcher pferchen, um sich selber nicht zu gefährden. Christa T. war »gefährdet«. »Irr«, ein schönes Wort. Komisch, daß man sagt, »der ist irre«, und dann, »das ist aber irre schön«. »Die Liebe der Mutter zum Säugling, den sie nährt und pflegt, ist etwas weit tiefgreifenderes als ihre spätere Affektion für das heranwachsende Kind. Sie ist von der Natur eines vollbefriedigenden Liebesverhältnisses, das nicht nur alle seelischen Wünsche, sondern auch alle körperlichen Bedürfnisse erfüllt.« Das ist von Freud. Wie die anderen abwinken, wenn ich erzähle, wie ich litt, als ich Sarah nach einer Woche nicht mehr stillen konnte, wir haben doch heute so viele gute künstliche Milchen, ja sicher, die gestillten Kinder sind weniger anfällig, aber wir haben doch heute so viele Medikamente, essen Sie Bratkartoffeln, das hilft, aber mein Gott, wie kann man denn Wochen darüber weinen, sein Kind nicht mehr stillen zu können, dieses Saugen, und wie es dann im Nu einschläft nach der großen Anstrengung, wie es dir im Arm liegt, wie es zufrieden ist, wie es gestillt ist, wie du gestillt bist. Gestillt. Gestillt.

Ich muß dir erklären, warum das Essen eine solche Bedeutung hat. Für mich war es eine Todeserfahrung, plötzlich bewußt zu erkennen, meine Zähne sind bis auf die Wurzeln verfault. Andere beachten die Todeserfahrung nicht. Diese Verdrängung konnte ich beobachten. Als mein Vater mit fünfunddreißig Jahren ein vollständiges Gebiß bekam, lachte er, als er vom Zahnarzt nach Hause kam, holte einen Spiegel und forderte mich auf, ich war damals sechzehn siebzehn, da ich die weißesten und gleichmäßigsten Zähne in der Familie hatte, mit ihm in den Spiegel zu sehen. Ironisch und witzig sprach er von seinen »neuen« Zähnen, die noch »weißer« und »schöner« seien als meine. Ja ist es denn möglich, daß man mit seinen »zweiten Zähnen« ins Grab gehen kann, ist denn das in irgendeiner neuen Gesellschaft möglich? Ungläubige Frage. Später erfuhr ich von meiner Mutter, mein Vater sei während der Zahnbehandlung verzweifelt gewesen und habe oft geweint. Die Reklame für Haftpulver für die »dritten Zähne« im Fernsehen, eine lachende Frau auf einem Fest oder einer, der in einen knackigen Apfel beißt, Barnard: Herzanfall – Sie können *trotzdem* leben, lachend mit einem Kunststoffherzen im Leib. »Amerikaner haben Sinn für Gags, sie sprechen bei ihrer Werbung von der Plastikpumpe aus der Herzwerkstatt und witzeln Zur Herzverpflanzung bitte im Flur anstellen und die Brust freimachen oder Ersatzbeine heute nur an Schalter 7.« Vor der Frankfurter Hauptwache auf eine Straßenbahn wartend, bemerkte ich eine Frau von vierzig Jahren, die ein rosarotes Gebiß aus ihrer Tasche hervorkramte. Wolfgang Apitzsch beugt sich vor und fragt: wieso »Todeserfahrung«? Die Geschichte mit meinen Zähnen fiel in die

Zeit der Schwangerschaft. In der Schwangerschaft reaktiviert die Frau die Fähigkeit zur coenästhetischen Wahrnehmung. In dieser Zeit braucht der Körper vollwertige Kost. Ich bekam bei der üblichen Ernährung entsetzliche Schmerzen im Zahnfleisch. Kein Zahnarzt konnte mir die Ursache sagen. »Die Ärzte seien immer erstaunt über die Wirkung einer Krankheit, aber sie täten nichts, um die Ursache dieser Krankheit zu erforschen, obwohl, wie Konrad zu Fro gesagt haben soll, es das Wesen jeder Krankheit sei, erforschbar zu sein, alle Krankheiten wären solche von Menschen zu erforschende, das heißt, die Ärzte wären in der Lage, die Ursachen aller Menschenkrankheiten zu erforschen, erforschten aber nichts, blieben immer und in jedem Falle immer in dem Zustand des Erstauntseins aus Interesselosigkeit und Faulheit, alle Krankheiten betreffend.« Die Buchhändlerin Frau Weddigen erzählt, ihre Freundin in Dortmund sei »plötzlich« an Polyneuritis erkrankt, nachdem sie eine Grippe gehabt habe, sei sie »plötzlich« am ganzen Körper gelähmt gewesen, eine junge Frau, und sie könne sich nicht mehr bewegen, könne nicht mehr sprechen, kein Wort, nur noch hören könne sie, und sie, Frau Weddigen, habe ihr in den paar Tagen, in denen sie bei ihr gewesen sei, vorgelesen, aber sie mache sich sicher verrückt, die Freundin, weil sie ja in ihrem Kopf wie in einem Käfig die Angst und die Angst vor dem möglichen Tod oder die Angst vor der möglichen lebenslänglichen Lähmung des ganzen Körpers herumwälze hin- und herwälze, die Ärzte sagten, ihr Hund habe auf sie einen Virus übertragen, in der primitiven Medizin entsteht Krankheit neben allen Unfällen und Zufällen dann, wenn eine fremdartige und daher meist böse Macht den Menschen befällt und ihn infiziert, ob man dabei das, was infiziert, Bakterien oder Dämonen oder einfach den Feind nennt, macht keinen Unterschied, das Tabu selbst ist vielmehr das Problem, das Tabu ist heute noch ein Politikum. Kein Zahnarzt konnte mir sagen, welche Ursachen meine entsetzlichen Schmerzen hatten. Tausend Nadeln im Zahnfleisch. Mehrere sagten, es sei Vitamin-C-Mangel, nehmen Sie Vitamin-C-Tabletten, in jeder Apotheke, ein Zahnarzt in der DDR, in Buckow, wo ich im siebten Monat in Ferien war in einem FDJ-Heim, wo die Schmerzen besonders gräßlich waren, weil ich besonders stark verkochtes Zeug essen mußte, sprach von hormonellen Ursachen. Ich habe keinen Hund, der einen Virus überträgt. Ich konnte Nächte nicht schlafen. In irgendeinem Programm der SED steht sogar, die beste Gesundheitsfürsorge sei eine vollwertige Ernährung. Alles Deklamation. Seit einigen Jahren werden die Schulzahnärzte in Rostock nach Schnitzers Buch »Gesunde Zähne...« unterrichtet. Solche Einzelinitiativen gibt es auch im Kapitalismus. Die Redaktion des »Argument« schreibt, die DDR sei ökonomisch abhängig von Lebensmittellieferungen aus kapitalistischen Ländern und daß gerade im Sektor der Ernährung eine Veränderung der Lebensgewohnheiten der Menschen nicht von heute auf morgen erfolgen könne. Worin bestand also die Todeserfahrung? Offenbar war ich ungeheuer sensibilisiert durch das Kind in meinem Leib und nahm alles mehrfach verstärkt wahr. Einige Monate nach der Geburt waren die Nadelstichschmerzen im Zahnfleisch immer noch unerträglich. Ich schluckte nur noch Tabletten. Die Schmerzen wurden immer schlimmer. »Die Leute werden mit Pillen vollgepumpt, und als was entpuppt es sich hinterher«, sagt der Taxifahrer Ludwig Vietor. »Die Herren Ärzte«, sagt der Taxifahrer. Ich fuhr dann wochenlang hin und her zwischen Frankfurt und Düsseldorf, zu einem Zahnarzt, der zweiter Vorsitzender des »Arbeitskreises Gesundheitskunde« ist, einer Gruppe, die die Bevölkerung aufklären will über den Zusammenhang zwischen Krankheit und Ernährung.

Vielleicht hast du im Fernsehen vor kurzem die Sendung »Essen wir uns krank?« gesehen? Der Zahnarzt hatte wochenlang zu tun, in mehr als halbtägigen Sitzungen, wie in einem Steinbruch fuhrwerkte er herum, die verfaulten Zähne auszuhöhlen, die alten Amalgamfüllungen herauszubrechen und herauszubohren, er zog zwei vereiterte Zähne. Die ganze Zeit war unbestimmt, ob ich nicht für alle Backenzähne ein Gebiß haben müßte, weil fast nur noch die Wurzeln standen. Die Vorderzähne sind unversehrt, denn ich habe nie Lutscher gelutscht, die Süßigkeiten kamen nur an die Backenzähne, ich habe ja oft vier Tafeln Schokolade am Tag gegessen, diese schöne schöne Leckerei der Adligen. Da hackt dir also einer, es könnte der Tod sein, im Steinbruch herum. Du denkst, auch das Innere des gesamten Körpers kommt noch dran, wenn du »die Warnung des Todes« beiseite schiebst, denkst an eine Rundfunkerzählung von dem Körper einer Frau, der von Insekten nach und nach ausgehöhlt wurde, denkst an kleine Fleischschnitzel, Reste ausgeschabt aus dem Bett eines gezogenen vereiterten Zahnes. Du bist dran. Du kommst dran. Du stirbst. Du bist nicht mehr unversehrt. Unversehrt. Versehrt. Ich suchte nach einer Lebensweise, die mich bewahren könnte vor diesem weiterschreitenden, weiterkriechenden langsamen Verfall. Unter dem Spottgelächter meiner kommunistischen Genossen, was haben Radieschen mit Politik zu tun. Ich nahm einen Verfall an mir wahr. In der Frankfurter Bahnhofshalle riesengroß, die halbe Glasseite bedeckend, Reklame für »Mon Chéri... denn netter kann man es nicht sagen – Ferrero«, daneben eine Riesen-Mon-Chéri-Pralinenschachtel, mit roter Schleife, ja was wäre unser Leben ohne versüßende Süßigkeiten? Es erscheint dir vielleicht ungewöhnlich, daß ich mit dreiundzwanzig über das Altern nachdachte, nicht so, daß ich mich aufregte über eine Falte im Mundwinkel oder neben den Augen, sondern ich nahm wahr den radikalen Gegensatz zwischen dem »Leben in meinem Leib« und dem fortschleichenden Verfall dieses Leibes. Ich dachte über mein Gedächtnis nach. Der Spitzensport werde von einer fernen Elite ausgeübt, stellvertretend, die anderen würden fast zwangsläufig um ihren eigenen Körper betrogen, vielleicht seien die Olympischen Spiele an einer Grenze angelangt, vielleicht könnten sie uns demonstrieren, wie widersinnig es ist, seine Körpertätigkeiten an jemand anderen zu delegieren (delegiertes Leben). Ich fragte, ob man zwanzig Jahre »leben« kann, vertun, niedergehalten, ob es dann noch möglich ist, »schöpferische Kräfte« zu entwickeln. Ich wollte »vollkommen elastisch« sein, wie die argentinische Ausdruckstänzerin Iris Saccheri, die ich in Bonn tanzen sah, das tanzte sie: Skizze Befreiung vom seelischen Druck Spinne Schwanken Tanz Vielfüßler Asturias Eidechsenmensch Liebesgedicht Spiele Die Bettlerin Fest, ich sitze nicht vor dem Bildschirm und ergötze mich an den Darbietungen der weltbesten Gymnastinnen und Geräteturnerinnen, kaum sehe ich hin auf den Eidechsenmenschtanz, renne ich zum Spiegel und sehe mich an, ganz nackt, strecke mich, dehne mich, dehne und dehne und dehne mich, kein Eidechsenmensch. Lacht ruhig, Genossen, lacht doch, lacht, so viel ihr wollt, lacht euch tot, lacht mich aus, lacht. »Aber hören Sie: eine dünne, elegante, reiche, getünchte Frau lädt einen dicken Mann abends zu sich ein. Dazu die obligatorische Folie, Lektoren, angebliche Freunde, sie flittert, füttert die Meute, legt sozialistische Platten auf, der dicke Mann, ein Schweizer Sozialdemokrat, ein sinnlicher Mensch, soll mit ihr tanzen. Schon erheben sich die Gäste, um das notwendige Spiel nicht zu stören, geilen sich auf an den Vorstellungen, wie der Dicke auf der Dünnen, mit der Dünnen, die ihren Gummibusen abschnallen muß. Da fängt der Kerl an zu tanzen, allein. Ein Bär auf dem Jahrmarkt ist nichts dagegen. Er tanzt *sich*, er tanzt *Distanz*, er tanzt den *Sozialismus*, er tanzt die *Liebe*, er tanzt den *Schweiß*, er tanzt *Whitman*, er tanzt *KZ*, er tanzt *Arbeit*, er tanzt *Zukunft*, er tanzt die *Wohnung* mit ihren Parfums war von saurem Schweiß überstunken, in ihm war der Schweiß, die Angst seiner Primarschüler aus der Schweiz, es fielen die falschen sozialistischen Bilder von den Wänden. Die Gäste standen im Flur, und die Nägel wuchsen durch die Teppiche in den wucherischen Beton, und die bürgerliche Hure, ach sie hat jetzt einen Verleger geangelt, Jahre danach, wurde noch dünner, es kamen Drähte zum Vorschein, nicht einmal Marionettenschnüre, Plastikrumpf, angeschraubte Teile, schließlich verschwand sie als ein aufdrehbares Blechspielzeug in der Ecke, hinterließ das Geklacker von Industriekitsch. Wir fuhren dann weg. Schließlich schleppten wir ihn vors Goldene Faß, und auf dem Bürgersteig fing er wieder an zu tanzen, und dann hatten wir irrsinnige Angst, er könnte hinter sich zurückbleiben, verstehen Sie, Sie müssen sich hinter sich lassen.« *Nein ich lasse diesen Tanz nicht hinter mir.* Tanz: Skizze Befreiung vom seelischen Druck Spinne Schwanken Tanz Vielfüßler Asturias Eidechsenmensch... *»Ich verlange in allem – Leben, Möglichkeit des Daseins, und dann ist's gut...«*

Es könnte doch sein, daß viele Krankheiten wenige Ursachen haben: Essen, Luft, Lebensweise, Gemüt... du sagst doch auch für viele Erscheinungen, daß sie *eine* Ursache haben: das kapitalistische Profitsystem. Sieh dir die Ergebnisse von Burkitt und Waldenström an, die kürzlich den Ehrlich-Preis von der Frankfurter Uni bekamen. Lies nach auf der Wissenschaftsseite der FAZ, dieser informativsten aller kapitalistischen Zeitungen, Mittwoch, 22. März 1972, Seite 33, Titel: »Zivilisationsschäden durch veredelte Nahrung?«. Auch Freud lachten sie aus, weil er für viele Krankheiten immer wieder eine Ursache nannte: den sexuellen Mangel. Das große Tabu: Essen. Konsequent ist es, sich mit 25 Jahren mit einem Buch über »Das Alter« von Simone de Beauvoir zu beschäftigen. Du liebst Walt Whitmans Gedichte. Gestern schlug ich das Buch »Das Alter« auf und erwischte gleich eine Stelle über Walt Whitman. Er erlitt verschiedene Schlaganfälle. In seinen Gedichten klagt er: während ich hier sitze, alt und krank und schreibe, ist es nicht die geringste meiner Sorgen, daß die Schwere der Jahre, das Ächzen, die grämliche Traurigkeit, die Schmerzen, die Lethargie, die Verstopfung und der weinerliche Überdruß in meine täglichen Gesänge sickern könnten... Mit vierundfünfzig bekam er den ersten Schlaganfall. Nach seinem neunundsechzigsten Geburtstag schrieb er: Der Leib, verfallen, alt, arm, gelähmt, die seltsame Trägheit, die mich gleich einem Leichentuch umhüllt, das verzehrende Feuer in meinem stockenden Blut ist noch nicht erloschen... Er hatte Diabetes. Sybille erzählt, ein dreijähriges Kind, das sie kennt, habe Diabetes, »dieses klitzekleine Kind«, sie habe den Eltern gesagt, sie sollen mit dem Kind zu Bruker nach Lemgo gehen, Diabetes sei ernährungsbedingt, aber die Eltern hätten irgendeinen Facharzt konsultiert, und der habe gelacht und den Kopf geschüttelt, mit Ernährung hätte diese Krankheit aber auch gar nichts und rein gar nichts zu tun, daraufhin haben das die Eltern geglaubt, der Vater sei Besitzer eines Edeka-Selbstbedienungsladens oder habe in so einem Laden eine hohe Leitungsfunktion, und es sei verständlich, daß er erleichtert dem Arzt geglaubt habe, mit Ernährung habe Diabetes nichts zu tun, denn es ginge schließlich nicht um das Kind, sondern es ginge immer und überall um seine Existenz und um das Geld. Er hatte Prostata- und Blasenbeschwerden. Verdrossen, geschwätzig und senil, wiederkäuend mit brüchiger Stimme, mit meinem Seeadlergekrächz, schreibt er. Mit dreiundsiebzig stirbt er. Und wenn es köstlich war, so währt es siebzig Jahre lang, das Leben, mein Vater zitiert aus der Bibel, ich weiß nicht, es hieß nicht »köstlich«, aber Dietger sagt immer »köstlich«, wenn ihn ein wohlschmeckendes Gericht entzückt, und er sagt es so wie ein Kind beim Murmelspiel in lautes Lachen ausbricht. Das »natürliche Alter« des Menschen sei hundertundfünfzig Jahre, schreiben sowjetische Gerontologen, vorausgesetzt der Mensch lebe unter einem »natürlichen« Gesellschaftssystem, ja nicht »unter« sondern »in« einem »natürlichen« Gesellschaftssystem, in einer »natürlichen« Umgebung, nach einer »natürlichen« Lebensweise. Gift, Gift, alles Gift, sagt der Taxifahrer. Die Urwälder verschrotten sie, sagt der Taxifahrer. Deine Liebe zu Kalmus, im Hohen Lied kommt Kalmus vor, Whitman liebte den Geruch des Kalmus wie du, du holst eine getrocknete Kalmuswurzel aus deinem Handschuhfach hervor, läßt mich riechen, manche empfinden den Geruch als abstoßend, sagst du, weil der Geruch so sexuell ist, aber ja es gibt einen sexuellen Geruch, dieser schreckliche Gegensatz zwischen dem sexuellen vitalen Geruch des Kalmus und dem Leben in der Krankheit, schmerzt dich dieser Gegensatz nicht? Und dann besucht ein Journalist ein schauerliches Altersheim, eines dieser schauerlichen Alters-Alters-heime, -heime?, schreibt mitleidig und anklagend, schreibt »sozialkritisch« über eines dieser schauerlichen Altersgräber, und man weiß, dahinten leben die also, mit ihren bekannten zittrigen Händen, der Mann im Märchen, der Opa, der Alte, der abseits mit einem Holzlöffel aus einem Holztrog essen darf, er sabbert und er scheißt ohne Vorwarnung und er grimassiert und er stinkt, und dann opfern sich manche auf und pflegen ihn, pflegen ihn, ach Sie pflegen Ihren kranken alten Vater, mein Gott. »Aber der faszinierende Kranke gehört ins Showbusiness, Tanja.« Schmerzt dich nicht, daß der Neckar, an dessen Ufer der Kalmus wächst, dieser linealische, aromatisch riechende Kalmus, so dreckig ist, daß er bald absterben wird, zu einem Kanal absterben, dann wird es auch bald keinen Kalmus mehr geben. Du erzählst, dein Vater wollte kein Arzt im üblichen Sinn sein, daß er das Rauchen im Krankenhaus verbot, er wollte, daß die Leute sich gesund ernährten, aber was heißt das, fast muß man rotwerden wie ein Leser von pornographischen Heften rotwerden soll, wenn man vom Essen spricht, so wie man vom Scheißen nicht sprechen darf, dieses ewige »Scheiße«-Sagen ist nur ein Möchtegern-kraftakt, das Scheißen mitten im Gerichtssaal auch. Dein Vater verbot das Rauchen im ganzen Kranken-haus, er war Chefarzt, die Intellektuellen, für die das Rauchen ein Stimulationsmittel ist, sagst du, haßten ihn dafür, er war im ganzen Krankenhaus verhaßt, und spä-ter ging das Gerücht, deine Mutter sei starke Pfeifenrau-cherin, und du wüßtest, daß sie niemals auch nur eine Zigarette angerührt hätte, geschweige denn eine Pfeife geraucht hätte. Hast du einmal Benn studiert? Benn hat von den Nazis Handlungen gegen die fortschreitende »Zerebration« erwartet. »Die Welt der Krebsbaracken und Leichenhäuser, der Curettagen und Sektionen... wurde zum Symbol des Großstadtjahrhunderts. Die Fachsprache des Arztes enthüllte... jene verborgenen Schlupfwinkel, die bis dahin weder in den Phantasma-gorien des Traums noch in den soziologischen Analysen naturalistischer Herkunft sichtbar werden wollten... Kafka und Benn füllten jenes Vakuum... Ein Arzt, Georg Büchner... hatte... die medizinische Nomen-klatur zum ersten Mal der Poesie unterstellt.« Gilt das nicht für heute? Ich frage so sehr nach deinem Vater, Professor der Medizin und Rektor. Es tut mir weh, wenn ich höre, daß er verlacht wurde, weil er das Rauchen verbot. Jeder der sich gegen den Profit stellt, etwas anpreist, was den Profit schmälert (*schmälert*, ein schönes Wort, ich sehe eine Figur, die immer schmaler wird, du wirst ja immer schmaler, du siehst aber schmal aus, du bist aber schmal geworden, immer schmaler wird die Figur, sackt in sich ein, schrumpft in sich zusammen, verschrumpft zu einem Nichts, *schmälert*, ein schönes Wort), wird verlacht, als »Gesundheitsapostel«. »Bloß weil Hitler für's Gesunde war, machen die jetzt hier auf tiefkrank. Irgendwie möchte man sich ja unterscheiden vom Faschisten.« Amerikanische Psychoanalytiker haben Raucher geheilt, indem sie sie lehrten, frische Luft tief und lustvoll einzuatmen. Wenn man raucht, denkt man, man atme tief ein, man atme ständig und unaufhörlich tief ein, die Kettenraucher sind die Lufthungrigsten, die Sensibelsten, ohne zu wissen, daß sie pervers sind, daß sie verkehrt herum handeln, sie haben eine Lust und meinen doch eine ganz andere. Daß »irgendein Trottel« die blutige Wäsche in den Badeofen gesteckt hat, das war noch so ein altmodischer Badeofen im Badezimmer, in dem man mit Holz und Kohlen und Briketts Feuer macht und das Wasser heiß macht, die blutige Wäsche, nachdem er sich erschossen hat, 1944, aus Angst, wegen seiner Zusammenarbeit mit den Nazis belangt zu werden, Goebbels hat seine ganze Familie umgebracht, dein Vater hat nur sich selber umgebracht. Ich glaube, diese Erfahrung war deine traumatischste Erfahrung. Deine Mutter und dein Vater haben sich besprochen, waren es Tage, waren es Wochen, ob die ganze Familie umgebracht werden sollte oder ob nur der Vater sich umbringen sollte. Ich stelle mir vor, wie du, in einem anderen Zimmer sitzend, gehorcht hast, gehorcht wie auf ein Urteil, es kommt mir vor, als ob deine Wut, deine Abwehr gegen Kafka, eine Abwehr dieser Erinnerung deines Horchens auf das Urteil ist. Auf einem Notizblockzettel steht: »Ich denke daran, daß Z. schon vierzehn Jahre vor mir gelebt hat, von 1933 bis 1947, er hat noch eine ganz andere geschichtliche Vergangenheit als ich, wie viele PHANTASIEPFADE dieser Liebe zu Z.« Du spottest über mich, über meinen Begriff der »Reinheit«. Du weißt doch: alle diese pervertierten Begriffe. »Reinheit«: totaler Gegensatz zu Sterilität, deshalb die »Phobie vor Fleisch« nicht negativ, oder liebst du einen kloakeverseuchten Fluß, nimm einen Fluß, der »sauber« ist, ach nein »sauber« ist kein Wort, obwohl mir dabei immer »Zuber« und »Zauber« einfallen, ein Fluß, der einfach lebt, in dem alle Tiere und Pflanzen frei leben können, frei atmen können, du kannst bis auf den Flußgrund sehen, ach sagt M. immer diese Leute die »eigentlich« und »im Grunde« sagen, ach sage ich immer diese Leute, die ihre Kästchen und Raster und Schubladen haben, du kannst das Wasser sogar trinken, das Wasser das genaue Gegenteil von »chemisch rein«, »Reinheit« das genaue Gegenteil von »chemisch rein«. Die Sehnsucht der Menschen nach *dieser* Reinheit. Die Reklame: »von höchster Reinheit«. Die Reklame: »für wirklich reine Wäsche«. Die Reklame. Ariel: für wirklich reine Wäsche. Ich habe mal einen Kurzfilm skizziert. Eine Reklame für Banner-Seife war der Ausgangspunkt. Die Reklame für diese deodorierende, desinfizierende, sterilisierende, homogenisierende, pasteurisierende Seife sieht so aus: in einem chemisch reinen Raum fahren zwei Männer mit Trimmrädern auf der Stelle, der eine ist mit Banner-Seife gewaschen, der andere ist nicht mit Banner-Seife gewaschen, beiden wurde ein chemisches Mittel unter die Achseln gesprüht, das Schweiß und Bakterien sichtbar macht, nachdem beide heftig getrampelt haben, sieht man bei dem bannerseifegewaschenen Mann immer noch schöne »reine« Hemdachseln, beim anderen große Schweißflecken, ein Chemiker in »rein weißem Kittel« und mit derselben Miene kommentiert den Vorgang. Diese Reklame nun in einer Montage aufsplittern: eine Frau und ein Mann flitzen mit Fahrrädern oder laufen zu Fuß in einem Wald um die Wette, sie werden atemlos und immer atemloser, ihnen bricht der Schweiß aus allen Poren, aus diesen wunderbaren Poren, schon das Wort »Poren« ist wunderbar, und dann erst die Poren selber, man muß sie in Nahaufnahmen zeigen, sie lieben sich, vielleicht kann man ihnen auch dieses Mittel einsprühen, daß ihre Schweißbäche sichtbar macht, während sie sich küssen, fliegen Intimsprays, immer gepflegt und deodoriert und pasteurisiert und homogenisiert und sterilisiert im Intimbereich, fliegen Mengen von Bannerseife durch die Luft, sie lachen, die beiden, weinen, schreien, schmeißen das Zeug von sich, trampeln darauf, tanzen darauf, und der Schweiß fließt, daß man ihn riechen kann, so etwa, du kannst es dir ausmalen, ich auch noch, und dann ins kalte Wasser. Eben war ich im Wald, der Wald ist »rein«, das Gegenteil eines völlig verräucherten Versammlungssaales, in dem man nicht atmen kann, ganz toll verschiedene Grüns, und Luft! Luft! Regen! Und Luft!

Das russische Sprichwort: Iß dich halbsatt, trink dich halbtrunken, dann lebst du ganz. Findest du es spießig, *ganz* zu leben? In der Lebensauffassung der Ägypter auf der einen Seite das Leben in Frische und Gesundheit, die wilde Frische von Limonen, Leben in seiner vitalsten Form, auf der anderen Seite ein vitaler Tod. Versuch dir vorzustellen, was das heißen kann. Die Ägypter wünschen sich zum Gruß, »daß alle Körperteile vollständig sind und der Leib ganz gesund ist«. Wie meine Mutter sagt: Bleib gesund, Kind. Wie meine Mutter schreibt: seid ihr gesund und munter? Eines vitalen Todes sterben. Eines natürlichen Todes sterben. Eines späten Todes sterben. Eines jungen Todes sterben. Nicht: diese lächerlichen Sterbezeremonien, mit Ums-Bett-Stehen, mit Röcheln, mit »nach langer schwerer Krankheit verschied mein lieber Mann, unser über alles geliebter Vater...« Aber warum stirbt man denn dann überhaupt? Fragt mich B. Warum stirbt man dann überhaupt. Ich sage, ich weiß darauf keine Antwort, aber ich fühle, daß die Frage eine seltsame Frage ist. Die Abchasier. Mein Gott, was ist das nun wieder für ein fernes Land, und von welchen exotischen Leuten willst du mir nun wieder erzählen. Aber denk nicht, daß ich nicht hinfahre, um selbst zu sehen. Wer ist denn hier gläubiger, ihr oder ich? Das möchte ich wissen. Wie ich mit Leuten bei der Fernsehdiskussion über das Jahr 2000 zusammensitze und ihnen von der Gefährlichkeit der Atomkraftwerke erzähle, von den Forschungsergebnissen von Gofman und Tamplin, da kommt so ein Redakteur herbei und sagt schlau wie ein Füchslein »Ich bin Physiker, ich habe Physik studiert«, und schon wenden sich alle von mir ab, die mir vorher zugehört hatten, und sie glauben mir kein Wort mehr, sie prüfen kein Wort mehr, sie prüfen nicht mehr, »Ich bin Physiker, ich habe Physik studiert«, und Atomkraftwerke sind völlig ungefährlich, noch nie gab es so umweltfreundlichen Strom, noch nie war er so wertvoll wie heute. Die Abchasier. Sie werden zum Teil 160 Jahre alt, das ist das biblische Alter. Lies den Artikel in der FAZ vom 10. 1. 1972. Die Anthropologin Susa Benet, New York, wird eine gerontologische Studie über sie veröffentlichen. Ein Abchasier habe neun Kinder, das jüngste sei ihm als Hundertjährigem geboren worden. Ärzte hätten bei ihm lebensfähiges Sperma festgestellt, als er einhundertundneunzehn Jahre alt war. Die Abchasier äßen nicht viel, kleine Bissen, und sie kauten langsam und gründlich. In einer Snackbar: eine Portion Pamps mit Würstchen und schwupp hinein in den Mund, Speichel hat man nicht mehr, der ist versiegt, und Zähne hat man auch nicht mehr, ein Wunder, daß man noch küssen kann, daß man die Zungen überhaupt noch fühlt, den Speichel des anderen, der einem beim Küssen in den Mund kommt. Sie essen geringe Mengen Fleisch, sie essen keinen Fisch, obwohl sie Fische in ihrem Land reichlich haben. Zu allen drei Mahlzeiten gehört »abista«, eine Art Püree aus Maismehl. Kennst du Mais, Mensch du, der schmeckt, ganz gelb muß er sein, gerade reif, du kochst ihn weich und knabberst die Maiskörner vom Kolben ab, du streust Salz drauf und schneidest dir dick Butter drauf und dann knabberst du die weichen Maiskörner ab. Sie essen reichlich frische Früchte, reichlich frisches Gemüse, täglich Käse. Die Abchasier tränken weder Kaffee noch Tee, sie tränken kleine Mengen eines trockenen, leichten Rotweins, den sie »lebensspendend« nennen. Zucker spielt keine Rolle, zum Süßen nehmen sie Honig. Nur wenige Abchasier rauchten, obwohl sie hauptsächlich den Tabak für die Sowjetunion ziehen. Das hört sich alles komisch an, nicht? Wenn man von dem einhundertundneunzehnjährigen Abchasier mit seinem lebensfähigen Sperma liest, läuft es einem kalt über den Rücken, man denkt an Hitlers blauäugige Recken... Besteht ein Zusammenhang? Die Sehnsucht der Menschen nach Gesundheit. Die Ausbeutung dieser Sehnsucht. Gingen H. und ich mit Erika R. im Taunuswald spazieren, behauptete ich, es genüge nicht, den »Imperialismus« und das »kapitalistische Wirtschaftssystem« als Ursachen des Faschismus zu nennen. Die braune Farbe zum Beispiel. Braun ist die vorherrschende Farbe in der Natur. Braun und grün sind die vorherrschenden Farben in der Natur. Der »Heil«-Gruß. Heil: gesund, ganz, (ge-)heil(t), solche psychoanalytischen Überlegungen müssen die ökonomischen ergänzen. »Die einen behaupten, man solle zur vormenschlichen, vorbewußten Existenz zurückkehren, die Vernunft abschaffen, zu einem Tier werden und so wieder mit der Natur eins werden... Auf der einen Seite gibt es Erscheinungen, wie wir sie in den germanischen Geheimgesellschaften der Berserker, wörtlich: Bärenhemden, finden, die sich mit Bären identifizierten und in denen ein junger Mann bei seiner Einweihung seine menschliche Natur in einem Anfall aggressiver und furchterregender Wut, der ihn dem rasenden Raubtier ähnlich machte, umwandeln mußte... die Bärenhemden mit Hitlers Braunhemden vergleichen... unterschied sich der Kern, durch das Triumvirat Hitler, Himmler und Goebbels repräsentiert, im wesentlichen nicht von den primitiven Bärenhemden... Diese Bärenhemden des zwanzigsten Jahrhunderts...« Nach bourgeoisen Urteil »verzichten« die Abchasier auf alle »Genüsse, die das Leben lebenswert machen«. Offenbar ist ohne diese »Genüsse, die das Leben lebenswert machen«, dieses lebenswerte Leben hier gar nicht zu ertragen. Dieses lebenswerte Leben im *Kapitalismus* und dieses lebenswerte Leben im *Sozialismus.* »Und die Bürger kompensieren, schon um sich gegen unkontrollierte Ausbrüche abzusichern, ihre Triebhaftigkeit, die sie aufs Kontorleben hin zuschneiden, mit Genüssen, die spezifisch gut zu bürgerlicher Tätigkeit passen: Tabak, Kaffee... Klerus und Adel genießen Schokolade und Zuckerwerk... Die bürgerliche Kunst feierte den Kaffee mit Kantaten, Chansons und Gedichten...« Die Proletarier, die sich heute Weißbrot und Sarotti in Massen »erlauben« können. Die Funktion, die dieses »Erlauben-Können« hat. Die Bourgeoisie hatte sich als Zeichen ihrer Herrschaft Lebensweisen des Adels zugelegt, das Proletariat kann diese Lebensweisen nachahmen, ohne doch zur Herrschaft gekommen zu sein. »Was kümmert's euch, ob arme Leut Kartoffeln kauen müssen, wenn ihr nur könnt zu jeder Zeit den besten Braten essen?« Aus dem Weberlied »Das Blutgericht, Lied der Weber in Peterswaldau und Langenbielau«. Nimm doch mehr Fleisch, hier nimm diese Keule noch, die magst du doch so gerne, die Kartoffeln können die Hühner kriegen, wenn welche übrig bleiben, sagt meine Mutter, es gibt gebrutzelte Hähnchen. Ein halbes Hähnchen. Ein ganzes Hähnchen. Jeder Arbeiter kann sie für ein paar Mark kaufen. Als wir uns erlauben konnten, Hähnchen zu essen, Mensch was »ein Hähnchen« war: als sei das Paradies ausgebrochen, die Freiheit, das Schlaraffenland, die Zeit nach der Revolution. Essen als Aneignung. Wer wird denn gleich an die Decke gehen, greife lieber ... Wie soll ich ihnen sagen, Pellkartoffeln seien gesünder? Schon die Pellen, wie sieht denn das aus? Wie können wir diesen »natürlichen« Zustand, in dem die Abchasier leben, auf höherer Stufe wiederherstellen? Wie ich nächtelang den Satz in meinem Kopf wälzte: »Sie (Gegenstände der Natur wie eine unscheinbare Blume, eine Quelle, ein bemooster Stein, das Gezwitscher der Vögel, das Summen der Bienen) *sind*, was wir *waren*; sie sind, was wir wieder *werden sollen.* Wir waren Natur wie sie, und unsere Kultur soll uns auf dem Wege der Vernunft und der Freiheit zur Natur zurückführen.« Ich ging mit diesem Satz im Kopf herum, war aufgeregt über diesen Satz, er war nun zufällig von Schiller, dieser Satz, o Gott von Schiller, mir war es gleich, hätte er in einem Brief meiner Mutter gestanden, es wär mir gleich, als ich las, daß Bonds Stück »Lear« den schönen Schein über Shakespeares Stück wegfrißt, bekam ich Mut und dachte, daß auch ich den schönen Schein über den Schriften Schillers wegfressen könnte, diese ganze scheußliche Leichenfledderei der zur Mumie gemachten Literatur hinwegzufegen, nahm ich mir vor. Und ich nahm mir vor, mich dabei nicht beirren zu lassen. Aber ich wußte, ich würde mich immer wieder beirren lassen. Und ich würde immer wieder herausfinden aus dem Irresein. Aber wie lange geht denn der Weg der Vernunft noch, ist es noch ein Weg, ist es noch der Weg, ist es noch der Weg der Vernunft, und wer weiß noch, was Vernunft ist. Soll ich dem Taxifahrer glauben, der sagt, wer wolle denn zum Mond, doch nur »die oberen Zehntausend«, die hätten dort ihren Kram zu erledigen, aber wir, wir, was wollen wir denn auf dem Mond.

24. Mai 72. Meine Angst, daß du diese langen Briefe gar nicht liest. Ich halte dir Vorlesungen. Ich will Kurzes schaffen können, so kurz und konzentriert und intensiv wie möglich. Wie dahinkommen? Vielleicht werde ich es können, wenn ich richtig lieben kann. Ich fühle mich wie ausgehöhlt von den jahrelangen Enttäuschungen, von der Kindheit, den Depressionen, den Ängsten. Das letzte Jahr habe ich einen Anfang gemacht. Ich habe einen Anlauf genommen. Ich mache mich verrückt damit, daß du mit einer anderen Frau vögelst. Ich denke, dann bist du zerstückelt. Was ist richtig? Ich kann mich nirgends festhalten. Ich wundere mich, daß die Häuser so lange stehen bleiben, sie müßten doch einfallen und umfallen. Sie stehen und stehen und stehen. Und der Himmel fällt auch nicht nach unten. Nur ich falle. Fallsucht. Wenn ich mich bücke, um an einer Blume am Wegrand zu riechen, ich bücke mich, ohne sie abzureißen. Ob ich in einigen Tagen wieder ruhig sein werde? Ich glaube nicht. Das ist ein Aufruhr wie seit Jahren nicht mehr. Die Vorstellung, daß in einem See mit Riesenpaddeln herumgerührt wird, das Unterwasserleben des Sees kommt in Aufruhr. Aufrührerisch. Aufruhr. Ich sage zu H., ich halte das nicht aus. Ich halte das nicht durch. Ich weiß nicht mehr, wohin ich gehöre. Ich weiß seit langem nicht, wohin ich gehöre. Du mußt es durchstehen, ich denke, du willst selbständig werden, sagt H. Verrückt, ich kenne H. nicht mehr, er ist ein fremder Freund, und Sarah ist gar nicht mein Kind, er muß es von einer anderen Frau bekommen haben. Was verstehen die schon unter »Orgasmus«, diese Leute um mich herum? Martin L. sagt, er ist ein Linker, ein Kommunist, ja sagt er, es stimmt, »Ge-

schlechtsverkehr« ist wirklich kein menschlicher Ausdruck, wie »Straßenverkehr« und »Verkehrsampel« und »Verkehrsordnung«. Gezwungen durch ihr tägliches Leben in Ausbeutung und Entfremdung, reduzieren sie sich selber und andere. Unter Orgasmus verstehen die eine Entlastung. Der Mensch müsse seiner Aggression ein Ventil schaffen. Mechanistisches Menschenbild. Armseliger Begriff, um diese Qualwörter abzuwehren. Das Bild des Hungerkünstlers. Das Gedicht von dir: Philemon und Baucis, zapfdicke Finger, Tannz (mit zwei n). Du hast solche Laute von dir gegeben, solche Liebenlaute. Das Buch »Das Alter« hat eine Suggestivkraft, fast denke ich, ich bin eine siebzigjährige Frau. Ein resigniertes Buch. Es beschreibt die Wirklichkeit der Mehrheit der Menschen nach dem vierzigsten oder fünfzigsten Lebensjahr. So wies läuft so läßt mans laufen.

Du hast gesagt, diese Zitate, ich assimilierte sie, dann seien sie fast gar keine Zitate mehr. Ich habe aber auch deinen Überdruß gegen meine ständigen Zitate bemerkt. Daß ich so viel zitiere, ist Ausdruck meiner Angst vor Gedächtnisverlust, auch ein Versuch, mir etwas anzueignen aus den Unmassen von Gedrucktem um mich herum, nicht als Wissen, sondern in Beziehung zu meiner subjektiven Erfahrung. Zitate auch als Ausdruck meines Lebens: daß ich eben nicht täglich auf einem wilden Pferd über Land reite, wie die Männer in der Reklame für Camel-Filter-Zigaretten auf dem Fernsehschirm, sondern wie in einem Büro sitze und schreibe und lese. Es muß anders werden mit uns.

Argument und Gegenargument. Nietzsche und andere

behaupten, es seien die Ausnahme-Zustände, die den Künstler bedingen, krankhafte Erscheinungen, so daß es nicht möglich scheine, Künstler zu sein und nicht krank zu sein. Mein Wunsch, Schriftsteller zu werden, mein Festhalten an der Krankheit. Angst, gesund zu werden, gesund und normal. Das ist eine schreckliche Ideologie. So wie die Behauptung, Sublimierung sei die Voraussetzung von Kunst. Walsers Buch »Die Gallistl'sche Krankheit« ein großer Anlauf und der Versuch, sich von diesem Denken zu befreien. Kann ich mich davon befreien? Ist es nur Denken? Das Denken in Fleisch und Blut eingegangen. Ammon sagt, die Ursachen für Freuds These, kulturelle Leistung sei nur durch Triebunterdrückung möglich, lägen in Freuds eigener Persönlichkeitsstruktur, die für ihn eine Alternative undenkbar gemacht habe. Es habe Gesellschaftssysteme gegeben, die sich nicht auf der Basis von entdifferenzierender Triebunterdrückung organisiert hätten, die Gesellschaft der Kreter, die für ein Jahrtausend die hochdifferenzierte minoische Kulturwelt bildete, ohne während dieser Zeit Kriege zu führen. Sublimierung sei neurotisch. Der Verzicht auf solche Abwehr ermögliche erst den kreativen Prozeß. Die Gesellschaft verdränge Kreativität aus Angst vor dem Außergewöhnlichen. Ja dieser Irrglaube an die Krankheit. Sublimierung: etwas zurückhalten, damit etwas wird. Wie: wenn du zu was kommen willst, mußt du jeden Pfennig umdrehen.

Ein Brief an mich. Liebe Karin, nicht traurig sein. Du hattest nicht erwartet, daß Z. dich mit dem Auto nach Anspach zurückbringt. Viel trauriger wärst du gewesen, wenn du mit dem Zug hättest zurückfahren müssen.

Kurz vor Anspach auf einem Parkplatz ein total ausgebranntes schwarzverkohltes Auto. Z. schreckt zusammen, er hat auf der Autobahn eine brennende Frau zu retten versucht, versuchte mit seiner Jacke das Feuer zu löschen, er kam zu spät, die Frau starb nach einigen Tagen im Krankenhaus, er fühlt sich schuldig, die Jacke hat er aus Ehrfurcht vor der Frau und ihrem Tod nicht reinigen lassen, hat sie getragen, angesengt und mit Blutflecken und Hautfetzen. Ich sah im Vorübersausen einen blutigen Kopf eines auf der gegenüberliegenden Autobahn liegenden Menschen und weinte die ganze weitere Fahrt über. Meine Eltern hören es nicht gern, wenn ich sage, sie sollen vorsichtig fahren, aber was heißt das schon, vorsichtig fahren, wovor soll man sich vorsehen, jeden Tag werden fünfzig Menschen auf den Straßen getötet, und ich wundere mich immer, ich erschrecke, wenn die Leute sagen, es ging uns nie so gut wie jetzt, es geht immer besser, immer immer besser. Nachdem Z. einen »Unfall« hatte, auch so ein komisches Wort, »Unfall«: in seine Autoscheibe ist ein Stein geflogen, ein »Wunder«, daß er nichts abbekommen hat. Schön, mit Z. einfach so zu liegen, nebeneinander. Erst, als Z. mich streichelte, »sprudelte« es, dann aber, als er mit seinem Glied zu mir kam, hatte ich wieder Angst. Diese schreckliche Traurigkeit, der Traum von einem Ganzen, wonach wir hundert Stunden ineinander schlafen würden, ineinander, um verändert und erquickt aufzuwachen und zusammen zu reden, zwei Quellen. Meine Quellenmystik. Deine Quellenmystik, Karin, sagt Z. Z. sieht keinen Unterschied zwischen einem Wasserhahn und einer Quelle. Ich frage in der Buchhandlung nach wissenschaftlichen Büchern über Quellen. Siehst du keinen Unterschied zwischen einem Menschen aus der Retorte und einem wirklichen Menschen, ausgetragen und aus Fleisch und Blut? Nach neun sah ich nach Jakob, er richtete sich gerade aus dem Schlaf auf, oben auf seinem Holzbettlager unter der Decke, den Schnuller im Mund. Zuerst war Jakob nur ein kranker Junge mit Brille. Jetzt ist Jakob Jakob Jaköbchen. Meine Liebe zu Z. überträgt sich auf Jakob. Als Z. zur Sitzung des PEN-Präsidiums wegging, sehr zerstreut, kaum verabschiedete er sich von mir, fühlte ich mich wieder ganz verlassen. Meine Mutter erzählt, einmal habe ich als Zweijähriges nicht schlafen können abends, Papa und Opa spielten Karten im Nebenzimmer und machten solchen Radau, da wäre ich zu ihr ins Bett gekrochen und wollte wohl mit ihr spielen, mich ein bißchen an ihr Gesicht drücken, sie hätte mich zurückgestoßen, weil sie von der Arbeit todmüde gewesen sei, sie habe gleich hinterher gedacht, daß das nicht richtig gewesen sei. Auch sei es nicht richtig gewesen, uns Kinder ins Kinderheim zu stecken, während der Flüchtlingslagerzeit. Aber die Schwester sei zu ihr gekommen und habe gesagt, Sie gefährden Ihre Kinder, wenn Sie sie hier im Lager lassen, bis zu fünfzig Frauen und Männer, getrennt in verschiedenen Räumen, wohnten in einem Zimmer, es gab Krankheiten, aber sie hatte die seelischen Folgen unterschätzt. Als ich dann vom Markt durch den Park zur Wilhelm-Leuschner-Straße zurückging, orientierte ich mich in der für mich fremden Stadt an Gebäuden, an einem Springbrunnen, einer Kirche, in die ich mit Z. hatte gehen wollen zum Grabschriftenentziffern, an den am Standesamt ausgehängten »Aufgeboten«, die wir zusammen spöttisch gelesen hatten, an dem

Wort »Landzettel« über einem Geschäft, ich hab keinen Orientierungssinn, ich kann mich so schlecht orientieren, ich bin orientierungslos. Laut vor mich hin sagte ich: Ich bin Ich. Ich bin Karin. Was will ich tun? Ich bin Ich. Z. und M. reden über das Geld, das Z. für Jakob, den Sohn seiner »geschiedenen Frau«, monatlich zahlt. Mir tut die Diskussion weh. Warum reden Z. und M. vom Geld. Wenn ich nun ein Kind von Z. bekomme. M. sagt, ich solle es Z. gar nicht sagen. So ein Unsinn, sagt Z. Geträumt, daß H. und ich vögelten. H. streichelte mich wie Z. Es war auch nicht H. Es war Z. Es war auch nicht Z. Es war H. Oder beide zusammengeschmolzen. Ein schrecklicher Kampf entstand, in dem H. zu einem ungeheuren Geier wurde, er stieß mich zurück, jagte mich aus dem Haus, ich rief Z. an, ob ich zu ihm kommen dürfe. Ich wachte auf mit dem Gedanken: Z. teilt seine Liebe auf viele »Männdchen« auf, weil kein einzelner, kein einzelnes, ihm bisher Liebe gegeben hat, Liebe ohne Ressentiments, ohne Vorwürfe und Anforderungen. M. sagt, das sei ein alter Hut, Kindheit und so, darauf könne man keine Rücksicht nehmen, jeder habe eine schlimme Kindheit, das sei ein alter Hut, mein Gott welch alter Hut, der uns über den Kopf gestülpt ist, der Kopf ist in Dunkelheit gestülpt. Kann ich Z.s Liebe gewinnen, wenn seine Kindheit kein alter Hut für mich ist?

Zurück in Anspach. Ich lese eine Seite, die H. geschrieben hat, als ich weg war: Liebe, Kunst und Wissenschaft gleich Leben. Mein Kopf ist dumm und leer. Schuld ist die Faradaysche Konstante der Elektrolyse, die im Physik-Praktikum für Mediziner zu bestimmen war. Stromkreise schalten, messen, rechnen gleich

Quantitäten bestimmen, um die Qualitäten vergessen zu lassen... Physik-Studenten sprechen in Formeln, Spartakus-Studenten sprechen eine Formel-Sprache: Wahlen, Wahlbeteiligung, Kandidaten, Kandidatenbefragung, Medizin-Studium, Medizin-Kongreß, Gewerkschaftsstudie, Forderungen durchsetzen, weitergehen. Referenten, Diskutanten. Wer? Was? Gestern war Karin noch hier. Ich wußte, sie fährt zu Z. Allein muß ich herausfinden, wer ich bin. Bruker angerufen, um zu wissen, was ich die drei Monate im Medizin-Praktikum tun werde. Ist Arbeit Leben? Tötet Arbeit Leben? Ich esse, wohne, arbeite, liebe, spreche – mit wenigen Menschen. Karin! Wer noch? Jutta und Dietger? Ich aß, wohnte, arbeitete, liebte, sprach mit vielen fremden Menschen – und wurde langsam mehr und mehr abgetötet. Ich liebe Karin. Liebt Karin mich? Karin liebt Z. Wen liebt Z.? Liebe ich mich? Liebst du dich? – H. ahmt nach, wie ich schreibe. Ich merke, die ganze Misere, diese ganze große Trauer kommt daher, daß H. und ich abgeschnitten sind: abgeschnitten von der Arbeiterklasse. Geschnitten von beiden Seiten. Kaum bin ich eine »Intellektuelle«, stoßen mich die Arbeiter weg, intellektuellenfeindlich aus Angst und Minderwertigkeitsgefühl, stoßen mich die anderen weg, weil ich gar keine »richtige« Intellektuelle bin und nie sein werde. Nach meiner Rückkehr aus Darmstadt lese ich im Werkkreis-Informationsdienst die verächtliche Randbemerkung eines Gebhard Krämer von der Freiburger Werkstatt für schreibende Arbeiter. Er schreibt über Nußbaums Auftreten auf der Tagung des Werkkreises: Das Auftreten einiger sogenannter Intellektueller nach dem Walser-Vortrag war beschämend. Leute aus der Frankfurter Intelligenzler-Schickeria wie Herr Nußbaum, er hätte auch ans Pult gehen, einen Schuh ausziehen, reinpinkeln und sich wieder setzen können. Was hat denn die Alphabetisierung in Lateinamerika mit realistischem Schreiben zu tun? Ja, was hat sie damit zu tun? Was hat der Vietnamkrieg mit realistischem Schreiben zu tun? Eine Kollegin aus Frankfurts hochgeistigen Gefilden, noch an den Brüsten der Alma Mater hängend, leistete sich eine besondere Unverschämtheit, sie räsonierte mehr schlecht als recht über Walsers Vortrag und bemerkte, sie fände Neuneiers Roman »Akkord ist Mord« schlecht... In Zukunft sollte eine geschicktere Diskussionsleitung dafür sorgen, daß unsere notwendigen werkkreisinternen Diskussionen nicht wegen einigen klugscheißernden Intellektuellen unfruchtbar verlaufen wie in Frankfurt. Das hört sich an wie CDU-Jargon, oder noch schlimmer, wenn es das gibt. Aber ich lasse mich immer verletzen. Verletzbar aus Minderwertigkeitsgefühl. Wenn ich das lese, sehe ich schon lauter Krämers und Grämers als Kulturfunktionäre in einem sozialistischen Westdeutschland. Intellektuellenhaß aus Minderwertigkeitsgefühl, als Abwehr, im Gefühl des Ungenügens. H., Sohn eines sozialdemokratischen Arbeiters, sagt: mir hat man von kleinauf gesagt, ich sei nichts wert, ich sei der letzte Dreck. Wenn du die Augen zumachst, was du dann siehst, das hast du und das bist du, so ein Spruch aus meiner Kindheit, wenn du keine Zweien schreibst, nehme ich dich von der Schule, wenn du schon ein Arbeiterkind bist, dann zeig wenigstens, was du kannst, wenn schon. Ich will Z. die wichtigsten Thesen aus Ortmanns »Arbeiterfamilie und sozialer Aufstieg« schreiben.

Wie Z. mir sagt, zurückkommend von der PEN-Präsidiumssitzung, das Wichtigste sei, die Naivität zu bewahren und gleichzeitig differenzieren zu können. Während der Sitzung hätte er sich die Blätter der Bäume vor den Fenstern angeguckt, wollte er ein Blatt sein, wenn man naiv sei, könne man leicht ausgenutzt und verlacht werden, aber Naivsein *und* Differenzierenkönnen, das ist was wir anstreben müssen. Ja. Gut, wie Z. »nach Hause«, immer sage ich »nach Hause« zu fremden Wohnungen, abends zehn Uhr, kam, Salat aß, wir lasen zusammen meinen letzten Brief. Z. gähnte öfters, so müde war er. Schade, daß Hopkins nicht mehr lebt, sage ich, als wir durch den Taunuswald nach Anspach zurückkommen. Ja, sagt Z. Am 15. Juli geht H. für zwei Monate zu Bruker, sein Medizin-Praktikum machen. Ich halte es nicht aus, zwischen zwei Zuständen zu leben. Aber es scheint so eine Art Schicksal zu sein, daß ich *zwischen* Zuständen ... lebe. Zigeunerzwischendasein. Ob ich genug Mut habe, in die Kommune in Rehringhausen einzuziehen, mit H., obwohl ich dann von ihm geschieden bin? Geschieden! Bei manchen Linken gehört es zum guten Ton, daß eine Frau sich scheiden läßt. Aha die hat sich emanzipiert. Es hängt mir zum Hals heraus, dauernd mitzuteilen, daß ich Arbeiterkind bin. Ich will nicht mehr davon reden. Lassen wir das. Ein peinliches Wort: »Arbeiterkind«, »Arbeiter«. Richtig peinlich. Der Hauptgrund für einen Selbstmord wäre wohl, daß ich mit meiner Lage zwischen den Klassen nicht fertig werde. Seltsam, daß Z. entweder »aufgestiegene« Frauen liebt oder »abgestiegene« (Adlige), aber vielleicht ist das überinterpretiert. »Karin I« schrieb: Meine Klasse hat mich verraten, sie ließ mich ohne Bewußtsein aufsteigen. Aber dieses Epigramm verstehe ich nicht. Wer ist denn »aufgestiegen«? Flick war Bauernsohn, der ist wahrhaftig (»wirklich und wahrhaftig«, würde mein Vater sagen) aufgestiegen. Aber ich? Ich bin nicht Flick. »Karin I«: Ich bin gezwungen zu gelegentlichem Prestigeverhalten ... Typisches Aufsteigerprodukt ... buhlerisch, exhibitionistisch, zum Kotzen. Wie finde ich den Weg zurück in meine Klasse? ... Diese fremdklassigen Männer, auf die wir Aufstiegsweiber uns einlassen, die wir auch noch lieben, sind nichts als die Bestätigung unseres gelungenen Aufstiegs. Wir prostituieren uns ständig ... Das schreibt »Karin I«. Die Bezeichnung »Karin I« habe ich erfunden, als ich einmal Z. anrief und gerade sein Sohn aus zweiter geschiedener Ehe dawar und ich ihn über Z. grüßte und er fragte, »welche Karin«? Ich schrieb in mein Notizbuch: Dies gilt nicht für mich. Es gibt keinen Weg *zurück* in meine Klasse. Und ich liebe Z. nicht als »Aufstiegsweib«. H.s Leiden. Seine Hilflosigkeit. Seine Lage ist meine Lage. Seine Hilflosigkeit ist meine Hilflosigkeit. Sie bringt mich zur Weißglut. Morgen rufe ich den Rechtsanwalt an, er ist ein »Linker« und macht Scheidungen für die halbe Gebühr. Scheidung ist was »Unpolitisches« sagt er, damit verdient er sich Geld, während er für »politische Sachen« meistens kein Geld nimmt. Eine Kette von Enttäuschungen. Durchreißen die Kette. Von H. weg. Von der Herkunft weg. Aber ich bin da, an der Kette von Enttäuschungen, an der Kette der Herkunft. An der Kette. Im Scheidungsverfahren muß man angeben, wann »der letzte eheliche Verkehr« gewesen ist. Meine Wut über diesen Ausdruck. Meine Wut, was geht die das an. Warum fragen die

Richter nicht, wann haben Sie zum letzten Mal zusammen reden können, ohne daß Sie sich Steine ins Rückgrat geworfen haben. Aber das interessiert sie nicht. Am zweiten November vor dem Scheidungsrichter werde ich sagen, was das für eine Sauerei ist, solche Fragen und solche Ausdrücke. Mensch ich wußte ja gar nicht, auf was für ein Gesetz ich mich da eingelassen habe. Ich gehe an der Wiese vorbei, an der ich mit Z. nach unserem letzten Treffen bei seiner Schwester in Frankfurt vorbeigegangen bin, drei Pferde spielen, sie springen einander an, fahren sich gegenseitig mit den Mäulern an die Schwänze, ich weiß nicht, spielen sie Liebesspiele oder spielen sie einfach oder ist beides eins?

Tagebuchnotizen. Lieber Z. lieber lieber lieber Z. Nacht 25./26. Mai 72 im »Seehof« in Haltern. Schreiben bei völliger Öffnung des Leibes und der Seele... Zwei Uhr nachts. Auf dem Vorplatz des Hotels ein Gerät, das ein schreckliches Geräusch macht, wie ein Ventilator, Foltergeräusch die ganze Nacht. Mein Schoß wund. Dachte, vielleicht könntest du M. wieder lieben. Ihr Gesicht hat mich angerührt. Denk immer an Jakob und den bitteren Satz, du könntest Jakob nur »genießen«, mag sein, daß ich Sätze zu sehr höre. An ihr Gesicht, an ihren kleinen Busen, daß sie erzählt, in ihrer einen Brust sei eine Delle, das scheint ein schlimmes Trauma zu sein für sie... an ihr müdes Gesicht, daß ihr Po dicker ist als ihr kleiner Busen, wie bei mir. Du sagst, das erzählt sie jedem, das mit der Delle. Ja und, wenn dies ihr Trauma ist. Dachte an Benseler, wie er mir nach der Spartakusveranstaltung über »Berufsbild Lektor«, von mir an der

Uni organisiert, schrieb »würde gern mit Ihnen diskutieren. Sie haben mir Eindruck gemacht.« Die Gier nach solchen Sätzen, die Gier, anerkannt, beachtet, geliebt zu sein. Am Sonntag sehen wir uns. Halb sechs in Bremen, ein Zimmer für uns. Vielleicht sehen wir Worpswede an. Es sei »ein Fenster offengewesen« bei mir, hättest du zu H. am Telefon gesagt. Dieses »ein Fenster offen gewesen« hat seinen Schrecken für mich verloren, weil ich deine Stimme wieder gehört habe... Ja, es ist ein Fenster bei mir offen für diese bürgerliche Sensibilität. Ich sehne mich, im eiskalten Meer zu baden. Schwimmen. Hier ist ein Stausee gegenüber der IG-Bergbau-Schule. Was soll mir ein Stausee. Kanäle fließen, *wenn* sie überhaupt fließen, schreibt Beckett. Die Neigung, mir widersprüchliche Gefühle nicht einzugestehen: widersprüchliche Neigung. Neigung eines Winkels. Du neigst dich mir zu. Zuneigen. Bis zur Neige. Neige? Neige? »Neigen« heißt auch »erniedrigen, sich verneigen zum Zeichen des Grußes, des Dankes, der Ehrerbietung, der Unterwerfung«. Seltsam, daß Zuneigung mit Unterwerfung zusammenhängen soll. Wo kommt der Vers »Neige du Schmerzensreiche...« vor? Geht mir im Kopf herum. Immerzu das Foltergeräusch.

Auf der Zugfahrt nach Haltern fand ich einen Aufsatz in einem psychoanalytischen Buch, von Mitscherlich herausgegeben, darin der Satz: die soziale Bedeutung der Madame Bovary, sie ist diffus... aber leicht nachzuweisen, der Aufstieg Homais' und das Scheitern Emmas lassen uns eine Bourgeoisie erkennen, die ihre Träume zur gleichen Zeit liquidiert, in der sie ihre Macht und ihre Industrie organisiert, welches ist der wahre Ursprung dieser Anlage Emmas, die Wurzel ihres Bovarysmus? – Denke sofort, da in Christa Wolfs Buch »Nachdenken über Christa T.« Christa T. auch einmal als Madame Bovary bezeichnet wird: lassen uns ein *Proletariat* erkennen, das seine Träume zur gleichen Zeit liquidiert, in der es seine Macht und seine Industrie organisiert... Denke an Hermann Kants Satz, die Regierung der DDR befürchte, »Nachdenken über Christa T.« könne »Traurigkeit« im Land erzeugen... Das Preislied der schreibenden Arbeiter auf die Atomkraftwerke in der DDR. Verherrlichung der Technologie. Sozialismus ohne Phantasie ist Veterinärsozialismus. Was ist Phantasie?

Ob ich durchkomme gegen alle Widerstände? Schlagtow, die Vorpahls, die Strauchs, alles beschreiben bearbeiten wie ein Stück Land!? Wär ein Wunder bei all den Selbstmordplänen... Wenn mir einmal etwas gelänge. Jeder Mensch hat das Recht, daß ihm etwas gelingt. Wenn ich *schriebe*... Wie in einem schlechten Kriminalfilm (obwohl ich gar nicht weiß, was ein Krimi oder ein schlechter Krimi ist), wo ein Verbrecher einem Opfer immer wieder den Kopf unter Wasser taucht, ihn dann wieder hoch kommen läßt, dieser Vorgang perpetuiert, jahrzehntelang, ich erwarte, daß der Verbrecher auch mal ernst macht... aber wer ist der Verbrecher? Er muß eine Kompanie von Menschen, Dingen, Gesetzen, Systemen sein... Vor allem liebe Menschen, die Gesetze geschluckt haben. Denn die Ausführenden sind nicht »die da oben«. »Die Träume der Patientin enthüllten nach und nach eine verborgene Quelle ungenutzter Vitalität. Während sie in ihren Assoziationen gepeinigt und leblos schien, war ihr Traumleben humorvoll und auf fast autonome Weise phantasiereich. Sie träumte, sie erscheine mit flammendrotem Kleid in einer gesetzten Kirchenversammlung, oder sie werfe Steine in hochachtbare Fenster.« Warum zitiere ich diesen Satz von Erikson? Wegen des flammendroten Kleides? Hier in Anspach war ich einen Tag mit Sarah in einer Kirche, ich versuchte, ob sie offen war, dann schob ich den Kinderwagen über die Schwelle und ging in der Kirche herum, aber es gefiel mir nicht darin, es roch muffig, als würde nie ein Fenster geöffnet. »Die hungrigen Sinne des Kindes. Denken wir an die farbigen Amerikaner. Ihre Säuglinge erhalten oft ein Ausmaß an Sinnesbefriedigungen, das für eine Lebenszeit ausreichen würde. Das erhält und zeigt sich in der Art, wie sie sich bewegen, lachen, sprechen, singen.« Der Verlust der Mutterliebe könne zu einem chronischen Trauergefühl führen, auch der abrupte Verlust der stillenden Mutter, das vielleicht dem ganzen späteren Leben einen depressiven Unterton verleihen könne. Aber selbst unter günstigen Umständen scheine diese Phase im Seelenleben ein Gefühl von Trennung und eine undeutliche, doch umfassende Sehnsucht nach einem verlorenen Paradies zu hinterlassen. So verfolge ich ausdrücklich *meine Wurzeln nach rückwärts*.

27. Mai. Zehn Uhr morgens. Fahre nicht mit zu »Der Volksfeind« der Ruhrfestspiele. Ich werde spazierengehen, allein sein nach dem Tanz gestern abend. Wenn ich Tanz sage, denken die Leute »Foxtrott, Walzer, Beat«. Fred Traguth. Trommeln. Der Schrei. Verführung. Atmen. Das alles *tanzen*. Atmen tanzen. Z. sagt am

Telefon, M. sei mit Jakob bei ihm in Hamburg. Hans bleibt noch bei ihm, fährt mit ihm nach Bremen. Z. sagt: M. macht ihr Bett in ihrem Zimmer, Hans macht sein Bett in seinem Zimmer, ich mache mein Bett in einem anderen Zimmer. Ich denke, was geht in ihm vor, während er das sagt. Er ist traurig, diese gescheiterten Ehen, dieses Zigeunerleben. Aber auch, er will mich nicht kränken, er betont, daß sie getrennt schlafen. Soll ich nach Bremen kommen? Verfolge ich Z.? Z. sagt nein. Gegen die dummen Fragen liege ich am offenen Fenster, höre den Sturm, freue mich in Erinnerung an den vierstündigen Tanz, wo ich mich, wo ich meinen Körper noch lebend fühlte, denke: ich fahre nach Bremen, ich fahre nach Bremen, schon im Rhythmus des fahrenden Zuges und im Rhythmus des gestrigen Tanzes, ich fahre nach Bremen, liege schlafend nachts an Z., schlafe in Z. ein. Peinlich bewußt, daß ich anders esse als die anderen. Michael L. sagt, ja seine Schwester, jetzt erinnere er sich, esse auch so, und die sei sehr schön und gesund, jetzt falle es ihm ein. Ich kann sie überzeugen, daß ich nicht spinne. Ich, die »Gesundheitstante«, wie M. sagt, die »Makroidiotin«, wie G. sagt. Ich wollte mit den anderen an einem Tisch essen und mit ihnen Gesundes essen, nicht diesen »Pamps« (wie Erika das übliche Essen nennt). Ja, wenn Kafka Vegetarier ist oder sich für die »mystischen« Ideen von Steiner interessiert, in seinem Tagebuch beschreibt er eine Begegnung mit dem Anthroposophen, wenn Leonardo da Vinci die Fleischnahrung ablehnt, weil er es nicht für gerechtfertigt hält, Tieren das Leben zu nehmen, wenn er sich eine besondere Freude daraus macht, Vögeln, die er auf dem Markt kaufte, die Freiheit zu schenken, wenn diese

»Großen« so sind, dürfen sie so sein. Dann heißt es, sei nicht so extrem. In allen Dingen das Mittelmaß. Sie geben ihrem Rauchen eine Bedeutung, an der ich nicht teilhabe, ich meinen Blättern, Gemüsen, Getreiden eine andere, an der sie (noch) nicht teilhaben. Trösten mich die Weizenfelder von van Gogh. Lacht Z. mich aus? Leben beginnt erst jenseits dieser Barriere, jenseits aller Barrieren, aber auch jenseits dieser: Barriere des Nichtliebens, der Unterdrückung aller Sinne... ich könnte anders sprechen, anders lachen. Du bist ein vereister Vulkan, sagt H. Der Irrglaube, wenn Sozialismus, also das Positive ist, dann gibt es keine Kunst mehr, kein Schreiben. Aber: gerade dann wird es das alles geben. Aber: gerade dann fängt erst alles an.

In der Gewerkschaftsschule der IG-Bergbau und Energie in Haltern hängt an der Tür des Kegelraumes ein Coca-Cola-Plakat »Frischwärts in die Freizeit Holen Sie sich Freizeit Ideen Trink Coca Cola«, ich denke, sind nicht alle Kurse umsonst, wenn dieses Plakat hier hängt. Nicht nur durch Sprache, nicht nur durch Denken kann ich ein kleines Kind, kann ich einen Menschen beeinflussen. Auch sprachlos kann ich einen Menschen beeinflussen, sage ich zu Professor P. »Denn Überlieferung braucht nicht begrifflich zu geschehen, sie findet auch in Tun, Haltung, Geste statt: Rabbi Löw kam, nach Martin Bubers Erzählungen der Chassidim, zum großen Maggid von Mesritsch, nicht, um Lehre von ihm zu hören, nur um zu sehen, wie er die Filzschuhe aufschnürt und wie er sie schnürt.« Beobachten Sie, wie junge Mädchen auf der Straße stehen, wenn sie sich mit anderen unterhalten, vor hundert Jahren standen sie anders da, mit anderen Gesten. Beobachten Sie, wie ein Kind die subtilsten Gesten und Gebärden nachahmt, die Sie an sich noch gar nicht entdeckt haben.

Sich seiner selbst peinlich bewußt sein. Der Impuls, das Gesicht zu verstecken oder einfach bis unter die Erde versinken, Tarnkappe, aber statt Tarnkappe rotwerden, sonnenblutrot. Dieses Rotwerden während meiner Gymnasiumszeit. Das Rotwerden auf der Treppe des Soziologischen Seminars in Frankfurt, in dem Moment, wo Ursula A. über ein Buch spricht, und ich verstehe nichts, Rotwerden wie die Angst, auf die Frage des Klassenlehrers zu antworten »Mein Vater ist Arbeiter«, stattdessen sagen »Er ist Filmdrucker«, aber es kommt raus, daß er nur Stoffe bedruckt, daß »Filmdrucker« dasselbe ist wie »Arbeiter«, denn der Klassenlehrer fragt interessiert »Hat er eine Fabrik?« Die ständige Angst, meine Hände zu zeigen. Diese dicken Bauernfinger. Veronika Westhoff, die Tochter des Schloß Holter Textilfabrikanten mit ihren langen, dünnen, zarten Fingern. Meine Klassenfeindin. Diese dicken Bauernhände, die immer rot werden, aber wo sie verstecken? Du hast einen Geschmack wie eine Kuh, sagt Veronika Westhoff. Die extreme Arbeitslähmung ist die Folge eines starken Minderwertigkeitsgefühls. In Fällen der Regression bis zum Ur-Mißtrauen erstreckt es sich auf alles, was man mitbekommen hat. Erikson. Ja, intelligent sind Sie nicht allzusehr, sagt der Psychologe im Bielefelder Arbeitsamt, aber fleißig und ausdauernd, das sind Sie, wie alle Arbeiterkinder, die bringen es zu was, weil sie sich durchbeißen, die wissen zu kämpfen. So habe ich doch einen Vorteil. Die Tochter des Arztes, so hörte ich, war nach dem Urteil des Psychologen, äußerst intelligent, »hochbegabt«, »hochintelligent«.

Die Hähne krähen. Hähne krähen. Hähne krähten. Vögel melden sich kurz vor halbvier. Immerzu das Foltergeräusch. Ich erinnere mich, daß ich morgens sofort eine Sekunde nach dem Aufwachen erkenne, daß die Vögel singen, obwohl ich die Vögel doch nicht *sehe,* woher weiß ich sofort eine Sekunde nach dem Aufwachen, daß das »Geräusch«, das ich höre, Vogelgesang ist, wo es doch viele »Geräusche« gibt, die dem Vogelgesang ähnlich sind, warum nahm ich, was ich hörte, sofort als Vogelgesang wahr? Sagst du »deine Bedürfnisse«, höre ich »Bedürfnisanstalt« oder »Bürobedarf« mit. »Triebabfuhr« wie »Holzabfuhr«. Du hast mein Kind mit der Wolldecke zugedeckt. Du hast mir den Kopf gestreichelt, als ich mein Kind auf dem Wickeltisch anzog, als ich Sarahs Bauchnabel küßte, bis sie juchzte. H. hat den Kalmus, den Hans und du am Neckar für mich gepflückt habt, weggeschmissen, einfach weggeschmissen.

6. Juni. Aus meinem Mund fließt Blut. Hört sich theatralisch an, es stimmt aber. Ich sterbe schon lange. Ein pathetischer Satz, aber er stimmt. Heute mit Dietger Fahrt nach Düsseldorf zu einer Besprechung mit Professor H. Um sechzehn Uhr in seinem Arbeitszimmer, drei Stunden Gespräch. Sonntag in Rehringhausen. Sonntagabend zur Westendstraße. Ich treffe Z. bei G. nicht an. Die Nacht mit ihm bis Montagabend. Im Senckenbergmuseum. Wie Z. ein rohes Ei von einem Ober verlangt und daß seine Pommes frites nicht so scharf gebraten werden sollen. Der Salat ist versalzen, die sind

hier nicht fähig, einen richtigen Salat zuzubereiten, Hauptsache, sie haben ihren Schweinebraten gebrutzelt. Im Club Voltaire sitzen Leute, die wir nicht kennen. Aus einem Briefkasten klaut Z. eine Frankfurter Allgemeine, die schon für den nächsten Morgen eingeworfen ist, oder ist schon morgens? Schade, daß Z. nicht viel von diesem Angela-Davis-Kongreß erzählt. H. spottet: wieder eine dieser »linken Partys«. Marcuse: das spezifisch Weibliche in die Politik einbringen. Lieber Z., eine schöne Liebeserklärung »Ich kann dich nicht immer sehen«. Ich versuche, mich an den Satz zu erinnern, den ich dazwischenrief, während deines Diskussionsbeitrages auf dem Werkkreistreffen, es ging um Marxismus, Widerspruch und Dialektik – Widerspruch – wegen dieses Widerspruchs, wegen dieses Zwischenrufes, sprachst du dann hinterher mit mir. Der Wunsch, dich jetzt um halb zwei anzurufen, ich traue mich nicht. Ich könnte Zwang auf dich ausüben. Ich will dich nicht okkupieren. Keiner okkupiert keinen. Ich will Z. nicht stellvertretend lieben für etwas anderes. Z. ist Z. Z. als Z. lieben. Als Karin Z. als Z. lieben. Karin? Karin? Karin? Ich kann nicht schreiben über das Gespräch mit Professor H. »Ameisengedanken« soll ich denken. »Alles oder nichts« sei kein Standpunkt. Die großen geistigen Ansprüche, die ich hätte. Ich verzichtete auf Konsum, dafür hätte ich diese übertriebenen geistigen Anforderungen an mich selber. Eine Dissertation sei doch unwichtig. Sie würde im besten Fall von zwei Leuten gelesen, von einem selbst und vielleicht noch vom »Doktorvater«. Und ich arme Irre glaube, Forschung ist etwas Heiliges. Ich will etwas erforschen, für das Geld, das die Arbeiterklasse für mich zahlt. Ich arme Irre. Ich soll mir jeden Morgen und jeden Abend sagen »schlechter kann es mir nicht gehen als jetzt«, dann brauchte ich keine Ängste mehr zu haben. Dann könnte ich eine »Hochschulkarriere« machen. Ich denke an Professor Brekle in Bremen, auch Arbeiterkind, der weint, wenn er Kitsch hört. Er weint vielleicht darüber, daß er seine Herkunft vergessen hat, seine Klasse verraten hat. Warum weint Professor H. nicht, wenn er von seinem Vater erzählt, der Bergmann ist, sich in seinem Streb abquält. Als er das Gymnasium geschafft habe, als er Assistent geworden sei, als er Professor geworden sei, immer hätte er sich gesagt »schlechter kann es mir nicht gehen«, morgens und abends: »schlechter kann es mir nicht gehen«, dies sei ein beruhigender, ein sehr wirksamer Satz. So angstvoll und depressiv brauchte man nicht zu sein, wegen der Herkunft. Schlechter als seinem Vater, der sich gebückt, ständig gebückt, durch den Streb quälen müsse, könne es uns nicht gehen. Und unser Vorteil, sagt Professor H., ist doch, daß wir die kritischen Einzelgänger sein können. Er sagt »wir« und meint die aufgestiegenen Arbeiterkinder. Ich bin distanziert nach jeder Seite, sagt Professor H. Niemand hört uns zu. Ich hätte ein klitzekleines Tonband dabei haben mögen, um den Tonfall seiner Stimme aufzunehmen, der einen Moment lang der eines Menschen ist, der sich durch einen Streb quält. Muß ich froh sein, wenn ich mal solche Sachen erfahre. Wenn ich mal drei Stunden was freibuddle. Der Kopf von Professor H. wird durchsichtig. Ich möchte ihn in die Hände nehmen und aufreißen. Aber: wir müßten uns die Schädeldecken aufreißen, das hat Büchner falsch gedacht, denn da käme nur Physiologisches zum Vorschein oder vielleicht später mal Physiologisches, das wir auch zu deuten wissen, aber nie reichte es aus. Sysiphusarbeit: freizubuddeln.

8. Juni. Ich möchte Z.s Brief an Bobrowski lesen. Ein verfallener alternder Dichter bittet einen jüngeren, ihn zu lieben, kurz danach stirbt der verfallene alternde Dichter. Er sei abstoßend gewesen, der verfallene alternde Dichter, aber er habe Z.s Mitleid geweckt. Z.s Grabschriftensammlung angucken. Sehen wollen, wer sein Vater war. Man müßte als Rohmaterial einen Film haben über jede Geste, jedes Wort, jede Haltung, jede Bewegung, jede Handlung... dieses Vaters. Ihn jetzt ansehen zu können. Wozu denn? *Um Z. erkennen zu können.* Ich wälze den Plan in meinem Kopf herum, über Z.s Vater zu schreiben. Aber wie an alles kommen, an das Rohmaterial, an das, was noch da ist, an die Spuren, die noch zu finden sind? *Um Z. erkennen zu können. Um mich erkennen zu können.* Die wolligen Rücken der Schafe anfassen, die sein Vater besaß, weil er später einmal landwirtschaftlich arbeiten wollte, oder warum hatte er diese Schafherde? Hans anfassen. G., liebe elende G. Wir sind kaputt, laß uns doch wieder heilmachen. »Macht kaputt, was euch kaputt macht« – Jutta sagt, ja, wo sollte man denn da anfangen, lachend. Am 13. Juni »kuscheln« wir uns wieder aneinander. Ich wache ohne Angst auf, weil du sagst, am 13. Juni »kuscheln« wir uns wieder ineinander. Ines, meine Schwester: *du wolltest gerne etwas über meine Arbeit wissen. So in etwa werde ich schreiben, was ich den ganzen Tag arbeite, aber natürlich ist es ziemlich unterschiedlich, so daß ich gar nicht alles aufführen kann.*

Die Fa. Schüco-Heinz-Schürmann-und-Co. in Bielefeld ist ein Großunternehmen. D. h. wir beziehen Ware und stellen die Ware selbst her und verkaufen sie wieder. Das geht folgendermaßen: es gibt 12 Niederlassungen in Deutschland, 1 in der Schweiz und eine in Frankreich. Sämtliche Niederlassungen fordern durch Bedarfsmeldungen die Bestellungen in Bielefeld an. Wir bearbeiten die Bedarfsmeldungen, und der Computer gibt die Bestellungen für die Lieferanten raus. Das geschieht zwei mal die Woche. Daneben gibt es natürlich noch sehr viele Sonderbestellungen, die alle manuell erledigt werden müssen. Ich arbeite in der Einkaufsabteilung als Sachbearbeiterin mit einem Herrn zusammen, der ebenfalls Sachbearbeiter ist. Meine Arbeit in groben Zügen zusammengefaßt: Dienstag und Freitag kommen die Bestellungen und die EDV-Listen. Fehlerlisten die sorgfältig bearbeitet werden müssen. Z. B. von einer Ware sind 1500 Stck. bestellt 1500 auch berechnet, aber nur 1000 geliefert bez. gemeldet. Dann muß ich mich telefonisch mit der NL in Verbindung setzen und es klären, man muß sehr viel telefonieren und Schriftwechsel führen mit den Niederlassungen u. den Lieferanten. Ich habe ca. 40 Lieferanten zu bearbeiten. Es ist ziemlich viel Arbeit. Jeden Tag bekomme ich Stapel von Rechnungen, Lieferscheinen usw. auf den Tisch. Jeden Mittwoch ist dann Mahntag. Ich mahne bei den Lieferanten die fälligen Lieferungen an, ebenso bei den Niederlassungen die fälligen Wareneingänge. Dazu kommen laufend Telefongespräche von Lieferanten und Niederlassungen, die Rückfragen haben, man ist wirklich den ganzen Tag voll beschäftigt. Mit meinen Kollegen komme ich sehr gut aus, ich bin die Jüngste im Einkauf.

Übrigens stellt Schüco sämtliche Sachen aus Aluminium her, u. a. Fenster, Türen, Lüftomatikanlagen usw. Ich verdiene im Monat 1100 DM brutto, 200 DM Urlaubsgeld, von Juni bis November Umsatzprämie, was wir zu Weihnachten ausbezahlt bekommen, es macht ca. ein 13. Monatsgehalt aus. Ich hoffe, du kannst dir in etwa ein Bild machen von meiner Arbeit, natürlich kann ich nicht alles aufschreiben, es kommt sehr oft auch völlig unerwartete Arbeit auf mich zu, jedenfalls muß ich sagen, die Arbeit macht mir im großen und ganzen Spaß. Ines, meine Schwester, fliegt von Frankfurt nach Spanien, drei Wochen Urlaub. Sie ißt und spricht mit uns in Anspach, wohin sie vor dem Abflug für ein paar Stunden kommt. Sie lobt das Essen, die Salate und die Vollkornpizza. Ariane kommt. Warum hat Jutta Angst vor dem Tod? Angst, in eine Straße zu ziehen, in der am anderen Ende ein Beerdigungsinstitut ist. Angst vor der Zeit, »Angst vor Ewigkeit«. Wir leben jetzt zwanzig bis dreißig Jahre. Zeit ist nicht Zeit. Leere Zeit ist Ewigkeit. Zeit, die hinfließt ohne Struktur, zurechtgeteilt in Kalenderwochen, Schulwochen, Warten auf Freitage und Sonntage. Warten, nie unsere Zeit. Dissertationen, daß ich nicht lache. Es kommt sehr oft auch völlig unerwartete Arbeit auf mich zu, jedenfalls muß ich sagen, die Arbeit macht mir im großen und ganzen Spaß. Alle gucken blöd. Ariane sagt, es könne doch alles noch werden, sie denke pragmatisch. Ariane: »Im Moment würde ich, wenn sich konkret die Gelegenheit dazu bieten würde, einfach alles hinwerfen – und ohne jeden Abschluß mich irgendwohin verziehen und dann einfach leben – und nichts weiter – ohne Termine – ohne Druck – wüßte aber nicht, wo ich das könnte und möchte auch nicht einfach irgendwo versacken – sondern bewußt nur für mich arbeiten – schreiben oder malen –«. Es regnet, elf Uhr nachts, Ariane geht, oder fährt. Heute morgen bei Frau Cordy, Gesangslehrerin. Eine »gute Stimme« hätte ich. Ich probiere einfach aus. Sah im Fernsehen den Bericht über einen ausländischen Arbeiter, dessen wunderbare Sängerstimme man plötzlich entdeckt hatte, er sang in einer Kneipe seinen Kollegen vor, man sagte ihm eine »große Karriere« voraus, ich dachte, das ist einer von vielen. Dann las ich in einer Zeitschrift, daß Vico Torianis Mutter sechs oder mehr Kinder gehabt hat und sich schwer hat durchboxen müssen. Um ein Uhr H. in der Universitätsbibliothek treffen. H. will mit mir ins Senckenbergmuseum. Saurier und Seelilien sind nicht die gleichen wie am Montag mit Z. Ich bin müde und lege mich, wie Z. am Montag, auf die Museumsstühle, später lang auf den großquadratischen Sitz vor der Seelilientafel. Gehört das auch zum Museum, fragen drei Männer ironisch. Dann ist wieder niemand da. Während ich H. zuhöre, flitzen Bilder vor meinen Augen, Bilder von Z., von Z. und mir, Z. zeigt mir Roggen und Gerste, den Unterschied zwischen Roggen und Gerste, Roggen schimmert, wenn man übers Feld guckt, blau, Z. zeigt hoch zum Himmel, wo ein Vogel kreist, und er weiß immer, was das für ein Vogel ist, Z.s Haut, Z.s Arme, Finnwal… wie alle Wale lebendgebärend. Der Raum, in dem wir auf dem Boden vor den Glasvitrinen saßen, in dem die nur zum Teil aus dem Schiefer freigelegte Versteinerung ist, war verschlossen, als ich mit H. im Senckenbergmuseum war. Nur zum Teil freigelegt, nur zu einem klitzekleinen Teil freigelegt, hatte ich zu Z. gesagt, wie du.

9. Juni. Dietger nennt mich »Nordpol-Loreley«. Hab vergessen, warum. Denke ständig an das Bild im Wohnzimmer deiner Mutter, rechts neben der Tür: die Eltern laufen mit den Kindern am Meer, der Körper und das Gesicht deines Vaters, asketisch, sieht nach Gesundheit aus, nach »Reinheit«. Heute von zehn Uhr morgens bis halb vier Wandern im Taunus mit Dietger, Sarah, Jutta und H. H. spricht davon, ich wolle Sarah »abschieben«. Er spinnt. Jutta sagt traurig, ich will auch Briefe auf Birkenrinde kriegen. Nachmittags: ich sitze allein in der Sauna, zum ersten Mal nach vielen Jahren wieder, in Usingen. Ich weiß, nach drei Malen wird es mir wieder übersein, denn Sauna ist wie Golfspielen, ich denke mir das, eine faule luxuriöse Untätigkeit, ich komme mir vor wie eine Gräfin, die von der Magd Hitze bedient wird. Ich erinnere mich an eine Sauna in Stockholm, wo ich eine etwa fünfunddreißigjährige Frau mit glatter Haut und schönen Brüsten sah, warum klingt das Wort »Brüste« anders als das Wort »Brust« oder das Wort »Busen«, ich sah sie, und ich sah ihr zu, wie sie in ein Becken sprang, um sich abzukühlen.

Mir selbst verheimliche ich keinen Gedanken, wie sehr sie sich auch widersprechen. Ihnen, den anderen, verheimliche ich Gedanken. Warum? Ich fürchte, daß sie keine Widersprüche vertragen. Wenn ich sage, ich hasse dich, und danach, ich bewundere dich, das ertragen sie nicht. Sie ertragen keine Dialektik, sie ertragen keinen Widerspruch. Der Streit um Heines Vorrede zur »Lutetia«, ob Heine ein Kommunist sei oder ob Heine kein Kommunist sei, und dann behaupten Kommunisten, er sei Kommunist, aber Heine ist weder Kommunist noch

Nicht-Kommunist noch Anti-Kommunist, Heine ist in einem Satz Kommunist, im nächsten ist Heine Nicht-Kommunist, das hat nichts mit Mäntelchen nach dem Winde zu tun, das aristotelische Denksystem, sagt Fromm, erlaubt nicht, daß wir uns widersprüchlicher Empfindungen und Gedanken bewußt werden, nur das dialektische, und das gilt bei uns im Westen, bei uns im Kapitalismus, bei uns im Osten, bei uns im Sozialismus, nicht viel. Was ist Dialektik? Was soll ich tun, was tun?

Nackt, mit geöffneten Beinen in der Sonne liegen, die Sonne wärmt meinen Schoß, mit der Sonne schlafen. Z. ist die Sonne. Die Sonne ist weit. Z. ist weit. Mit geöffneten Beinen liege ich nackt auf der Lichtung im Gras, die Sonne wärmt meinen Schoß. Wirklich, ich lag so, das ist nicht erfunden. Wir haben uns einfach ausgezogen, auf einer Lichtung, Jutta, H., Dietger und ich. Schön distanziert, nicht gucken nach D. und J., die man zum ersten Mal nackt sieht, sehen könnte, ängstlich sich behüten, wie man vermeidet seinen Vater auf den Mund zu küssen. Wie ihr Vater sie einmal geküßt hat, mitten auf den Mund, sich festgesaugt hat, und sie war erschrocken. Davor muß man sich hüten, nicht? Jutta will sich in den Bach legen, der zwischen Wiese und Wald fließt. Jutta hat Durst, sie will aus dem Bach trinken, nein sagt H., tu das nicht, die Klarheit täuscht, Gift alles Gift. Warum hängen sich manche im Wald auf? Der Vater von Astrid hat sich im Schloß Holter Wald aufgehängt, nicht an der tausendjährigen Eiche. H. meint, aus Sehnsucht nach Geborgenheit. Z. sagt, ich gehe ganz gern auch durch die Felder, lieber als durch den Wald, um frei atmen zu können. Jutta sagt, Karin, wenn wir mal Lust auf Selbstmord haben, gehen wir nach Attendorn zur Tropfsteinhöhle, dort können wir im tiefen Wasser, zehn Meter tief, klar und durchsichtig ist das Wasser, du siehst bis auf den Grund, da können wir Selbstmord machen, wenn wir mal Lust haben. Zehn Meter tief wie Zärtlichkeit. Wieso »wir«? Wir lachen. Burkhard würde sagen: »so ein Kitsch«. Nach der fünfstündigen Wanderung liegt Jutta auf dem Bauch müde auf der Liege im großen Zimmer. Ich hätte Lust, sie zu umarmen, wie sie da hilflos liegt. Nächste Woche komme ich mit grauen Haaren vom Friseur, sagt Jutta. Dietger will Jutta nicht annehmen. Juttas verkrümmter Rücken tut ihr weh. Dieses jahrzehntelange Schlafen in Betten mit tiefen hängenden Kuhlen. Meine Haare sind schon ganz grau, sagt Jutta. D. will, daß Jutta ihre Haare blond gefärbt läßt. Wir haben alle verfaulte Zähne, sage ich zum Trost. Aber ich hab noch dazu graue Haare, sagt Jutta, mit achtundzwanzig.

Ein Masseur, der eine Frau massiert, ohne dabei irgendeine Empfindung zu haben, ist wie ein Schlächter, der ein Kalb schlachtet, ohne irgendeine Empfindung zu haben. »Was empfinden Sie, wenn Sie häßliche oder fette Menschen massieren müssen?« »Der Mensch ist ein Gewohnheitstier«, sagt der Masseur. »Was empfinden Sie, wenn Sie zu einer Vorlesung gehen?« Der Masseur war Karosseriespengler, bevor er sich zum Masseur umschulen ließ. Der Witz in der Frankfurter Rundschau: eine Oma sitzt mit ihrem Enkel in der Straßenbahn, die Straßenbahn fährt am Schlachthof vorbei, guck sagt die Oma, dort werden die Tiere geschlachtet, die du so gerne ißt, aber Oma, sagt der Enkel, ich esse doch keine *Tiere,* ich esse *Fleisch.*

Ich rede mit der Schneiderin, zweiunddreißig Jahre alt, die meine lange Hose kürzer macht. Sie zeigt mir sechs Bände eines dicken Schülerlexikons. Sie hilft ihren Kindern bei den Hausaufgaben. Ihr Mann arbeitet bei Reemtsma in Frankfurt. Was ist so ein kurzes Gespräch wert? Daß ich merke, wie alle darauf warten, daß sie einer anspricht, daß einer ihnen zuhört. Zuhören können. Daß sie sich zum Schrank bückt und mir diese lächerlichen Lexikonbände zeigt. Daß ich merke, wie gehemmt ich bin, ich spreche nicht mehr »deren« Sprache, fühle mich »bewußt« und entfernt von ihnen, ich beobachte meine eigene Klasse. Du hast uns immer als Studienobjekt benutzt, sagt Burkhard. Das ist so, sage ich zu Z. Z. begreift nicht, daß es so ist.

Ich fühle mich wohl in der Sauna. Kurze Zeit euphorisch, leere Euphorie. Auf der Saunabank liegend, in der Hitze, allein, singe ich für mich das Lied vom großen Baal. Denke, diese Wärme könnte Z. guttun. Wollust. Wo(h)llust. Qualwort. Solche Angst vor diesem Wort. Habe Angst vor diesem Wort. Wörter sind unschuldig, sagt Z. Alles was man in den Mund nimmt ist unschuldig. Ja? Kann ich etwas tun, von dem ich weiß, daß du es liebst, so tun, als ob ich wissend nicht wüßte, daß du es liebst? Vorgestern pflückte ich von einer Lärche einen Lärchenzapfen, sieht mehr aus wie eine Knospe, fühlt sich an wie dein Glied. Ich streichelte darüber. Einen Lärchenzapfen brach ich auf, zerrieb ihn, Jutta hat mir das vorgemacht, wenn man zum Beispiel den Geruch einer Fichtennadel riechen will, muß man sie zwischen den Fingern zerpflücken und zerreiben. Sarah zupft Blumen und Blumenblätter und Blumenblüten auseinander.

9. Juni. Du schreibst mir: Hab heute oft an dich gedacht und dann einer Birke diese Haut abgezogen, um dir einen Brief darauf zu schreiben. Die Spruchbänder auf den alten Tafelbildern sehen so ähnlich aus, wie auf den Grabsteinen. Wenn wir uns bald sehen. Die Birkenrinde riecht nach Rinde, Rinde ein gutes Wort. Hab heute oft an dich gedacht.

10. Juni. Nachmittags. Jutta und Dietger lesen draußen in der Sonne Coopers »Der Tod der Familie«. Mein Schrecken, als mir einkam, wie schlimm der Titel für dich sein muß. Zwei Hauptfunktionen der Kommune, sagt Cooper, sind, daß man Träume mit anderen Menschen durchspricht, und daß man die adoleszenten Selbstmordphantasien und, wichtiger noch, die verlorengegangenen Kindheitsvisionen vom Tod wiederentdeckt und mit anderen Menschen sich ungezwungen darüber ausspricht. Wollte er die ganze Familie erschießen, Sippenmord, hat sich mit deiner Mutter beratschlagt, sie hat ihm geraten, nur sich selber zu erschießen, und du hast es gewußt, die Angst, die Wochen der Angst, erschießt er jetzt uns alle. Höhnische Wörter: »Kindheitsvisionen vom Tod«, »beratschlagt«, »sie hat ihm geraten«. Wie Z. mir seine »Kindheitsvisionen« vom Tod mitteilte. Die Tränen fließen. Die Tränen strömen. Warum soll ich nicht sagen, die Tränen strömen,

wenn sie doch strömten. Das Wehr war gebrochen. Wurde wieder aufgerichtet. Wurde wieder gemauert. Wie oft mag Z. im nächtlichen Traum die blutige Wäsche im Badeofen gesehen haben? Wie oft mag Z. nachts im Traum geschrien haben? Mein Gott in der Schule hat uns ein pedantischer Lehrer eine Platte vorgespielt, mit Reden Hitlers, aber was weiß ich schon von dieser Zeit, geboren vierzehn Jahre nach dem schlimmen Beginn. Als ich »Chronologie« lese, ich blättere in deinen Gedichten, versuche ich herauszubekommen, wann sich dein Vater erschossen hat, ich habe es vergessen, ich komme auf den absurden Gedanken, du wolltest dich im gleichen Alter wie er erschießen. Ein Satz aus unserem »Regensburger Briefgespräch«: Ich habe keine Zeit zu verlieren vielleicht geht mein Sarg schon bald. Unser »Regensburger Briefgespräch«: ein Konflikt, und wir konnten nicht reden, wir waren stumm, nahmen wir einen Zettel, nahmen wir jeder einen Bleistift, setzten uns ins Auto und fingen an zu reden, an zu schreiben, im Schreiben redeten wir, wir schrieben, wir redeten, indem wir schrieben, wir redeten wir schrieben eine Stunde, nach dieser Stunde redeten wir wieder, nach dieser Stunde waren wir nicht mehr stumm, »das Eis war gebrochen«, durch Schreiben, daß so etwas möglich sei, hättest du nie gedacht. Soll ich G. fragen, wie alt dein Vater war? Warum G.? Du schreibst über deinen Vater, »die wilde Möve«. »Ich sehe die Möven fliegen. Ins Feuer und bleibe zurück.« Feuer: blutige Wäsche im Badeofen, und Feuer: die Frau auf der Autobahn, du bleibst zurück, du bleibst jedesmal: ohnmächtig. Ich träumte, ich schwamm mit dir durch ein Meer stundenlang. Ein Wachtraum, während ich mit den anderen durch den Taunus gehe. Jutta und Dietger erzählen später, sie hätten sich schon im Meer geliebt. Ich höre »im Meer« und denke, richtig mitten im tiefen Meer, unter Gefahr zu ertrinken, aber es war nur auf einer Luftmatratze. »Ihr Brautbett sollte aus Heidekraut sein. Lenis intimste Mitteilung. Die Vorstellung, es dürfe nicht im Bett geschehen, sondern draußen. Im Freien, im Freien. Diese ganze Miteinander-ins-Bett-Geherei ist nicht, was ich suche.« Seltsam, seitdem du den Satz gesagt hast, am 13. »kuscheln« wir uns wieder aneinander, bin ich nicht mehr traurig wie vorher. »Meine Ruh ist hin, mein Herz ist schwer, ich finde sie nimmer und nimmer mehr.« Ich spreche stundenlang, singe stundenlang die Baal-Lieder auf Tonband und lösche sie wieder aus. Die Leute beschweren sich schon, ich singe dann plötzlich so laut, und es ist schon nach Mitternacht. Deine sinnliche Gegenwart. Deine Gegenwart. Du wirst gegenwärtig sein. Deine Sinne. Du. Als wir zurückgehen, treffen wir eine Gruppe Holzfäller, die Frühstücks- oder Mittagspause machen. Sie lagern am Boden und essen. Mindestens zwanzig in blauen Kittelanzügen. Ich wäre gern Holzfäller, wenn ich kräftig genug wäre, dann wäre ich den ganzen Tag im Wald. »Waldschwärmerin«. Sage ich zu Burkhard. Ich denke an dein Gedicht »Tagwerk« und an deinen Satz »Heute morgen habe ich ein halbes Tagwerk lang in alten Gedichten rumgestochert...« Ich drehe mich zu den Holzfällern um, die uns nachsehen, und frage: »Haben Sie noch viele Bäume zu fällen?« Sie haben schon viele gefällt. Jetzt müssen sie nur noch einen Baum fällen. Einer sagt: »Wir fällen auch Mädchen.« Ich lache. Schritte weiter zu den anderen: »Sollen wir uns nicht zu ihnen setzen?« Jutta, mitten im Satz unterbrochen, will nicht. Schade. Ich erinnere mich an einen Tag in Schloß Holte. Mein Vater hat sich beim Förster die Erlaubnis geholt, von einer großen Lichtung, die kürzlich Holzfäller in den Wald geschlagen haben, die Abfälle dieses Fällens, Äste und kleines Holz, holen zu dürfen, als billiges Brenn- und Anbrenn-, Feueranmachholz zum Winter. Meine Mutter, mein Vater, Burkhard, Ines, ich, wir arbeiten den halben Tag, um das Holz zu sammeln und aufzuladen. Ein heller Tag, man fühlt noch die Dunkelheit des Waldes, wo nun Lichtung ist. Dann Regen, die anderen gehen nach Hause, nur mein Vater und ich, wir arbeiten weiter. Wir fahren abends mit vollem Wagen nach Hause, Brennholz im Wagen, eine ganze Ernte, mit heißen Gliedern, naß, aber mir ist so warm, so gut zumute, einer der glücklichsten Tage, wie später nochmal die Tage nach der Geburt von Sarah, diese Leichtigkeit, in den Gliedern, im Kopf, diese Leichtigkeit. Z. sagt, seine linken Freunde hätten über sein Gedicht »Tagwerk« gelacht. Ich falle von Arbeit und Luft gesättigt in mein Bett. »Tagwerk./ Das Holz sägen/ auf den Wagen laden./ Abends zuhause ankommen.« Nach dem Abitur drei Monate in der Fabrik meines Vaters. Unsinn: nicht in der »Fabrik meines Vaters«. In der Fabrik, in der auch mein Vater arbeitete. Abends, nein schon am späten Nachmittag ist Arbeitsschluß, und Schluß mit mir. Ich ein ausgewrungenes Menschlein. Ich muß über Maschinen laufende Riesenstoffballen, Stoffe, auf Fehler prüfen, sitze vor der Maschine und gucke und gucke und gucke, auf diese winzig kleinen Fehler, und wenn ich Nachmittagsschicht habe, wird es dunkel draußen, es wird zehn, und ich sehe immerzu auf die Uhr, und einmal nehme ich ein Liederbuch mit, ich habe es noch von der Schule, ich lege es neben mich, ich singe, singe »Volkslieder«, andere kann ich nicht, vom schwarzbraunen Mädel, ich singe arglos eine Stunde, ab und zu ein Blick in das Buch, wenn ich eine Zeile vergessen hab vom Lied, plötzlich merke ich eine Unruhe um mich herum, nun sehe ich, daß Abteilungsleiter, Vorarbeiter und Betriebsleiter schon länger hinter der Maschine stehen, sie kontrollierten, ob ich Fehler übersehe, sie kommen nun vor und stutzen mich zurecht, das Liederbuch muß weg, und abends komme ich ausgewrungen nach Hause ohne Lieder, ich falle ungesättigt in mein Bett. Mit Gefangenen arbeiten, mit ihnen schreiben, *sie* schreiben. Mit Patienten arbeiten, wenn das geht. Brot kneten, Brot backen. Ein Rübenfeld hacken. In Worpswede sehen wir Leute auf Feldern, sie hacken das Unkraut zwischen den Feldfrüchten, Z. spottet, diese anachronistische Handarbeit. Wie sie sich selber verleugnen, wenn sie maßlos spotten: »Selbstgemachtes«. Diese Konservendosengläubigen. Warum wehrst du dich so, mir zu erklären, was »verblasene Gedichte« sind? Ja, Rühmkorff regt sich auf über die Naturlyriker. Und im Rundfunk eine Sendung über Kitsch. Da sitzen die Redakteure, trinken Wein und machen dumme Bemerkungen, während die »kritische Sendung« über kitschige Schlager läuft. Da singt Su Kramer: Was habt ihr nur aus der Welt gemacht? Sie singt: Diese Erde war ein Garten... doch der Garten wird zur Wüste... Die Redakteure machen dumme Bemerkungen und trinken Wein. Sie weinen natürlich nicht. Diese Wut über Heinrich Bölls Buch »Gruppenbild mit Dame«. Natürlich steht in diesem Buch nicht: Diese Erde war ein

Garten... Böll sagt immer: »der Verf.«, »daß der Verf. die T(ränen) nur mühsam zurückhalten konnte und sie schließlich, weil er sich fragte, warum immer zurückhalten, unaufhaltsam strömen ließ.« Wenn er nicht »der Verf.« sagen würde, würde er in Weinen und Sentimentalität ertrinken. Im Fernsehen sah ich eine Sendung über Kitsch. Bausinger sagt: »Kompensation für die erlebte Realität«. Junge Arbeiter werden interviewt und alte Frauen, warum sie Groschenromane lesen und Heintje hören. Die Redakteure würden am liebsten auch weinen, sie sind innerlich fasziniert vom Kitsch, während sie sich kritisch davon distanzieren. Kann man Gefühle, kann man Empfindungen, kann man Wahrnehmungen mit Reden über Gefühle, Reden über Empfindungen, Reden über Wahrnehmungen bekämpfen? Linke Konvention. Die innere Not der Arbeiterklasse. Im Selbstbedienungsladen in Anspach, an der Kasse ein großer Packen Groschenromane, schon öfters blätterte ich in ihnen, viele Arztromane, ich liebe ja die Bergromane mehr, sagt die Verkäuferin. In germanistischen Seminaren die höhnische Reaktion auf meinen Versuch, zu erklären, warum Arbeiter Groschenromane lesen, man verdächtigt mich, Kitsch zu lieben, man begreift nicht, daß eine in der Straßenbahn einen »Lore-Roman« lesende Arbeiterin ein ästhetisches Bedürfnis hat, was wissen die denn, was in den Arbeitern vorgeht, die stoßweise Packen von Groschenromanen verschlingen, was wissen die denn, die kommen dann mit ihrer Ideologiekritik, holen sich ein paar Arbeiter, quetschen die in ihre Untersuchungsraster, was wissen die denn, man muß die richtigen Fragen stellen, man müßte die richtigen Fragen stellen.

Jutta hat ihr Studium abgebrochen. Dietger will sein Studium abbrechen. Seine Arbeit mit der Spartakusgruppe an der PH will er nicht abbrechen. Er spricht von notwendiger Disziplin. Ich bin selber nicht so wichtig, man muß etwas für die arme Arbeiterklasse tun, für die Gruppe, sagt D. Wenn jeder sagte, ich bin der wichtigste Mensch, ich bin bedeutend, jeder einzelne Mensch ist bedeutend, dann gäbe es bald keine Ausbeutung mehr, sage ich, deshalb ist dein Standpunkt »bürgerlich«, zu sagen, ich bin selber nicht so wichtig. Das größte Lob für einen Kommunisten in der UZ ist das Wort »aufopferungsvoll«: »er setzte sich aufopferungsvoll ein für ...«. Ich will mich aber gar nicht aufopfern. Ich will jetzt leben. Jetzt. Hier. Fragen wir D., was er in den letzten Semestern »politischer Arbeit« an wirklichem Erfolg gehabt hat, kann er nicht antworten. »Aufklärungsarbeit«, »die Gesellschaft«, »der Kapitalismus«, »weiterkommen«, »aufbauen«, lauter Wörter, mit denen ich nichts anzufangen weiß. »Der Schrei ... kraftlos enteilt Gewimmer«, ein schönes Gedicht. Schreien wir doch zusammen. Ein fremder Gedanke, daß ich schon wieder aus Anspach wegziehen soll. Diese teure Wohnung war immer ein Alptraum, aber sonst hat mich keiner belästigt, ich war froh, aus dem sechsten Hochhausstock entkommen zu sein. Mich zieht es aber auch nach Rehringhausen, in die Kommune. Vier studierende Arbeiterkinder in einer Kommune, da müssen wir stärker werden. Das alte Fachwerkhaus, in dem früher Juttas Tante wohnte mit ihrer Familie, Arbeiter mit fünf Kindern. Nur zweihundert Mark für vier Personen. Die Arbeiterfamilie wohnt nun in einem neuen Haus, einem viel größeren, es liegt nur einen Hügel weit über eine

Wiese weg von »unserem« Haus. Jetzt wohnen zwei jugoslawische Gastarbeiterfamilien noch darin, die erst eine neue Wohnung finden müssen, ehe wir einziehen können. Jutta ist in Rehringhausen aufgewachsen. Jutta, Tochter einer Serviererin. Jutta hatte einen Freund in Rehringhausen, Johannes den Säufer, Johannes wie der Johannes im »Baal«, Jutta hat ihn wegen D. verlassen, D. war mehr als ein lumpiger Arbeiter. Jutta träumt von Johannes. In ihrem Schuldbewußtsein träumt sie. Versuch, sich für ihren Aufstiegswillen zu bestrafen. Aber ist es ihr »Aufstiegswillen«? Wer hat uns denn in die Gymnasien gejagt? Jutta träumt. Neuerdings malt Jutta. Wenn sie nicht malte, hätte sie sich schon längst aufgehängt. Jutta träumt: ich hatte meiner Mutter ein Bild gemalt, meine Mutter sagte anerkennend, du hast mir dieses Bild gemalt, ohne daß ich es von dir gefordert hätte. Ohne daß ich es von dir gefordert hätte. Heute ist Johannes dick, häßlich und noch mehr versoffen. Sie hat im Wald mit ihm gevögelt, aber reden konnten sie nicht zusammen. Reden! Ach diese Angst nicht mehr reden zu können, nichts zu reden zu haben. Ich komme auch *daher. Daher!* An mich hat sich einmal ein versoffener Arbeiter gehängt, der wie mein Vater bei Epping und Co. in Schloß Holte arbeitete. Er war sehr lieb und sehr versoffen. Es wäre eine Möglichkeit gewesen, aus dem Suff herauszukommen. Aufsteigen. Ich weiß nicht, ob er das dachte. Kann man den Suff mit Reden über den Suff bekämpfen? Kann man das Lottospielen mit Reden über das Lottospielen bekämpfen? Ich sollte mich ja nicht mit diesem Säufer einlassen, dafür hätten sie mich nicht »auf die Schule geschickt«. Ich ging einmal mit ihm ins Kino. Ich träumte, ihn aus dem Suff zu retten, ihn zu heilen.

Juttas Mutter warnte Jutta auch, dafür hätte sie nicht gearbeitet, um Jutta auf die Schule schicken zu können. Du sollst es einmal besser haben... Aber woher wissen die denn, daß wir es besser haben? Daß wir es besser haben würden? Für H. war ich das einzige Mädchen im Dorf, auf das er seine Aufstiegsliebe richten konnte. Durch Liebe *verbunden*. Haben wir sie denn darum gebeten, für uns zu arbeiten, damit wir es einmal besser haben?

17. Juni 72. Kleinliche Auseinandersetzungen zwischen H. und mir. Unterschwellige Vorwürfe. Ich ziehe mich zurück, eine Schnecke. Dann schlägt er mich, weil ich nicht mehr reden kann unter dem Hagel von Vorwürfen. Kämpfe acht Jahre lang. Aufstiegskämpfe. Kämpfe aus Minderwertigkeit. Psychoscheiße, sagt H. Ich sei »asozial«. Sauerkraut gegen die Wand schleudern. Tische und Stühle umhauen. Jähzornig sein. Kämpfe aus sozialem Minderwertigkeitsgefühl. Träumte heute nacht: Z. und ich sahen Zwillinge, guck, sagte Z., sie sind zwei, aber sie hängen an einem *Strang*, das Bestürzende war seine Geste, die zeigende Handbewegung auf einen imaginären Strang, der traurige Ton in der Stimme. In Regensburg sahen wir zwei Mädchen, Zwillinge mit gleichen Kleidern und gleichem Haarschnitt, überhaupt ganz gleich waren sie. Z. sagte, es wäre bekannt, daß Zwillinge sich nicht leiden könnten, die Mädchen waren schön und sprachen lachend zusammen, die Zwillinge im Traum waren auch Babys, sie hingen an einer Nabelschnur. Der Traum, auch: deine Angst vor einem Zusammenleben und mein Nachdenken über diese

Angst. Ich lese »Kopf und Bauch« von Zwerenz. Willy Brandt spricht zum »Tag der Einheit«. Ich höre gar nicht, was er sagt, ich sehe sein Gesicht: schwarze Ränder unter den Augen, schwarze Säcke unter den Augen bis fast an die Mundwinkel. Sieht aus, als ob er Krebs hat. Aus dem ersten Kapitel: Niemand glaubt, daß ich einmal Schriftsteller werde. Ich selbst auch nicht. In unserem Bekanntenkreis gibt es keinen Schriftsteller. An Büchern besitzt unsere Familie zwei, sie liegen im Kleiderschrank zu unterst, zugedeckt mit alten Hemden und Unterhosen. Das ist aus dem ersten Kapitel. Ich schlage weiter zum achten Kapitel. Finde dort den Satz: Ich bin ein Körper, der am Geist teilzunehmen versucht. Ich teile die Schmerzen der Arbeiterklasse und die des Bürgertums. Ich habe mich in die höheren Schulen und Schichten gegaunert, wo meinesgleichen der Zutritt verwehrt sein soll. Wenn ich Zwerenz lese, bekomme ich wieder Mut. Aber ich kenne mich und weiß, daß dieser Mut nur kurz aufblitzt. Schwermütig wie ich bin. Ja, ja, ein notwendiges Buch schreiben. Eines im Leben genügte. Oder genügte doch nicht. Was ist Arbeit? Muß Marx noch studieren. Arbeit und Tätigkeit? Was heißt »sich entwickeln«? Sehnsucht nach Positivem. Erikas Sehnsucht nach Positivem. Walsers Sehnsucht nach Positivem. Meine Sehnsucht. Was wäre wenn? All den Dreck aus sich herausgraben. Alle Melancholie. Mich sollte die ständig wiederauflebende Natur beschämen. Aber lebt sie denn wieder auf? Lebt sie noch? Simuliert sie nicht wie wir? Erika will einen Film machen mit einer positiven Gestalt als Hauptfigur. »Mir kommen Künstler vor wie welche, die sich vor Schmerzen am Boden winden und schreien, um sich ein wenig Erleichterung zu verschaffen, und ringsum applaudiert man dieser großen ›Kunst‹.« Z. sagt, daß ich in mein »Gedicht« »Wie soll ich mir erklären, daß ein Verstümmelter ein Nichts ist...« die Zeile aus der Internationale eingefügt habe, sei gut, diese Zeile mache das Gedicht zu einem »sozialistischen Gedicht«, ich weiß nicht, warum gerade diese Zeile. »Ein Nichts zu sein ertrags nicht länger«, und dann: »Ein Ich zu werden strömt zuhauf«. Kann man Ulrike verstehen, daß sie Bomben wirft? Das was sie tut? Zwerenz schreibt: Ich möchte zu meinesgleichen sprechen. Gibt es das noch: Meinesgleichen? Arbeiter und Arbeiterkinder, aufgezogen in der Enge und unzufrieden damit? Unwillig, aufzusteigen ins fette Bürgertum? Unwillig auch, weiterzuvegetieren als gebeugte, gedrückte Wesen? Der aufrechte Gang – wer will ihn noch gehen? Ich möchte zu meinesgleichen sprechen, sagt Zwerenz. Ich nehme solche Sätze immer ernst, ich arme Irre. Ich streiche sie dick an, ich lese sie dreimal. Dann schreibe ich, denn wenn mir jemand in einem Brief schreibt, er wolle zu seinesgleichen sprechen, schreibe ich ihm, rufe ich ihn an. Ein Buch ist ein Brief, ist ein Ruf, ist ein Hilferuf, ist immer ein Ruf um Hilfe. Aber der Kerl meint es nicht ernst. Der Kerl hat eben nur »Literatur« gemacht, nein: nicht Literatur, nur Buchstaben, Buchstaben, lauter Buchstaben, und den Satz meint er gar nicht ernst. Er schreibt, er wolle persönliche Bekanntschaften meiden, und er rät mir ab, Schriftsteller zu werden, »denn das ist kein Beruf«, bleiben Sie bei der Wissenschaft, ist denn Literatur keine »Wissenschaft«, o lieber Himmel was ist denn »ein Beruf«, Metzger? Man weide nicht ungestraft auf den Gründen der Oberklasse, besuche nicht ungestraft ihre Hochschulen, lese nicht ungestraft ihre Bücher, bediene sich nicht ungestraft ihrer Wissenschaften, Vorrechte, Gewohnheiten, Frauen. In winziger Dosis, kaum merklich, fließe ihr Gift in einen über, erfaßten einen Lähmungen... Zwerenz sei geboren mit Händen die rot, nun sei er verloren, sie würgten ihn tot. Fällt mir das Wort »korrumpiert« ein, stelle mir einen Menschen vor, der alle Knochen, Gelenke, Sehnen gebrochen hat, er lebt noch, muß so gebrochen durch die Welt gehen. So weit wird es mit mir nicht kommen. Hab keine Lust, auf den Gründen der Oberklasse zu weiden.

Wo wollte ich denn predigen? Welche Sprache kann ich sprechen? Ich spreche eine Niemandssprache in einem Niemandsland. In einem Zwischenreich. Weder Bayrisch noch Pommersch noch Westfälisch noch Platt noch Bürgerlich noch Proletarisch. Ich habe nirgendwo gelebt. An keinem Ort. Nur immer über den Orten gelagert. Die Nachbarn nicht gekannt. »Man muß die Menschheit lieben, um in das eigentümliche Wesen jedes einzudringen; es darf einem keiner zu gering, keiner zu häßlich sein, erst dann kann man sie verstehen; das unbedeutendste Gesicht macht einen tieferen Eindruck als die bloße Empfindung des Schönen...« Man muß die Menschheit lieben... man muß die Menschen lieben, sagt der Betriebsrat Karst bei Honeywell in Dörnigheim. Mindestens viermal habe ich den »Lenz« schon gelesen, aber ich behalte nichts. Solche Sätze vielleicht, weil nun der Betriebsrat Karst bei Honeywell in Dörnigheim das gesagt hat und mit »Menschen« »Kollegen« meinte, »Arbeitskollegen«, dann behalte ich diesen Satz aus »Lenz«, aber was gibt es sonst für Beziehungen zwischen diesen Büchern und mir? Zitat, Zitat, Zitat, Zitat, lalalala, Zitate sind sich alle gleich lebendig und als Leich... »wühlte all seinen Willen auf einen Punkt.« Wie kann *ich* all meinen Willen auf einen Punkt wühlen? Genau das Bild. Zerstreut wurden meine Willen überallhin, auf Sinnloses. Ich muß jetzt all meinen Willen auf einen Punkt wühlen. Auf meinen Punkt. »Es ist nicht erlaubt, gänzlich vorhanden zu sein.« Paul Michael L. sagt, Zwerenz ist ein Betrüger, er nutzt nur die Konjunktur aus, ich weiß es nicht. »Der windige Arbeiter und Arbeitersohn aus dem dreckigen Sachsen... der ich ausgezogen war meinem Herrn Vater zuliebe, der Sohn sollts zu etwas bringen, hab ichs also zu etwas gebracht... vom Kupferschmied zum Silbenstecher, du arrivierter Arbeiter du? Ein Gefühl wie Schmutz, das wäscht kein Bad dir ab... meine Tochter soll es besser haben als ich.« Zwerenz: zweiter Teil des Buches. Zwerenz schrumpft ein, wo Walser gerade dem Einschrumpfen entkommt oder zu entkommen versucht. Als Rettung: Die Welt gehört mir soweit mein Schwanz reicht. Siehe Hans-Henning Claer. Ästhetik der Pornografie: Pornografie grenze die Bereiche des Schmerzes und Todes ein.

18. Juni 72. Kaum aufgewacht, im Kopf: Ficken als Kraut gegen den Tod, Ficken als Revolte gegen den übermächtigen Vater, Zwerenz und Z. Können Z. und ich nicht gemeinsam die Revolte gegen beides machen? Ich will alles: Ficken, Geist, Gefährtin gegen den Tod, Gefähr-tin in der Gefahr, gegen den aseptischen Tod,

gegen den Tod der Familie, gegen den Schrumpfungstod, gegen den Alterstod... Ein Buch ist doch immer ein Schrei um Hilfe... Und man muß antworten... Und *ich* meine den Schrei ernst, der Schrei soll nicht buchstabentot sein. Wie man aus dem Buch die »Ingestalt« des Schreibenden spürt. Das ist keine Pornografie. Ich weiß gar nicht, was Pornografie ist. Ich wundere mich, daß ich plötzlich Wörter wie »ficken« so leicht gebrauche. Aber was soll ich tun, um nicht als prüde angesehen zu werden. Das Bedürfnis bleibt, meine eigenen Wörter zu erfinden, schöner, wilder, lieblicher, krasser. »Die Wichtigkeit eines Gegenstandes zeigt sich immer in seiner sprachlichen Differenzierung: es gibt Wüstenstämme, die an die vierzig Ausdrücke für Braun haben, für die Farbe ihrer Umgebung und ihrer Kamele. Die Japaner haben viele Ausdrücke für die verschiedenen Formen des Wasserfalls: Fall in Rautenform, Tuchfall, Fadenfall...« Ich beneide die Wüstenvölker. Die paar Wörter: vögeln, ficken, schlafen, lieben... mehr nicht. Ich will nicht zu einer Wohnung gegen den Tod degradiert werden. Z. schreibt in einem Tonbandbrief: Du zitierst Zwerenz ... ich weiß nicht wenn es ein Vorwurf gegen mich gewesen sein sollte habe ich nicht das Gefühl daß ich dich zu einer Wohnung gegen den Tod degradiere... und wenn wir Wohnungen gegen den Tod werden können wäre das keine Degradierung denn in dieser Wohnung würdest du mitwohnen ich will dich jedenfalls nicht degradieren... wenn unsere Liebe eine Wohnung gegen den Tod ist *eine* Wohnung dann ist das gut so dann ist es eine gute Wohnung gegen den Tod und da wohnst du auch drinne solange wir zwei darin wohnen... mir liegt nichts an dem Ordinären des Wortes ... vögeln ist ein lieblicheres Wort schlafen ist ein prüderes Wort ficken ist mir zu autoritär eigentlich ist es mir zu männlich so transitiv vögeln ist intransitiver da vögeln beide und beim Ficken fickt der Mann die Frau und deshalb ist es nicht gut da ist die Frau ein Opfer ich glaube nicht daß eine Frau sagt ich habe den gefickt ein Mann würde sagen ich habe die Frau gefickt wenn man ficken intransitiv begreifen könnte so ist es auch gemeint es heißt nämlich glaube ich etwas reibt etwas bewegt sich reibend aneinander Fickeisen der Name kommt manchmal vor ist ein Hemmschuh der gebraucht wurde um Leiterwagen zu bremsen das Eisen fickt am Rad es reibt am Rad so stark daß es das Rad bremst aber das transitive Wort ficken mag ich eigentlich nicht besonders allerdings ist auch für mich kein Wort so stark daß es mich umwerfen würde all die Sachen sind unschuldig wenn man sie unschuldig in die Hand nimmt... in den Mund nimmt wie überhaupt alles was man in den Mund nimmt in den Mund nehmen ist eine unschuldige Beschäftigung das gilt auch vom Küssen die Zunge die Brüste dich mich alles deine Haut man kann sich ablecken so wie eine Mutter ihr Neugeborenes ablecken müßte wenn sie noch so unschuldig wäre wie ein Tier die Tiere tuns die lecken ihre Neugeborenen vollkommen ab... Lieber Z., du sagst, im Schreiben sei ich viel befreiter als im Tun, ja, wozu ist das Schreiben sonst gut, doch zum Üben. Die Haare lose lassen: ohne Angst allein im Wald spazierengehen. Meine Mutter hat sich im Krieg einmal voll Staub geschmiert, um sich vor der Gier der Soldaten zu verstecken. H. höhnt über meine Angst, im Wald bedroht zu werden. Warum kann eine Frau nicht allein im Wald gehen? Die Haare lose lassen.

Grüne Raupen sehen und sich nicht ekeln, wenn sie sich winden und schlängeln. Schreien, und der Schrei steigt höher, höher, höher.

Schlafe noch einmal. Als ich dann aufwache, erinnere ich mich an einen Traum. Wir sind bei deiner Mutter zu Besuch, sie hat das schönste Essen zubereitet, viele rohe Gemüse, darunter schöne hellgrüne und schneeweiße Kohlrabis, die wir bewundern. Sie wohnt in einem Haus, genauer in zwei Häusern, die sich durch einen Zwischenhof getrennt, gegenüberstehen, man sollte denken, es ist ein Schloßhof, und nur die anderen beiden Häuserseiten des Quadrats fehlen (das Adlige: deine Liebe zu M.). Deine Mutter ist stolz, daß sie das wunderschöne Gemüse vorbereitet hat. Am Abend soll Richard Limpert kommen, ich habe mit ihm gesprochen, er will seine autobiographische Skizze »Über Erich« mitbringen, die er auf Tonband gesprochen hat. Mein Vater ist da, er spricht mit dir. Deine Mutter ist immer lachend. Der Vater so wie er ist, furchtbar in seiner Vitalität gehemmt, leise, zurückgehalten, ein furchtbarer Hund, an den Ketten gedämpft. Die Kette der Leiden... daß ich so darunter leide, zwischen zwei Klassen zu leben... Andere, siehe Simplicius, siehe aber auch Goethe und sogar Thomas Mann, hätten daraus ihr ganzes Überlegenheitsgefühl, ihren Humor und ihre Ironie geschöpft (alles stark simplifiziert). Jedenfalls müsse eine solche Lage nicht zu Depressionen führen. Das sehe er, Paul Michael L., ja bei sich selbst. Er würde jeden erschlagen, der ihn einen Bourgeois nenne, gleichzeitig wisse er genausogut, daß er nicht mehr zur Arbeiterklasse gehöre. Zu mehr Objektivität, Distanz und damit Urteilsvermögen sei eine solche »Zwischenlage« ganz gut. Er hätte immer den Eindruck, daß meine heimlichen Wünsche aufs unkompliziert Bürgerliche gerichtet seien. Das sei falsch. Es ist ja durchsichtig, was der Traum bedeutet, ist es dir nicht durchsichtig? Er hätte immer den Eindruck, daß meine heimlichen Wünsche... Deine Mutter redet ihr mit Frau Professor an, ihr meint es lächelnd, sie hat es gern. Heute kommt M. mit Jakob. Ich träume im Wachen von einer Großfamilie: mit Z. und H. und Sarah und Elias und Jakob und Jutta und Erika und Dietger und Karst und Walser... und ... und ... na ja: Langmut. Lang-mut. Auch Friedmann, der schreibende Arbeiter, kommt heute zu mir. Ich nehme mir vor, mit ihm zu Zwerenz zu gehen. Zusammenschluß derer, die einmal Arbeiter waren oder aus einer Arbeiterfamilie kommen. Ich möchte vital sein wie die ersten Menschen, die Affenmenschen, mit dem Gehirn, diesem potentiellen Gehirn der heutigen Menschen. Zwerenz schreibt über das Ficken, weil er so seine eigene Identität, seine Vergangenheit aufsucht, über die Arbeiterinnen, mit denen er als Kupferschmied zusammengearbeitet hat, schreibt er, sie seien heftiger als die bürgerlichen Weiber, rasch und oft. Romantisierung seiner Erfahrung, Schönfärberei der Arbeitersexualität, so wie Z. das Sinnliche der Arbeiter romantisiert, um sich selber aus dem Sumpf hochzuziehen, so als seien die Arbeiter nicht die reduziertesten Wesen überhaupt, was er meint, daß die Arbeiter fressen, saufen, huren, weil ihnen nur das Sofortige als Lust bleibt, was wenig Zeit braucht, dies steht im »Kapital«, aber auch das ist schon wieder eine alte Beschreibung, und was heute ist, wissen die bestimmt nicht, diese Bürger. Das Buch »Arbeitersexualität« kaufen. Dieses Ungeschliffene, nicht? Dieses Direkte, nicht? Einige braucht man da schon, um die Sterilität der Bourgeoisie wieder zum Tanzen zu bringen, nicht? Mindestens sieben Prozent, kommt ganz drauf an, wo. Im Fernsehen eine Jugendsendung. Über Mieterdemonstrationen, Hausbesetzungen. Eine Mieterversammlung. Italiener. Italienische Sänger singen und spielen auf Instrumenten klassenkämpferische schöne wilde Lieder. Ja so ist Kunst gut. Dienstbare Kunst wild und frech die sich nicht in Dienst nehmen läßt. Dienstbar weil sie sich nicht in Dienst nehmen läßt. In dieser Mieterversammlung ein Gedicht vorlesen oder einen Absatz aus meinen Aufzeichnungen, die Kinder würden mithören und was aufschnappen. Ich müßte schreiben, eine Studie nur von Menschengesichtern in einem Bus oder auf einer Stadtstraße, wie die Leute aus dem Henkelwerk in Düsseldorf nach Hause »strömen«, eine Studie von diesen Gesichtern, ihren müden, kranken, verkrampften Gesichtern, »schauen Sie doch mal in die Vorortzüge, Menschen von Vierzig, die ausschauen wie Sechzigjährige, abgearbeitet, greislige Köpf«, ich würde dann ins Henkelwerk gehen und ihnen vorlesen, was ich geschrieben hab, gemeinsam mit Richard Limpert, aber ich könnte nicht ins Henkelwerk gehen, warum nicht, sie würden während des Lesens ihre verkrampften Gesichtsmuskeln spüren, sie würden fragen, warum ist mein Gesicht so, sie würden fragen, sie würden ruhiger werden, sie würden fragen, warum bin ich nicht ruhig, warum bin ich gehetzt, sie würden zum Spiegel laufen auf dem Klo, wenn es auf dem Klo einen gibt, worin man sich erkennen kann, sie würden, Richard Limpert hat schon angefangen, er liest seinen

Kollegen, er ist Zechenmaschinist, in den Pausen vor, ich will ihn mal im Betrieb besuchen, mein Gott »besuchen«, als ob das ein »Besuch« ist, in einen Betrieb gehen.

Volksfest in Anspach. Einhundertzehn Jahre Anspach. Zum Festplatz. Zum Richtplatz. Nahe M.s Wohnung ein Schild in einem kastrierten Vorgarten: RASEN/ betreten verboten. Ein Schild in einem lächerlichen Vorgarten. RASEN verboten. Ich gehe auf der Straße in Anspach, lache in mich hinein und denke: RASEN verboten. Z. in einem Tonbandbrief: Du treibst auch manchmal Schindluder mit diesem Wahnsinnsbegriff von Cooper du forcierst diese Verrücktheit das ist nicht richtig das muß Befreiung sein Außerordentlichkeit aber nicht Selbstvernichtung es hat bei dir selbstzerstörerische Züge es braucht nicht tabula rasa zu entstehen wenn wir uns befreien dann befreist du dich zu schnell . . . Ach Z. du hast ja keine Ahnung, du bist ahnungslos, du Ahnungsloser Lieber lieber Z. Das »aufsteigende« Arbeiterkind breche seine Beziehungen zur Herkunftsschicht weitgehend ab, könne aber neue nicht ohne weiteres aufbauen und balanciere am Rande verschiedener Klassen, ohne voll anerkannt zu sein. Zwischen zwei Bezugsgruppen stehend, als marginal man, müsse das »aufsteigende« Arbeiterkind in seiner Person die Kontraste, Spannungen und Konflikte austragen, die aus der Unterschiedlichkeit der beiden Klassen erwachsen. Das »aufsteigende« Individuum entwickle so ein gespaltenes Bewußtsein und eine ungewöhnliche Empfindlichkeit, es lebe ständig in der Angst, entdeckt zu werden. Sozialer Aufstieg sei neurotogen und schizofrenogen. Seelische

Desorganisation und Selbstmord seien extreme Folgen des Konflikts. Daß ich nicht lache: Goethe und Thomas Mann... Liest Paul Michael L. nicht Goethes Autobiographie... dieser Mensch, der die Bildung mit der Muttermilch einsaugt, und ich, was haben wir miteinander zu tun?

Sonntag Nachmittag. Zur Turnhalle fahren »Trimm-Dich-Wagen«. Olympia in Anspach. Olympia in jeder Arbeiterstube. Völlerei. Von nun an das Essen zum Allerunwichtigsten erklären. Das kann ich erst, wenn ich liebe. Arbeit. Dich. Mich. Selber üben. Auf keine Lehrer warten, die doch nicht dasind. Du bist da? Ein lieber Lehrer. Der liebste, den ich kannte. Mit dir gehe ich gern ins Museum. Mit dir ist das Museum keine Mumie mehr. Ich lese Baal. Du liest mir die Geschichte von Philemon und Baucis vor. Ich kenne sie aus dem Lateinunterricht, aber ich kenne sie auch nicht. Im Unterleib ein Ziehen. Wenn ich kein Kind kriege, bin ich traurig. Warum will ich ein Kind von dir? Stehe auf und wandle. Wer sagt zu mir: stehe auf und wandle? Ich liege und bin tot. Wenigstens sterbe ich. Sei nicht so weinerlich, wer stirbt nicht? Egal ob Gift von BASF oder nicht, die Äpfel schmecken nach nichts. Ich schmecke nicht, was ich schmecken könnte. Ein Hungerkünstler. Du glaubst, daß alles möglich sei und daß alle Zärtlichkeiten möglich seien, daß alle Zärtlichkeiten leicht seien, und du glaubst, daß viel möglich sei und daß das meiste Mögliche leider noch unmöglich sei, obwohl es möglich wäre... Wenn ich mit Z. leben könnte. Nur eine Sehnsucht und keine »Realität«? Jeder wirft mit dem Wort »Realität« in der Gegend rum.

»Wir haben uns ganz schön schon die Hölle gemacht«? Liebe, Liebe, Sanftheit, ein Kind. Eine Frau sein. Eine Mutter sein. Einmal richtig. Einmal ganz. Das heißt nicht: Reduktion. Frau, Mutter, Revolutionärin, Pelagea Wlassowa. Schon zu müde, um zu *tun*, was ich in der *Phantasie* entwerfe? Wie werde ich wach? Wie wieder lebendig? Auferstehen. Von den Toten auferstehen. Es kann sein, daß der christliche Mythos zur Wirklichkeit einen Bezug hat. Vom Tode auferstehen. Der Garten Eden ist ja doch vergiftet. Steril durch Intimsprays. Sterile Golden Delicious. Golden Delicious Äpfel. Golden? Köstlich? Wie Milch und Blut? Sarah sieht aus wie Milch und Blut, sagt Jutta. Immer größere Früchte. Ha ha ha ha. Das schöne Wort »Frucht«, »Früchte«. Riesengroße weiße Rettiche. Auf einer Reklame ein käsiger Mann mit riesengroßen weißen Rettichen, stolz, auch das macht die Chemie, sogar mit ihren Abfällen. »Ein Heil der Chemie. Das Größte ist doch die Chemie. Das Heiligste. Höchste. Das Menschliche.« Gehe ich in den Selbstbedienungsladen und will reife köstliche Pfirsiche, Äpfel, Erdbeeren, aber alles halbreif gepflückt, »schmeckt wie kalte Schweißfüße«, würde Burkhard sagen, immer dieses Halbreife, dieses Halbe, verdammt, wem soll man das vor die Füße schmeißen? Die Krankheit der Mutlosigkeit. Die Krankheit der nach unten gehenden Melancholie. Schluß damit. Leben ohne Phantasie ist Sterben. Lieben ohne Phantasie ist Sterben. Was ist Realität? Phantasie wird Realität setzen. Von Luft leben. Riechen nach Kalmus. In Ruhe hierbleiben können. Nicht unter dem Zwang leben, dich anrufen zu müssen, zu dir nach Hamburg kommen zu müssen. Liebe nicht als Krankheit. Hiersein. Dasein. Sanftsein.

Alle Feindseligkeit aus sich herausschmeißen. Ausmisten. Die Luft draußen, schade, das Wort »lau« ist nicht mehr brauchbar, aber indem ich sage, daß ich das Wort »lau« nicht mehr sagen kann, daß ich den Satz »die Luft draußen ist lau« nicht mehr sagen kann, sage ich, daß ich es, daß ich ihn, sagen will. Alle Konzentration auf einen Punkt wühlen. Im Dunkeln mache ich mit den Händen Wühlbewegungen, während ich H. zuhöre, gehend im Taunuswald, auf den Wegen, wo ich mit Z. am ersten Abend, vom Werkkreistreffen kommend, nachts noch ging.

19. Juni. Einmal im Leben Urlaub machen. Noch nie habe ich Urlaub gemacht. Immer nur in den Ferien gearbeitet. Au-pair-Mädchen, Fabrik, Büro, Studium. Diese Müdigkeit. Dann habe ich versucht, Urlaub zu machen. Ich konnte nicht. M. fährt nach Amrum. Sie sagt, wer nicht arbeitet, kann keinen Urlaub machen. Ich sage, wer arbeitet, kann keinen Urlaub machen. Ich sage auch, ich habe zwar immer gearbeitet, aber die Arbeit ging mich nichts an, also habe ich nicht gearbeitet, habe *ich* nicht gearbeitet, deshalb konnte ich keinen Urlaub machen. Der Arbeiter braucht Unterhaltung, er braucht Entspannung, er braucht spannende Geschichten, er muß mitgehen können, wenn Bonanza auf dem Pferd reitet, reitet er mit, sagt Herr O., dieser perverse Begriff von Unterhaltung, dieser perverse Begriff von Entspannung, dieser perverse Begriff von Arbeit, Arbeit ist Hetze, Arbeit ist Mühe, Arbeit ist Last, Arbeit ist Unlust, Arbeit ist Verkrampftsein, Arbeit ist Hetze, und Entspannung ist den Hosenschlitz aufmachen, Konfekt

fressen und mitgehen, was ist denn wirkliche Entspannung, wirkliche Arbeit, wirklicher Urlaub, ich sage zu Herrn O., die Arbeiter brauchen das Schwerste, das Allerschwerste, die tiefste Realität, die größte Reflexion, die spannendste größte Reflexion, die allerschwerste Reflexion, die entspannendste allergrößte Reflexion, ich muß gefordert werden, um mich zu entspannen, Herr O. wird unsicher und bringt seine Geschichten vom Massenleser in der Sowjetunion nicht mehr an, seine Geschichten von den hohen Auflagen, seine Geschichten von der spannenden Entspannung.

Dasein. Das Dasein. Wie du sagst »dasein«! Warum soll ich es eine Krankheit nennen, wenn ich dich sehen will, jetzt gleich, morgen. Ich atme doch auch, kann keinen Tag auf Luft verzichten. Du bist Luft zum Atmen für mich. Geduld. Geduldig. Lust, etwas zu gebären. Ein Kind, ein Werk, eine Liebe. Richtig gebären. Bis zum Ende. Ganz gebären. Nicht mitten im Gebären steckenbleiben und dran ersticken wie eine Riesenschlange an einem Bären. Ich halte inne: warum denke ich an diesen Vergleich, das Kind wird aus dem Schoß geboren, die Schlange schluckt den Bären, verschlingt ihn, vielleicht nehme ich diesen Vergleich, weil ich in Gefahr bin zu ersticken an einem zu großen Brocken, was ist das für ein Brocken, die Krankheit der Selbstüberforderung, »Karin, du nimmst dir zu viel vor«, Karin, warum sitzt du nicht in einem Büro und machst Ablage, Karin, was willst du eigentlich noch alles und alles auf einmal, Karin, du mußt zurückstecken, Karin. Apathie: einfach müde bin ich. Müde, so müde. Aus vollem Halse lachen. Warum aus »vollem« Hals?

Warum nicht aus »leerem«? Der Hals ist »voll« von Lachen. Der Hals ist »zu«: ich kann nicht lachen. Ich bin »zu«. Ich will dich lieben. Stattdessen esse ich. Ich will dich lieben. Stattdessen liege ich und träume dummes Zeug. Wenn Zwerenz von Geschichte spricht, spricht er von *Männern*, wenn er von Studium spricht, von *Männern*, wenn er von Literatur spricht, von *Männern*. Von *Frauen*, von sogenannten *Frauen*, spricht er nur, wenn er von Mösen und diesen Dingern spricht. Er ist nicht einmal traurig, daß er *Frauen so* degradieren muß. Fußabtreter für seine wilden revolutionären Anwandlungen. Mittel zum Aufstand. Wann machen *wir* den Aufstand *selber*? Aber der Aufstand der Weiber läßt die Veränderung der Männer außer acht. Die Weiber lieben sich untereinander. Ach Gott, ja, ich habe M. auf den Mund geküßt. Ich träume von M. diesen Traum: M. umarmt mich, erregt und zärtlich, ich wehre lachend ab und sage, ich will erst naß werden mit Z. Die Weiber geben klein bei, lassen sich die Abtreibungen bezahlen, und damit hat sichs. Über Abtreibung im Fernsehen. Ja du, denkst du, ich kämpfe gegen die Forderung nach Aufhebung des Paragraphen? Nein, aber ich könnte nie abtreiben. Eine Abtreibung könnte so einfach sein wie eine Mandeloperation, höre ich. Ich will meine Mandeln aber gar nicht herausoperieren lassen. Welche Ursache hat denn die Mandelvereiterung? Warum will man mir die Mandeln rausnehmen? Eine Frau gibt als Grund an: wir ziehen gerade in eine größere Wohnung um, und in dieser Situation können wir kein Kind gebrauchen. Einverständiges Grinsen der Linken, wenn ein gesetzter Pfarrer gegen Abtreibung ist. Leeres und gedankenloses Befürworten der Abtreibung, das Max Frisch in »Homo Faber« ad absurdum geführt hat. Die indische Bevölkerungskatastrophe. Als Heilmittel: Abtreibung. Nicht die zerstört die Erde, sondern die Ausbeutung des Menschen und der Natur durch den »Menschen«. Mein Bauch gehört mir, ist der Spruch von höheren Töchtern erfunden? Sarah gehört mir, also kann ich sie prügeln. Meine Frau gehört mir, also kann ich sie prügeln. Meine Frau gehört mir, ich kann sie also vergewaltigen? Manchmal denke ich, die Männer sind gegen Abtreibung (die männlichen Gesetzgeber und Parlamentarier), weil sie sich eine »weibliche« Sorge zulegten, wie die Männer sich die Haare wachsen lassen, aus Sehnsucht nach »Weiblichem«, Zärtlichem, nach Humanisierung der Welt. Meine Genossen erzählen von den Demonstrationen schwangerer Frauen in der Weimarer Republik, ich sehe die Frauen mit ihren dicken Bäuchen durch die Straßen marschieren, für Abtreibung, das Wort »Arbeiterbewegung« schüchtert mich nicht ein, ich finde diese Demonstration der schwangeren Frauen mit ihren dicken Bäuchen nur pervers. Ach Z., was weißt du schon von den »armen ausgebeuteten Frauen«, die die »Folgen ihrer Lust« nicht tragen können? Ich sei nicht auf der Höhe der Zeit, auf der Höhe der Selbstbestimmung. Ach Z., aber du »hilfst« ihnen, indem du ihnen die Abtreibungen bezahlst, nicht? Ein Bild: Sarah und ich auf einer grünen Wiese in Anspach im Taunus. Die Sonne ist die Hauptdarstellerin auf diesem Bild. Sie durchleuchtet Haut und Haare. Macht die Haare kupfern. Die Sonne. Aber ich sitze in dunklen Stuben und lese, mühsam von Zeile zu Zeile. Ich blecke die Zähne. Ich versuche, aus vollem Halse zu lachen. Aber ich kann nicht aus leerem Halse lachen: mein Hals ist voll von steckengebliebenem Schmerz. Deswegen blecke ich die Zähne.

Mitternacht. H. ist ins andere Zimmer gegangen. Wir haben eine Zeitlang zusammen geredet. Tschüß, Klassengenosse, als Gutenachtgruß, ironisch, distanzierend, ernst. Ich frage, ob er nicht Lust auf eine andere Frau hat. Meinst du, ich bin ein Mönch, sagt er, und dann, die Frauen interessieren mich nicht. Geschrieben hat er: warum nicht wieder Selbstbefriedigung machen? Weil man sich nicht mit sich selbst befriedigen kann! Der eigene Schwanz ist nur Fleisch und Blut, wenn nicht Gefühle für … Er schreibt noch allerlei. Leidet unter seinen »Mängeln«. Dem Arbeiterjungen fehlt die Sensibilität, wirft er sich vor. Auf einer Wanderung pflückt er Gräser ab, die verschiedenfarbig leuchten, ein Regenbogen, gibt sie mir, ich achte nicht drauf, er ahmt Z. nach, Z., der mir erklärte, daß ein Roggenfeld oben blau leuchtet, eine kindliche Geste. H. setzt sich zur Wehr. Gestern sei er im Wald gewesen und hätte »ordinäre Phantasien« gehabt. Mit den Bäumen hätte er vögeln mögen. Mit den Bäumen kannst du doch nicht vögeln, das sind doch lauter Pimmel, sage ich. Diese Szene habe ich Z. vorgelesen: »Jetzt hat der Regen aufgehört. Das Gras muß noch naß sein… Warum kann man nicht mit den Pflanzen schlafen?… Die Liebe reißt einem die Kleider vom Leibe wie ein Strudel und begräbt einen nackt mit Blattleichen…« Wörter wie »Schwanz« hat H. nie gebraucht. Seit er Cooper gelesen hat, braucht er sie. Ich frage ihn, ob er diese Wörter in der Kindheit nicht gekannt hat. Jaja, sagt er, aber die katholische Lehre hat mich abgehalten, sie richtig auszusprechen. *Ich* kenne diese Wörter nicht. Na jetzt kenne ich sie. »Wichsen« hatte ich nie gehört. Als Kind sagte ich zu einer Spielkameradin »bei dir vögelt es wohl«, worauf meine Mutter lachend mich zurechtwies, sowas sagt man nicht, wie sollte ich wissen, warum nicht. Auch durch Verschweigen kann man unterdrükken. Die »dreckigen Witze«, die in der Schule erzählt wurden, interessierten mich nicht. Zu banal. H. kam mit ihnen bei mir auch nicht an. Schließlich war er ein Jahr Autoverkäufer, und die sind so ein Völkchen, die brauchen das offenbar als Ausgleich für ihre dreckige Arbeit, Witze und Pornografie und so. In der Fabrik, wo ich drei Monate lang nach dem Abitur gearbeitet hab, in der Stoffabrik, Frauenabteilung, rotteten sich die Weiber freitags abends zusammen, die Luft war dann sowieso rein, Freitagabend kam der Boß nicht, die Männer von nebenan kamen hinzu, und dann schäkerten sie, die Alten die Schlimmsten, ich verkroch mich in eine Ecke hinter den Maschinen und wartete auf Arbeitsschluß, aber vielleicht war das nicht richtig, schon damals sah ich mit scheelen Augen in der Mittagspause auf die Groschenhefte und die Bildzeitung, die die Frauen lasen, eine, ich erinnere mich noch genau, schlang ihr Pampessen in sich hinein, ohne einen Blick auf Löffel und Essen zu werfen, schlang dabei vom Anfang der Pause bis Ende einen Groschenroman, aber es war falsch, hochmütig zu sein, man muß die Menschen lieben... Da war eine dicke Frau, mit honigblondgefärbtem Dutt, die stank unwahrscheinlich, nach einem außergewöhnlichen Gestank, die fraß unheimlich viele Currywürste und Brathähnchen, damals war die große Zeit der Currywürste und Hähnchen, war das noch was Besonderes, ob ihr Gestank damit zusammenhing, weiß ich nicht, jedenfalls die trieb es besonders schlimm mit den Witzen. Sie sagt zu mir: Warte erst mal ab, Karin, wenn du erst mal in dem Alter bist, dann sind die Äpfel in Nachbars Garten für dich verlockender als im eigenen... Ich erzähle ihr was von absoluter Liebe, von Liebestreue, von Philemon und Baucis... Sie lacht sich eins. H. steht abends bei Arbeitsschluß vor dem Tor mit seinem Motorrad. Das Geräusch des Motorrads höre ich immer noch. Und das Geräusch seiner Schritte, ich erkannte sofort, daß er kam, er hatte so einen Gang, was für einen Gang. Wie die stank, die Frau, ich werde es mein Lebtag nicht vergessen. Weder nach Jauche, noch nach Mist, noch nach Unsauberkeit, vielleicht nach in Zeitlupe faulendem Fleisch. Ja jetzt weiß ich, einmal schickte mir meine Mutter ein Paket mit frischem Fleisch, Braten und Würste, ins Studentenwohnheim, zu Hause hatten sie ein halbes Schwein ausgeschlachtet, das sie vom Metzger geholt hatten, hatten selbst »gewurstet« und Schinken und Fleisch gemacht, wie das stank, wie kann man nur frisches Fleisch in einem Paket schikken, es stank, als ich das Paket aufmachte, das kann jeder sich vorstellen. Dann fällt mir auch noch der Brief ein, den H. als ADF-Funktionär bekam, jemand, ein anonymer Schreiber, hatte einen Brief geschickt mit ein paar bösen Worten, er hatte sich mit dem Briefpapier den Arsch abgewischt und dieses Papier an die ADF geschickt, um anschaulich zu zeigen, wie er die Kommunisten haßte, Mensch, der arme H., er mußte den Brief aufmachen. Ein Bild vom Tag meiner Konfirmation. Die Hosenträger der feiernden Männer sind schon gelockert. Ich stehe traurig und beschämt beiseite und sehe zu, wie mein Vater, mein Onkel Gustav (Arbeiter, neun Kinder hat er, war schon im Gefängnis, weil er besoffen ein Kind totgefahren hat) herumfuchteln, wilde halbpolitische Reden schwingend, von Massen leerer Bierflaschen umgeben. Konfirmation: Erinnerung an lauter leere Bierflaschen, auf dem Tisch, auf den Tischen, unter dem Tisch, unter den Tischen. Hochzeiten: Erinnerung an Völlerei und zwanzig Gänge und Magenleerpumpen voll Bier gepumpter Kinder und Kotzen. Das ist die Sinnlichkeit der Arbeiter, lieber Z. Die du so lobst. Auf die du so hoffst. Schöne sozialistische Sinnlichkeit. Arme Sinnlichkeit. Mein Onkel Gustav, ein großer Tünnes- und Schäl-Witzeerzähler. Ich hab ihn unheimlich gern gehabt, als er aus dem Gefängnis wiederkam, in die Fabrik zurück. Ich hab ihn gern gehabt aus Wut. Ein obszöner Mensch. Der hätte am liebsten mit allen Mädchen, ob vierzehn oder vierzig, gefickt. Zusammengeschrumpft, grau und kaputt und nicht kaputt zu kriegen, kam er aus dem Gefängnis zurück. Witzeerzählen als einzige Gegenwehr. Und saufen, saufen, saufen. Ich maße mir nicht an, ihn zu kennen. Ich habe kein Urteil über ihn. Ich habe nur ein paar Wahrnehmungen. Er ist nicht mein Studienobjekt. Wenn *er* doch ein Buch schreiben könnte. Wenn er sich doch auf alle Art und Weise wehren könnte, nicht nur auf *diese* Art und Weise: sich selber zerstören. Er schreit nicht. Oder schreit er doch? Er spricht nicht. Oder spricht er doch? Und säuft und säuft und säuft.

20. Juni morgens. Kann ich meinen Vater abschütteln und meine Herkunft trotzdem nicht verraten? Der

Traum: ich bin in einem Hochhausraum mit meinen Eltern, meine Mutter schlachtet mich, ich bin geschlachtet, bin aber noch da, sehe zu, wie mein Vater mich ißt, in einem riesigen runden weichen Kuchen, der auch aussieht wie eine große Portion gebratener Bregen, Bregen von Kaninchen oder was weiß ich, den mein Vater so gern ißt, diese weiche Masse, aber es ist nicht das Gehirn von Tieren, es ist *mein* Gehirn, mein Vater ißt in dieser großen weichen Masse mein Gehirn, gierig. Wie kann man denn sowas träumen? Nach ein paar Stunden Schlaf. H. ist in die Stadt gefahren. Gut, aufzuwachen, und durch den Rolladen kommt ruhiges Licht. Sagt ein Arbeiter beim Werkkreistreffen, ein schreibender Arbeiter brauche nicht zu beschreiben, wie einer morgens aufsteht und sich die Haare aus dem Gesicht schüttelt, man sah direkt das Schütteln, wie er sprach, warum nicht, warum eigentlich nicht? Kein Bombengetöse, kein Autolärm, kein Geschrei. Das alles hört man hier nur nicht. Z. ist lieb. Ich liebe Z. Ich werde Z. lieben. H. ist mein Genosse. H. wird immer mein Genosse sein. Aus dem warmen Bett aufstehen und sich nackt vor die Schreibmaschine setzen. Nicht auf die Post warten. Morgens schlafen können, bis man von selber erwacht. Vom siebten bis zum zwanzigsten Lebensjahr mußte ich aufstehen, wenn ich noch gar nicht ausgeschlafen hatte. Meistens nach nur fünf Stunden Schlaf. Und wie ich mir die Haare aus dem Gesicht geschüttelt hab, und erst mein Vater, und mein Bruder, und meine Mutter... Der Weg zur Schule war immer weit. Mit dem Fahrrad vierzehn Kilometer täglich nach Oerlinghausen zum Gymnasium, sechs Jahre lang. Ich erinnere mich, wenn ich am frühen Nachmittag erschöpft wieder zu Hause ankam, vom Fahrrad stieg, dachte ich zerstreut, wozu bin ich heute eigentlich vierzehn Kilometer gefahren, was ist passiert, ist was passiert. Wenn Sie mal nicht mehr so viel fahren müssen, können Sie »Ihre Leistungen« noch steigern, sagt der Scheißberufsberater auf dem Bielefelder Arbeitsamt. Jetzt über eine Stunde Fahrt in die Stadt, um zur Vorlesung zu kommen. Die Stadt ist vergiftet, ich kann in ihr nicht leben. Gern wär ich immer um fünf aufgestanden, dann wenn die Sonne mit ihrem Licht kommt. Aber dann müßte ich früher schlafen gehen, fast so früh wie Hühner und Vögel. Nachmittags mußte ich arbeiten gehen, im Sommer auf eine Erdbeerplantage, danach Schularbeiten machen, diese idiotischen Schularbeiten, Geschichte lernen, pauken, schnell, immer schnell, und behalten habe ich gar nichts. Nichts. Nichts. Ich erkläre D., warum ich nie Lehrer werden könnte, nicht etwa aus Mißachtung dieses Berufes. Ich stände da und wüßte die Hauptstadt von Brasilien nicht. Ich habe kein Gedächtnis für Fakten. Fakten: »Spuren, die die Ereignisse in unserm Innern hinterlassen.« Höchstens für *diese* Fakten. Dieses Trauma, wie ich schon jahrelang Englisch gelernt hatte, und wenn im Fernsehen irgendein Kerl Englisch redete, rief mein Vater »Karin, übersetzen!«, und dann fehlte mir eine Vokabel, und ich konnte den ganzen Text nicht entschlüsseln, und der Hohn meines Vaters über mein Versagen. Ich könnte ja nie Kreuzworträtsel lösen. Jutta sagt, das verstehe ich. Warum soll ich denn auch alles mögliche Gerümpel in meinem Kopf sammeln? Warum soll ich die Hauptstadt von Brasilien wissen, wenn ich nie dawar? Warum nur? Gerümpel soll man im Kopf haben, damit es dunkel ist und wirr, im Kopf. Der Kopf eine Rumpelkammer, eine Dunkelkammer. Ist ja ein lächerliches Beispiel: die Hauptstadt von Brasilien. Man soll sich Fakten merken über einen Dichter zum Beispiel, obwohl dieser Dichter vierzig Jahre gebraucht hat, um zehn Bücher zu schreiben, und man soll zu dem Gerümpel im Kopf auch noch ein paar Fakten und Urteile über diesen Dichter sammeln, mehr soll man ja gar nicht, mehr verlangen die ja gar nicht von einem. *»Ich habe kein Gedächtnis, weder für Gelerntes noch für Gelesenes, weder für Erlebtes noch für Gehörtes, weder für Menschen noch für Vorgänge, mir ist, als hätte ich nichts erlebt, als hätte ich nichts gelernt, ich weiß tatsächlich von den meisten Dingen weniger als kleine Schulkinder, und was ich weiß, weiß ich so oberflächlich, daß ich schon der zweiten Frage nicht mehr entsprechen kann. Ich kann nicht denken, in meinem Denken stoße ich immerfort an Grenzen, im Sprung kann ich noch einzelweise manches erfassen, zusammenhängendes, entwicklungsmäßiges Denken ist mir ganz unmöglich. Ich kann auch nicht eigentlich erzählen, ja fast nicht einmal reden; wenn ich erzähle, habe ich meistens ein Gefühl, wie es kleine Kinder haben könnten, die die ersten Gehversuche machen, aber noch nicht aus eigenem Bedürfnis, sondern weil es die erwachsene, tadellos gehende Familie so will.«* Oft stelle ich mir vor, ich könnte noch mal »ganz von vorne anfangen«, mit dem Lernen, ich würde anfangen mit den geometrischen Formen, Schritt für Schritt, Steinchen auf Steinchen, ohne Angst würde ich lernen, es wären Lehrer da, die mir helfen würden, so zu lernen, wie es mir entspräche. Ich würde nicht geduckt in der Bank sitzen und beten, lieber Gott hilf daß ich nicht drankomme. Geblieben ist:

meine Mutter bringt mich im tiefen Schnee winters zur Bushaltestelle, zum Bus nach Oerlinghausen zum Mathematisch-Naturwissenschaftlichen Progymnasium Oerlinghausen, sie steht früh mit mir auf, brät Spiegeleier, daß dies Frühstück nicht das beste für mich ist, wie soll sie es wissen, macht mir »Stullen«, bringt mich in der Kälte und durch den hohen Schnee, in der völligen Dunkelheit, zur Bushaltestelle, sorgt, daß ich mich einmummle, einen dicken roten Schal bis unter die Nase binde, man kann die Kälte nicht ertragen ohne Schutz vor dem Mund, weiter im Norden. Arme Mutter. Das hält mich aufrecht. Aufrecht? Versuche deshalb einen Sinn in den Schindereien zu sehen. Die Dissertation bis zum Ende durchhalten. Dieses böhmische Dorf Dissertation. Wie bei Zwerenz das Erlebnis mit dem Wasserhahn, eine Bürgersfrau lacht ihn aus, weil er noch keinen Wasserhahn kennt, bei ihm zu Hause gibt es den nicht, bei mir andere, aber ähnliche Erfahrungen. In Frankreich als Au-pair-Mädchen. Bei Künstlern in Dijon, nahe Dijon auf dem Land. Die Frau Malerin, der Mann Schriftsteller, das andere Paar Komponisten. Ich frage die Malerin nach dem Buch ihres Mannes. Ich will es lesen. Das verstehen Sie doch nicht, sagt sie. Da sitzen sie am Tisch, diese Künstler, den ich gedeckt habe, essen ihre Weißbrote und Steaks und reden und reden und reden, treiben literarische Konversation, intellektuelle Konversation, spielen sich die Bälle zu, die literarischen Anspielungen, ich sitze trottelig da, wie soll mein Französisch reichen, das zu verstehen, sie behandeln mich wie ein Dienstmädchen... Meine Mutter, zweifelnd: meinst du, daß du in diese Kreise kommen kannst? Haß auf diese aufgeblasenen Leute, aber zugleich Sehnsucht, zu können was sie können, sie zu schlagen. Und dazu bin ich ja gut, der Kerl, dieser Komponist, läßt eines Abends seine Frau allein ausgehen, ich bleibe mit ihm allein in seiner Künstlerwohnung, er spielt auf dem Klavier, ich sitze noch, von dem Gespräch mit ihm, mit dem Rücken zum Klavier, und plötzlich umarmt er mich, ist also leise auf mich zugegangen von hinten, küßt meinen Hals, soll man sagen »leidenschaftlich«, und ich renne weg und schließe mich ein, kleines Mädchen vom Land, ja dazu bin ich gut, das verstehen Sie doch nicht. Schlafen können, bis man ausgeschlafen ist. Und jetzt werfen mir junge Arbeiter aus dem Werkkreis vor, daß ich manchmal ausschlafen kann, jetzt. Die aufsteigenden Arbeitersöhnchen, die arbeiten am Tag, und am Abend machen sie Abendschule, das sind die schlimmsten. Rudi Kaske und wie sie heißen. Lo erzählt, Psychologiestudentin und Kommunistin, sie sei in eine Neubauwohnung eingezogen, am Haus arbeiteten noch die Maurer und Handwerker, sie schlief bis elf, nachdem sie abends bis eins gearbeitet hatte, als sie die Rolladen um elf hochzog, schrien die Maurer und Handwerker »faule Sau«, »faule Hure« undsoweiter. Daß Kinder und Haushalt eine Arbeit ist, noch dazu, das begreifen sie nicht. Unbezahlte Arbeit. Und ich bin noch dazu ein Mensch weiblichen Geschlechts. Das kommt noch zu allem dazu. Drei Monate Fabrik. Neun Jahre Fabrik. Die Schule war für mich Fabrik. Die Aufseher. Die Meister. Die Komplizen der Aufseher und Meister, das nannte sich »Mitschüler«. Der Erdkunde- und Biologielehrer mit dem einen Arm, der im Unterricht seine russischen »Kriegserlebnisse« erzählte, fast ein Typus, der die beiden Wandtafeln mit »Fähnchen« für Prüfungen an den Tafeln abteilte, »an die Tafel«, und man mußte beschreiben, welche Bestandteile das Hühnerei hat, und ich hatte diese Bestandteile des Hühnereis gelernt, und er mußte mir eine Zwei in der »Fähnchenprüfung« geben, und er schickte mich mit einem Musterschüler nach draußen auf den Flur, und der Musterschüler sagte, ich solle nicht so störrisch sein, ich solle doch endlich zugeben, daß ich abgeschrieben hätte, und drinnen im Klassenzimmer wurde über mich Gericht gehalten, und ich weinte nur, ich konnte nichts anderes als weinen, ich konnte nicht reden, ich hatte keine Sprache, ich konnte mich nicht verteidigen, ich konnte nicht auftrumpfen, ich konnte nicht reden, ich begriff nicht, was vorsichging, wie hieß der Lehrer, warte, ich weiß den Namen nicht mehr. Und dann die Hexe, die »Kunstlehrerin«, so nannte sich das, diese Bagage, die ließ die Schülerinnen, ich war damals schon in Bielefeld auf dem Mädchengymnasium für die letzten drei Jahre zum Abitur, vorne aufmarschieren mit ihren Kunstprodukten, und sie führte ein strenges Regiment, und ich wagte zu widersprechen, und sie machte mich zur Sau, und ich heulte, ich heulte immer nur, ein Sturzbach, ungelöste Wörter als Heulsturzbach, die machte mich zur Sau auf eine unfaßbare Art, mit Gesten und Blicken und knappen Wörtern, redeten sie mir alle ein, wie wenig wert ich sei, daß ich nichts wert sei, daß ich der letzte Dreck sei, was ich denn eigentlich hier wolle, warum ich nicht auf meinem Misthaufen geblieben sei, ich heulte und heulte und heulte, rannte aus dem Klassenzimmer in einen leeren Klassenraum, schwemmte alles aus mir heraus, diese Demütigungen, aber sie ließen sich nicht ausschwemmen, ich hatte keine Sprache, ich konnte nicht reden.

Wer hält durch: immer geduckt in der Bank sitzen, vor lauter Angst, nichts zu können, auch zuletzt nichts können. Abitur ergaunern. Scheine ergaunern. Das Gefühl: alles ist ergaunert. Wenig Schlaf. Nie ausgeschlafen sein. Beten, daß Gott eine Zwei gibt. Lieber Gott, tu, daß ich eine Zwei kriege. Drohungen: ich nehme dich von der Schule. Wenn du schon Arbeiterkind bist. Wenn du schon ein Mädchen bist. Ich nehm dich von der Schule ab. Wenn du nicht.

Erwarte ich, daß du mich rettest? Diesen Satz habe ich nur geschrieben, weil ich an dem Wort »retten« einen Narren gefressen habe. Lenz sagt zu Oberlin: »Aber ich, wär ich allmächtig, sehen Sie, wenn ich so wäre, ich könnte das Leiden nicht ertragen, ich würde retten, retten...« Retten, retten. Gerade habe ich die Bewerbungsunterlagen für den Stipendienantrag bei der Stiftung Mitbestimmung fertiggemacht, habe versucht, einen »Lebenslauf« zu schreiben, einen »aggressiven, offensiven« Lebenslauf. Man kommt sich vor wie ein Bettler, die sagen einem noch zuletzt, jetzt sind doch die Sozialdemokraten dran, für die Arbeiterklasse wird alles getan, Ihre Erfahrungen sind Vergangenheit, ja mag sein, daß ich heute nicht mehr mit Flicken in den Kleidern rumliefe, obwohl ja eigentlich die Flicken in den C & A-Kleidern das einzig Lustige waren, aber die Zeichen haben sich verschoben, aber die Zeichen haben sich nicht verändert. Mir ist alles so egal. Wenn ich mir wieder dieses Stipendium ergaunere, lache ich mich krumm und schief. Ich werde in den Tag hineinleben, allen den blöden Professoren zum Trotz. Ach was Karin, du bist viel zu ehrgeizig. Man muß irgendwas aufs Papier bringen, sie zufriedenstellen. Akademisch und schlau muß man sein. Reine Formsache. Aber das: »Statt sich zu fragen, wie man das Theater retten könne, müsse man die Frage stellen, wie man sich selbst retten könne« (soll der polnische Regisseur Grotowski gesagt haben), das fragt keiner. Sollen sie mir nur geben, ihr Stipendium. Ich habe dann noch eine Galgenfrist, herauszukriegen, was aus mir werden soll. Der Wunsch, tot zu sein, ertrinken zu können, ist der Wunsch nach Vögeln und Liebe. Vögeln ist ein lieblicheres Wort. Es muß schlimmer sein, apathisch zu sein als tollwütig. Heute ist mein Vater Postarbeiter. Ich könnte mich totlachen. Er hätte auch Strauß werden können oder Lenin, warum eigentlich nicht. Warum ist er seit zwei Monaten Postarbeiter? Aus gesundheitlichen Gründen, wegen der Strapazen der Nachtschicht, das wäre auch wieder eine eigene Geschichte, und ich nehme mir vor, bei meinem nächsten Besuch in Schloß Holte zu fragen, *wie* er unter dem Hin und Her der Schichtarbeit, *wie* er unter der Nachtschicht gelitten hat, hat er die Stoffabrik verlassen. Ich sehe ihn vor mir, wie er mittags aufsteht aus dem flachen Schlaf, denn wie kann der Schlaf anders als flach sein, seit wann ist der Mensch geschaffen, am Tag zu schlafen, und er hatte oft keinen Appetit, konnte nichts runterkriegen, wie soll man, wenn mit dem Körper umgegangen wird nicht wie mit einem Menschenkörper, und er schlief ja immer, wo er konnte, auf dem Sofa schlief er einfach ein, zusammengerollt, mit einer Decke zugedeckt, und er hatte immer so einen eigentümlichen Geruch an sich, nach Arbeitsklamotten. Wenn ich wenigstens sagen könnte: Arbeiter in einer Eisengießerei, Arbeiter in einer Stoffabrik, wie er es

Jahrzehnte war. Heute würde ich es mich ja endlich trauen. Diese beschissenen Linken kriegen ein Leuchten in die Augen, wenn sie nur das Wort »Arbeiter« hören, öfter mal was Neues, das nutzt sich ab, und das ist nur die andere Seite der Medaille, die Lehrerin meckert über einen stinkenden Pullover und die kriegen ein Leuchten in die Augen, das ist nur die andere Seite der Medaille. Heute würde ich es mich ja endlich trauen. Ich denke an den trotteligen Postboten, der hier in Anspach die Post austrägt. Nicht daß mein Vater trottelig wäre. Nein das ist der nicht. Er ist nicht trottelig. Er war nicht trottelig. Er war. Er war. Verhindert. Wenn er sich wenigstens in eine Beckettsche Mülltonne setzen würde, das wäre ein schönes Bild. Das würde mich beruhigen. Das wäre die Wahrheit. Z. begreift das nicht: Dein Entsetzen über deinen Vater daß er Postbote ist ich finde das nicht schlimm Postbote die Wahrheit seiner Deklassierung was so wie ein Affront klingt ist in Wirklichkeit auch eine Solidarität mit ihm trotzdem du bist da sehr hart in diesen Dingen laß den mal Postbote sein du freust dich über die Post du beschäftigst ständig Postboten du schreibst mir lange Briefe das ist kein subalterner Beruf laß ihn doch Postbote sein ich find das ist ein guter Beruf. Ach Z., du begreifst nichts. Was mein Vater hätte sein können. Ho Shi Minh. H. erzählt: »Nach dem Kaffeetrinken blieb ich mit Vater Strauch am Tisch sitzen und lenkte das Gespräch auf die Zeit nach 1945... Nach dem Ende des Krieges und der Flucht aus der Gefangenschaft lebte Erwin Strauch bei seinen Eltern, die von Pommern nach Vorpommern gegangen waren und in Schlagtow ein Stück Land und ein Haus bekommen hatten. Er war sofort bei der Neugründung

in die SPD eingetreten, so kam er also bei der Vereini-
gung von SPD und KPD schon 1946 in die SED. In
Schlagtow war in dieser Zeit ein vom Arbeiter zum
Bauern gewordener Mann Bürgermeister, der aber mit
der Arbeit einfach nicht fertig wurde, der nicht dumm
war, sich doch aber selbst überfordert fühlte. Deswegen
setzte man eine Versammlung an, um einen neuen Bürgermeister zu finden, und man dachte dabei auch sofort
an Erwin Strauch. Sein Vater kam mit der Nachricht
und der Aufforderung an ihn, zu der Versammlung zu
kommen, weil man ihn möglicherweise zum neuen Bürgermeister machen wollte. Er dachte zuerst, das wäre ja
Quatsch, er hätte doch gar keine Ahnung. Trotzdem
ging er zu der Versammlung hin, wo kein anderer
Kandidat zu finden war, weil sich alle vor den Schwierigkeiten fürchteten, weswegen man auf ihn einredete
und er schließlich die Sache annahm und mit 28 Bürgermeister wurde... Als Bürgermeister mußte er mit der
sowjetischen Wirtschaftsverwaltung zusammenarbeiten,
und er ist mit allen drei Wirtschaftsoffizieren, mit denen
er nacheinander zu tun hatte, bestens ausgekommen.
Die Schwierigkeiten entstanden erst, als die DDR
gegründet und eine eigene Verwaltung eingerichtet wurde. Zum Beispiel hatte Erwin Strauch von einem Bauern
aus dem Nachbardorf Getreidesaat gekauft, was nicht
erlaubt war, und die Sache wurde bekannt, als dieser
Bauer geflüchtet war und man nach dem Verbleib seines
Getreides forschte und auf Erwin Strauch kam. Der
aber konnte mit gutem Gewissen sagen, daß er von der
Flucht nichts gewußt habe, aber er hatte unerlaubt Saat-
getreide auf privatem Wege eingekauft. Ein anderer
Konfliktpunkt waren die Schlachtscheine, die der Bür-

germeister ausstellen mußte. Einmal kamen Leute zu ihm und forderten Schlachtscheine, weil sie sonst nichts zu essen hätten, die er dann auch ausstellte. Es fehlte aber die Unterschrift der DDR-Kreisverwaltung, ohne die der Trichinenbeschauer sie nicht akzeptierte. So ging Erwin Strauch zum sowjetischen Wirtschaftsfunktionär und forderte von ihm die Unterschrift, die dieser auch statt der DDR-Verwaltung geben konnte, und er gab sie unter dem Druck der Umstände, die es ihm geraten erscheinen ließen, Erwin Strauch als Bürgermeister zu retten. Der sowjetische Wirtschaftsfunktionär hatte früher zwar öfter gedroht, wenn es um irgendwelche abzuliefernden Mengen ging, aber schließlich hatte man sich immer geeinigt. Die DDR-Behörden waren aber, wie Erwin Strauch sagte, so kleinlich, daß alles nicht mehr gutgehen konnte. Izwischen war Erwin Strauch selbst Bauer auf einem 20-ha-Hof geworden, mit einer eigenen Familie. Er hatte also nun etwas zu verlieren und hatte Grund, sich vor einer Existenzbedrohung zu fürchten. Zuerst kamen Auseinandersetzungen in der Partei. Zum Beispiel kam man regelmäßig zu ihm und sammelte für Ferienlager der FDJ und ähnliches, und er gab niemals etwas und sagte, als man ihn bei der Partei nach dem Grund fragte, daß er erst etwas geben würde, wenn der große Bauer mehr als eine Mark geben würde, denn sein Hof wäre halb so groß, und fünfzig Pfennig würde er nicht geben, bei der kleinen Summe würde er nicht anfangen. Dann hatte man ihn einmal gefragt, ob er gern im Krieg gewesen wäre, und er hatte geantwortet, er wäre gern Soldat gewesen, meinte aber, daß er gern mit Pferden umgehen würde und das als Soldat jeden Tag konnte, was sie nicht verstanden. Es kamen – ich erinnere mich nicht mehr genau – noch andere Auseinandersetzungen hinzu, die zu seinem Ausschluß aus der SED führten. Während seiner Bürgermeisterzeit war er Aufsichtsratsvorsitzender der Bäuerlichen Kreditgenossenschaft und nahm in dieser Funktion einmal an einer Schulungsveranstaltung teil, wo der für die Landwirtschaft zuständige Politbüro-Genosse sprach und ankündigte, daß bald die Kollektivierung der Landwirtschaft beginnen sollte und daß man damit rechnen müßte, daß eine gewisse Zahl von Bauern nicht mitmachen wollte, er betonte aber, daß man schon Mittel finden werde, sie alle in die Landwirtschaftliche Produktionsgenossenschaft zu kriegen. Das ließ Erwin Strauch aufhorchen ... 1953 kam es dann schließlich zur Flucht. Ganz plötzlich wurde sie ausgelöst dadurch, daß sein Schwager aufgeregt gelaufen kam und erzählte, er hätte in der Kreisverwaltung, wo er etwas zu erledigen gehabt hätte, zufällig aus dem Nebenzimmer etwas davon gehört, daß man jemand abholen wollte, und dabei sei der Name Erwin Strauch gefallen ...« Das magische Wort »abholen«. Und dann dieses Stück von Helmut Baierl. »Die Feststellung«. Es handelt von einem Bauern und seiner Frau, die in den Westen flüchten, »abhauen«, weil er sich vom »Abholen« bedroht fühlt, weil er Dünger schwarz gekauft hat, weil er nicht in die LPG will, der Bauer, und dann kommen der Bauer und seine Frau reumütig aus dem Westen zurück und werden liebevoll und verständnisvoll wieder aufgenommen, nachdem ein Lehrstück inszeniert worden ist, nachdem erklärt worden ist, daß der Funktionär, von dem Bauer Finze sich bedroht gefühlt hatte, nur nicht die richtige Sprache gesprochen hätte, er hätte gar nicht von der LPG reden sollen, sondern er hätte dem Bauern Finze Witze erzählen sollen, und danach wäre der Bauer Finze wie nichts in die LPG gesaust, mit Sack und Pack und so schnell wie möglich, und dieses widerliche Stück liegt bei mir im Bücherschrank, ich habe es aus dem Band »Sozialistische Dramatik, Autoren der DDR, Berlin 1968« herausgerissen und manchmal, wenn ich sehr müde bin, blättere ich durch, dann hab ich was zu lachen und zu weinen. Ich nehme in einer SDS-Gruppe an einer FDJ-Schulung in Leipzig teil. Ich frage. Einer hält einen Vortrag über die Entstehung der LPGs. Ich frage. Der Mann sagt, Fehler wurden überall gemacht. Das magische Wort »abholen«. Und ich habe nichts Besseres zu tun als Broschüren des »Ministeriums für westdeutsche Fragen« zu lesen. Da steht dann, mancher Bauer konnte den »Schritt vom Ich zum Wir« nicht schaffen. Und ich habe nichts Besseres zu tun als einen Brief an das Ministerium zu schreiben, in der größten Freude über diese wunderschöne Formulierung, mancher Bauer konnte den »Schritt vom Ich zum Wir« nicht schaffen. Und ich schreibe hohnvoll über meinen Vater, daß er zwar eine Waschmaschine habe, einen Fernseher, ein Auto, aber daß er ja jeden Tag auf die Straße gesetzt werden könne, daß er den Mund nicht aufmachen dürfe, daß er nicht frei sei, daß er. Ein gefundenes Fressen für die. Ich kann mich nicht mehr nach Hause wagen, denn die haben doch tatsächlich diesen schändlichen Brief ohne meine Zustimmung in der Bauernzeitung der DDR veröffentlicht, und ganz Schlagtow erfährt nun, wie unterdrückt der in den »Goldenen Westen« abgehauene Erwin Strauch ist, und ganz Schlagtow fragt »ist Erwin Strauch Kommunist geworden«, und ganz Schlagtow denkt »die Tochter von Erwin Strauch ist aber eine Hundertprozentige geworden«. Warum denn »Kopf und Bauch«? Erwin Strauch soll also nur einen Bauch haben? Und Professor H. und Professor M. und Dr. X, die sollen also einen Kopf haben? Onkel Gustav soll keinen Kopf haben? Warum säuft er dann? Wer sind sie? Was ist passiert? Was ist vorsichgegangen? Was haben sie gelitten? Was leiden sie?

Können wir überhaupt lieben? Sarah schreit. Mir ist alles egal. Ich könnte Sarah nie wieder sehen. Ich möchte verrückt werden. Ich lese Russells Biografie. Was lese ich noch alles? Wo sind die Bücher von meinesgleichen? Auf dem Hintern sitzen und lesen. Ich werde tollwütig. Belebt wenn ich liebe. Belebt. Belebt. Belebt. Bücherlesen als Liebesnächte. Was mich so fasziniert an autobiografischen Skizzen: die Möglichkeit, direkt zu sein. Wissen, was das Ich des Menschen ist. Direkt und offen sein. Oder ist es nur die größere Einfachheit, Zugang zu finden mit meinem Arbeiterkindgehirn, eher als zu Hölderlins Gedichten? Mein Großvater schlief ein, wenn er müde war, auf der Stelle. Mitten im Menschenstrudel konnte der schlafen. Vor dem Fernseher nickte der sofort ein, eine natürliche Reaktion für einen, der schwer gearbeitet hat tags. Wenn er Schlaf braucht, schläft er einfach. Ich will es jetzt auch immer so halten. Eben habe ich von halb fünf bis sieben geschlafen. Im Alter von elf Jahren liest Russell mit seinem Bruder Euklid: »Es war dies eines der größten Ereignisse meines Lebens, atemberaubend wie erste Liebe.« Russell berichtet, welche Bücher seine Eltern und Großeltern kannten. Daß er mit sechzehn und siebzehn

»den ganzen Milton, das meiste von Byron, sehr viel von Shakespeare, große Teile von Tennyson und schließlich Shelley« las. Meine Mutter war eine zeitlang im Bertelsmann Lesering. Hinter dem Glas des Wohnzimmerschrankes stehen Bücher wie »Geliebt, gejagt und unvergessen« und »Der Mensch lebt nicht vom Brot allein« und »Therese Etienne«, das von der Liebe zwischen einer jungen Frau und dem Sohn ihres schon sehr alten Mannes handelt, wie die beiden gemeinsam den alten Vater mit Gift umbringen, entdeckt werden und erst weißhaarig wieder aus dem Gefängnis kommen, aus dem Zuchthaus, sehr schwülstig und »schön« beschrieben. Wenn Bonanza auf dem Pferd reitet, geht man richtig mit, man reitet dann mit, sagt Rudi Kaske, aber dieses Theater mit den Masken, damit kann ich nichts anfangen, er meint das Stück »Der wahre Anton« vom Industrietheater Rhein-Ruhr. Versuchen die Bürgerlichen herauszubekommen, warum Lehrlinge Groschenliteratur lesen, kriegen sie doch nie raus. Ein Kollege meines Vaters bringt immer Riesenpacken Groschenhefte mit. Ich weiß nicht, wer die alle liest. Ich brachte mal Schillers Stück »Die Räuber« mit nach Haus, wollte, daß meine Mutter es las, sie wollte nicht, ein Buch mit Dialogen, das war ihr zu komisch.

Lieber Z. Ich möchte dir alles sagen, schreiben. Erzählen. »Unsere Schrift ist nicht auf der Höhe unserer Zeit.« Wer erzählen könne, könne auch schreiben, sagst du. Keine Angst davor haben, durch zu viel Reflexion Naivität zu verlieren. Ich will mich dir ganz öffnen. Ich will, daß *du* dich mir ganz öffnest. Mißtrauen. Dein Mißtrauen. Ich will mit dir Hochzeit machen. Ich meine nicht Standesamt und Kirchenschwur. So eine dionysische Hochzeit. Wir denken uns selber aus, was das ist. Jetzt sind es einunddreißig Tage seit meinen letzten »Tagen«, du sagst, das ist auch so eine Mystifikation, »die Tage« zu sagen. Ich wünsche mir so ein Kind. Ich weiß warum: um meiner Erinnerung eine Gestalt zu geben. Ich weiß dann: ich habe alles wirklich erfahren, es ist keine Täuschung, keine Halluzination. Was für ein Ausdruck: der Erinnerung eine Gestalt geben. Wenn man ihn laut liest, ist er einem peinlich. Und du sagst, wir können unserer *Kommunikation* eine Gestalt geben. Dazu brauchen wir kein Kind. Wenn ich nur hundert Jahre schlafen könnte. Melancholie und Selbstmordgedanken sind die Folge fehlender Vitalität. Die schwarzen Ränder unter den Augen. Die schwarzen Ränder, die du unter den Augen hast, Karin. Meine Mutter sagt das jetzt nicht mehr zu mir. Ich sehe es selber. Wie schön, das Bild, auf dem die Sonne Sarah und mich *erleuchtet*. Z.: Melancholie und Selbstmordgedanken diese Folie deiner Lebenslust diese Depression dieser Negativabdruck deines Lebens deiner Lebenslust deiner Euphorie... Süßer Vogel Schlaf, ach ein Vogel ist nicht süß, höchstens leicht. Als Soldat schlief mein Vater, wenn die anderen vor Hunger und Angst nicht mehr wußten, was sie tun sollten. Mein Vater schlief einfach. Sagt er. Fried erzählt, die Juden hätten in den Konzentrationslagern manchmal vor wahnsinnigem Hunger Menschen gefressen. Ich frage meinen Vater, ob er das auch hätte tun können. Nein, sagt er, ich schlief ja dafür. Das ist gut. Tief schlafen. Mittendrin. Alle schreien und wollen dich fertigmachen, und du schläfst einfach, weil du erschöpft bist. Das wäre gut, dies zu können. Heute kommen Jutta und Dietger wieder, um mit H. und mir alles zu diskutieren, über die Kommune, in die wir im Oktober ziehen. Ich will niemand sehen. Oft einsam, spricht man nicht viel. Der Mund verschließt sich. Man spricht zu viel mit sich selbst, nach innen. Das ist gut und nicht gut. Lieber wollte ich noch predigen, eine Rede halten mitten in der Stadt in einer dicken Menschentraube. An der Hauptwache hält Herbert Mies eine Rede. Ist diese Agitation nicht oft heruntergekommenes Predigen? Ich meine Thomas Münzer. Ich meine Lenz. Aber wer würde mir schon zuhören? Größenwahn. Ich halte auf der ersten Mitbestimmungskonferenz der DKP eine »Rede« über »Arbeiterklasse und Studenten«. Eine Woche habe ich an dieser Rede rumgearbeitet. Wie die gelacht haben müssen. Fünfhundert Betriebsräte und Vertrauensleute. Ich stand da oben und sah nichts. Orientierungslos. Blind. Und diese Stimme. Ich bildete mir ein, eine Rosa Luxemburg zu sein und zu werden. Wer ist das?

Ein Brief an Jutta. Liebe Jutta. Wir werden bald nach Rehringhausen ziehen. Du fragst mich, was ich glaube was aus dir werden kann. Du hast einige Jahre Germanistik studiert. Du hast Literatur »studiert«, jedenfalls bruchstückweise, hast daran gerochen. Es ist nicht so, daß du noch nie etwas mit Literatur zu tun gehabt hättest. Egal was für eine lächerliche Motivation dich zum Studium gebracht hat. Deutsch sprechen konntest du ja, konnte ich ja, konnten wir ja, vielleicht war es diese Täuschung. Wahrscheinlich interessierst du dich inzwischen für Literatur. Können wir beide nicht autodidaktisch Literatur studieren? Bei der heutigen Hochschulsituation können *wir* nur autodidaktisch studieren. Wir müssen es versuchen. Ich will ja meine Dissertation zuende schreiben, wenn ich kann. Trotzdem muß ich erst jetzt von der Pike auf Literatur studieren. Vielleicht kannst du, wenn du dich erholt hast, ein Forschungsthema entwickeln und dir irgendein Stipendium für eine Forschungsarbeit ergattern. Du brauchst Ruhe. Man muß nur so auftreten, als wüßte man, was man wollte. Gelder sind ja genug da, für die unsinnigsten und unmenschlichsten Zwecke. Nur das Selbstbewußtsein, Jutta. Bis du soweit bist, kannst du ja von Dietgers Taxifahrgeld leben. Vielleicht können wir beide schreiben. Wie organisieren wir denn unser autodidaktisches Studium? Nicht mehr fixieren auf die Institution Universität. Scheinejagen. Literatur im Zusammenhang von Theorie und Praxis studieren. Nicht weiter in überfüllten Seminaren ständig denken, ich bin dumm. Wenn die Assistenten mit dem Professor philosophische Probleme von Schillers ästhetischen Briefen erörtern, als seien die ästhetischen Briefe mausetot und nur dazu da, um immer wieder als Mumie hervorgeholt und bestaunt zu werden. Wir schaffen uns Kontakte zu Schriftstellern. Zu solchen, die was mit unserer Arbeit für den Sozialismus zu tun haben: zu Christa Wolf, Martin Walser, Erika Runge, Peter Handke... Über die Gegenwartsliteratur nur können wir eine Beziehung zu den »toten Schriftstellern« finden... Ich würde gern Proust, Joyce, Fontane, Storm, Shakespeare... lesen und verstehen, von Anfang an lesen und so verstehen, daß ich nicht alles in einigen Wochen vergessen hätte wie althochdeutsche und gotische Vokabeln, sondern so, daß ich sie assimiliere in mein Denken und Wahrnehmen, mit ihnen zu tun habe wie mit dem täglichen Brot. Erst überhaupt wissen, was Literatur ist... Zuerst begriffen habe ich etwas, als ich Jan Mukařovskýs »Kapitel aus der Ästhetik« las... Jens sagt, die jeunesse dorée will auch keine Milch mehr trinken, wenn sie jahrelang Sahne gefressen hat und sich an der Sahne überfressen hat, sie schüttet Sekt in die Milch, aber auch diese Sektmilch wird sie bald satt, sie ist ungeheuer gefräßig. Und wir haben uns nie an Literatur überfressen können. Für uns ist Literatur wie tägliches Brot, wie Wasser. Kommt das Leben ohne Brot? Was gehen uns die Parolen der linken Bürgersöhnchen an, Literatur sei Scheiße? Gar nichts. Wissen, was Sprache ist. Was heißt für *uns:* Literatur studieren? Ohne Phantasie ist der Sozialismus nichts. Und wer setzt Phantasie mit Unverbindlichkeit gleich? Auch die Spiele der Kinder sind für die Bourgeoisie unverbindlich. Bis sie entdeckt werden als »kreative« Vorbereitung aufs Funktionieren, Vorbereitung auf ausgebeutete Arbeit. Spiel ist für sie »Spielerei«. Phantasie »Phantasterei«. Traum »Träumerei«. Im Geist sehe ich immer schon Walser und Erika auf unserem Bauernhof. Utopische Träumereien. In zehn Jahren vielleicht. Z. sagt, wir heben Walser und diese Leute zu sehr »auf einen Kothurn«. Wir seien »selber Walser«. Ja natürlich sind wir selber Walser. Werden selber Walser sein. Aber wie würde ich mich freuen, wenn ein Mann wie Cooper, der jahrelang als Psychiater gearbeitet hat und Experimente und Gedanken ausgeheckt hat, zu uns in die Kommune käme. Sie gönnen uns die »geistigen Lehrer« nicht, die sie selber haben, die ihnen selbstverständlich sind. »Er hat bei Bloch gelernt«, heißt es dann. Und wo lernen *wir?* Der Schlosser geht in die Lehre in einen

Industriebetrieb. Bei wem gehen wir in die Lehre? Wir müssen uns unsere Lehre selber schaffen. Zwerenz sagt, solche Lehrer wie Bloch, er hat Bloch als Lehrer gehabt, der Glückspilz, solche gibt es nicht wie Sand am Meer. Und dann reflektieren, wie es zum Scheitern unseres Studiums kam. Du sagst, wenn du mit mir sprichst, kriegst du wieder Mut. Aber wenn du ins Seminar gehst, fällt alles wieder zusammen. Für die ist das Wichtigste, man muß »ein Examen machen«. Was, Sie sind schon achtundzwanzig und haben noch kein Examen? Das wollen sie, uns so früh wie möglich einschleusen in den Produktionsprozeß, uns in die Sielen legen, und hinterher soll nichts mehr kommen.

21. Juni. Jutta und Dietger sitzen am Frühstückstisch. Ich träume beim Duschen von einem Kind, von Elias. Nachts Träume. Einer von einem Riesenkonzertsaal, in dem ich Z. suche. Ich gehe durch endlos lange Sitzreihen, die steil abfallen, und suche dich. Ich hatte keine Lust, dir zu schreiben, sagst du kalt. Ich setze mich traurig neben dich. Das Konzert muß gleich weitergehen. Halb zwei. Von einer Wanderung zurück. H. sagt, ein Brief aus der DDR braucht eine Woche. Es ist auch nicht so wichtig, ob du mir geschrieben hast oder nicht. Nur ein Lebenszeichen von dir. Aber vielleicht ist auch dieses Bedürfnis falsch?

22. Juni. Immer die hohen geraden Leitern in den Abgrund. Ich lerne Autofahren, das ich so verabscheue. Nun soll ich eine riesenhohe Holzleiter, die ganz gerade ohne Anlehnung steht, hinabsteigen. Ich wache auf.

Traum, daß mich das Fernsehen interviewt. Eine Redakteurin fordert mich in einer Kirche auf: Frau S., Schriftstellerin. Ich denke, ich bin doch gar keine Schriftstellerin, woher weiß die das, woher hat die meinen Wunsch erraten? Ich werde mich lächerlich machen, wenn ich jetzt nicht korrigiere. Aber ich lasse sie in dem Glauben und werde interviewt. Zuerst fragt sie mich etwas über irgendwelche Baudenkmäler. Ich sage aber gleich, ich wüßte nichts über Baudenkmäler, sie solle mich lieber etwas über Religion und Philosophie fragen. Baudenkmäler: ich stehe mit Z. vor Regensburger Kirchen, und er fragt, ist die romanisch oder gotisch, und ich weiß es nie, ich lerne das nie, ich habe mich immer furchtbar gefühlt, ich lerne sie nie, diese komplizierten Zeichensprachen. Ich halte ihr dann einen Vortrag, der Redakteurin, über Bloch und sein Buch »Thomas Münzer als Theologe der Revolution«. Wie ich bei der Konfirmandenprüfung in der Kirche als Einzige wußte, wielange das Volk Israels durch die Wüste gewandert ist, oder war es etwas anderes? Ich wußte *dort* oft als Einzige etwas. Die Menge der Zuhörenden in den Kirchenbänken sind mir feindlich gesinnt, das merke ich. Ich habe den Eindruck, es sind lauter Linke, vor denen muß ich mein neues Interesse für Religion rechtfertigen. Pfarrer Spellmeyer schwirrt auch irgendwo rum. Fürchte dich nicht, ich habe dich erlöst, ich habe dich bei deinem Namen genannt, du bist mein ... Der Traum verwirrt sich mit anderen Träumen, in denen ich mit Schulkameraden des Gymnasiums zusammenbin. Die Szene in der Kirche, die Interviewszene: Examenssituation. Bett und Laken völlig verwühlt. Acht Uhr. Z. hat angerufen. Endlich habe ich seine Stimme wieder gehört. Z. sagt, meinen Wunsch, Schriftsteller zu werden, könne ich »begraben«, ich sei schon einer, »du bist schon einer«. Aber soll ich mich darüber freuen? Er sagt, jeder Mensch ist ein Schriftsteller. Jeder Mensch ist ja auswechselbar in seiner sozialistischen Theorie. »Der historische Materialismus sagt die Wahrheit über Verhältnisse, unter denen es auf die einzelnen Menschen, ihre Bedürfnisse, ihr Leiden und ihr Bewußtsein noch nicht ankommt.« Betonung auf: »noch nicht«. Meine langen Briefe beschämten ihn. Er fühle sich gezwungen, auch solche langen Briefe zu schreiben. Aber er könne nicht schreiben. Er habe Angst vor langen euphorischen Briefen. Von seiner »Arbeitsökonomie« her könne er keine solchen langen Briefe schreiben. Öfters schon habe er solche langen euphorischen Liebesbriefe geschrieben, und immer sei er am Schluß von den Frauen als »Schwein« bezeichnet worden. Er sei eine solche Aufmerksamkeit und Intensität wie von mir nicht gewöhnt. Meine Alpträume also umsonst, daß ich etwas zerreden könnte durch die Briefe. Halb zehn. Eigentlich wollte ich schlafen, ich kann nicht, Z. will mich noch um ein Uhr, nachts, anrufen, wegen des Nachttarifs. Habe eine »Konkret« gekauft. Scheußliches Blatt. Wegen einem Interview mit Herbert Marcuse und wegen einem Interview mit Martin Walser. Marcuse gibt Phrasen von sich, zum Beispiel über Landkommunen. In dieser Bewegung äußere sich das richtige Bedürfnis nach sozialen Beziehungen zwischen Menschen, die nicht vom herrschenden System diktiert würden, auf der anderen Seite sei die massive Rückkehr zur überholten ländlichen Produktionsform angesichts des technologischen Fortschritts »natürlich gar nicht möglich«, sie sei häufig »reiner Eskapismus«, ein Aussteigen aus dem System, »eine rein individuelle Erfahrung«, ja warum ist der Kerl denn Philosoph, soll er doch schleunigst in die Fabrik gehen und schleunigst seine überholte philosophische Produktionsform aufgeben, außerdem könne man heute nicht mehr aus dem System aussteigen, wieso, ist »das System« ein Boot auf hoher See, wir sitzen alle in einem Boot, und es gibt keine Rettungsboote, und es gibt keine Inseln, denn selbst auf dem Mond werde man inzwischen Coca-Cola-Flaschen finden, na und, und M. sagt, wo das Meer wirklich noch sauber ist, weiß ich nicht, mir fällt das Tintenfaß ein und die Unmöglichkeit, nicht blau oder schwarz zu werden, wenn man in der Tinte sitzt, wir sitzen alle in der Umwelttinte, sagt M., ich habe von einem Buch gehört, das Mathematiker und Physiker geschrieben haben, wer das gelesen habe, könne keine Kinder mehr kriegen wollen, schon in dreißig Jahren werde es sehr finster sein, und Z. schreibt sie, er solle die verrückte Karin grüßen, die mindestens sechs Kinder in die Welt setzen will, das hielte sie für eine Rücksichtslosigkeit gegen die Kinder, denn der Scheißkapitalismus sei eine Tatsache und die Umweltscheiße auch, und es gebe keine Inseln, und dann hängt euch doch gleich auf, hängt euch doch auf, hängt euch auf. Systemkonformer Kunstgriff, etwas dadurch zu disqualifizieren, indem man sagt: es ist gar nicht möglich. Z.: Er glaube daß alles möglich sei und daß alle Zärtlichkeiten leicht seien und möglich seien und er glaube überhaupt daß viel möglich sei daß das meiste Mögliche leider noch unmöglich sei obwohl es möglich wäre ... So als sage jemand zu einem, der den Kapitalismus abschaffen will: Das ist doch gar nicht möglich. Die Idee ist ja gut, die Idee des

Kommunismus, aber das ist doch alles gar nicht möglich, sagt Helga. Jede individuelle Tat dadurch verhöhnen: im kapitalistischen System gebe es keine Inseln. *Dieser Inselbrocken soll ihnen einmal selber im Hals steckenbleiben.* Ist der Versuch, sich selber wieder lebendig zu machen, sich zu sich selbst zu bringen, ist der nicht Voraussetzung für alles, »das System bekämpfen zu können«? Was ist Dialektik? Diese Sehnsucht: nach Luft, nach Wald, nach Land, nach Feldern, nach richtigem Essen, nach wirklicher Liebe, die nichts zu tun hat mit Reklameliebe... ist diese Sehnsucht, ist der Versuch, diese Sehnsucht zu verwirklichen, hier und jetzt, »reiner Eskapismus«? »Ich kann es gut verstehen, daß die jungen Leute, die noch einigermaßen gesund empfinden, nicht ihr ganzes Leben mit der Jagd nach Abstraktionen verbringen wollen. Autos, die keine Autos sind, Kleider, die keine Kleider sind. Nahrung, die eigentlich gar keine richtige Nahrung ist, und Arbeit, die überhaupt keinen Sinn hat...« Und Ideologie, die überhaupt keine Wahrheit ist. In der gleichen »Konkret« werden Politiker und Schriftsteller gefragt, wie sie über die Baader-Meinhof-Gruppe denken. Lächerliches Geschwätz, wie sich Wallraff, Steffen, Bremer... gegen den Terror der Gruppe wenden. Der Sohn der Arbeiterfamilie, der sagt, Klasse, wenn sie unsere Schule mal in die Luft sprengen würden, dann hätten wir lange schulfrei... In den Tagen der Hatz sind wir mit dem Betriebsrat Karst verabredet, in der Firma H. Als wir ankommen vor dem Betrieb, dürfen wir nicht rein. Wegen der Bombengeschichten dürfen keine Betriebsfremden rein. Die Kollegen müßten bei Arbeitsbeginn und bei Arbeitsschluß die Ausweise vorzeigen, kaum daß einige murrten. Ja, er, Karst, müsse in den nächsten Tagen zu einem IG-Metall-Kongreß, und ihm grause schon davor, am liebsten wollte er im Fahrstuhl eine Bombe hochgehen lassen, im Fahrstuhl, damit niemand zu Schaden komme, aber um die da oben, diesmal meinte er die da oben in der Gewerkschaft, um die da oben mal aufzuschrecken. Aber er wisse auch, daß das alles politisch schädlich sei. So wie du redest, sagt er zu mir, paß auf, daß aus dir keine Meinhof wird. Ich weiß nicht, ob für dich eine Integration dieser Art noch möglich ist, eher würde ich Mörderin, Hure oder Bombenlegerin. Sie wehren nur ab, weil sie selbst gern Bomben legen würden. Wie ich früher Stachel, diesen lieben Sozialdemokraten, erschreckt habe, als ich die Methoden in Brechts »Die Maßnahme« wunderbar fand, ganz sorgenvoll wurde sein Gesicht. Ich könnte Flick mit eigenen Händen aufhängen, sagte ich, ich dachte dabei an irgendwelche aufgehängten Ausbeuter in der »Mutter Courage«. Aber dann kam das Kind, und ich hätte jetzt keine Lust mehr zu solchen Sachen. Eine andere Art von Gewalt. Trotzdem: dieser schöne Spruch »Macht kaputt, was euch kaputt macht.« Aber wo sollte man denn da anfangen, sagt Jutta. Für solche Sätze liebe ich dich, sagt Z. Dietger fragt, was für »politische Aktivitäten« ich in Rehringhausen vorhabe. Ich bin erstaunt. Ist der Plan, eine Gruppe mit Ärzten, Psychiatern, Schriftstellern, Bauern ... aufzubauen, die gemeinsam nach den Ursachen der Krankheiten forschen und die Patienten als ganze, nicht als Wesen mit Kopf, als Wesen mit Beinen, als Wesen mit Geschlechtsteilen, als Wesen mit einer Psyche, als essende Wesen ... behandeln ... ist dieser Plan »unpolitisch«? »Jeder mit internen Leiden sich beschäftigende Specialist ist ein niederschießenswerter Herr, Organismen lassen sich nicht teilen, ohne irgendwie zerstört zu werden. Habe ich ein zu großes Stück Kohle und kann es nicht durch die Ofentüre bringen, dann ist es sehr praktisch, wenn ich es zerschlage. Wenn ich aber durch eine für mich zu enge Tür gehen soll, dann wird es gar nicht praktisch sein, wenn ich mich zu diesem Zweck halbiere.« Werden wir denn nicht immerzu halbiert, werden wir denn nicht immerzu nicht anders als die Kohle behandelt, frage ich Dietger. Ist das keine politische Frage, frage ich Dietger. Und ist nicht schon ein Arzt, ein einziger Arzt, der diese Frage stellt, ein politischer Arzt, frage ich Dietger. Und dann erst eine Gruppe, und dann erst viele gemeinsam, ist das nicht politisch, frage ich Dietger. Und dann komme ich noch mit mehr Zitaten als Waffen, denn wozu sind die Sätze aus den Büchern da, wenn nicht, um damit zu kämpfen? Lies doch mal deinen marxistischen Bernal, sage ich zu Dietger. Lies doch mal seine Geschichte der Wissenschaft. Lies doch mal, was er über den Boden schreibt, lies doch mal, daß Radieschen was mit Politik zu tun haben. »So ist der Boden, die Basis alles pflanzlichen Lebens auf dem Lande, ein der Biologie größtenteils noch unbekanntes Gebiet, obwohl er vielleicht mehr Lebewesen enthält, als auf der Erdoberfläche vorkommen. Bis vor kurzem war die Bodenkunde im wesentlichen eine beschreibende und zum großen Teil anorganische Wissenschaft, die auf Geologie und Mineralogie beruhte. Erst jetzt beginnen wir uns langsam darüber klar zu werden, daß der Boden selbst ein ganzer Komplex von Organismen ist, von denen keiner geändert werden kann, ohne daß alle übrigen betroffen werden. Die Welt kann sich keine Zeit mehr leisten, in der

der Bauer zwar schwer arbeitete, aber Analphabet war und die Wissenschaft nicht begreifen konnte. Es dürfte klar sein, daß der Arbeiter und der Wissenschaftler in der Landwirtschaft, es kann sich dabei um ein und dieselbe Person handeln, ein breiteres und tieferes Verständnis der Wissenschaft haben müssen, als in jedem anderen Zweig menschlicher Tätigkeit gefordert wird.« Statt uns also zufriedenzugeben, unser ganzes Leben lang mit Reagenzgläsern rumzufuchteln und irgendeinen winzigen Virus zu erforschen, sollen wir... sagt Dietger. Das ist doch keine Alternative, sage ich zu Dietger. Aber könntest du dein ganzes Leben Leichen sezieren und dir schon einbilden, etwas über die Lebenden zu wissen, wo du doch nur etwas über die Leichen weißt. Wenn das Reden schon so schwer ist, wie schwer ist erst das Tun. Dietger fragt, was für »politische Aktivitäten« ich in Rehringhausen vorhabe. Ich bin erstaunt. Professor M. sagt selbstsicher, Liebe hat doch nichts mit Politik zu tun. Was hat das mit Politik zu tun, wenn Sie Ihren Mann küssen? Politik ist der Abschnitt »Politik und Zeitgeschehen«. Kästchendenken. Da fragt man Ärzte auf der »Helgoland« in Südvietnam, ob sie ihre Arbeit als politische verstehen, und sie sagen »nein«. Politik ist nur, wenn man mit roten Fahnen durch die Straßen marschiert oder wenn man den Jusos beitritt oder wenn einer eine Wahlrede hält oder wenn die CDU ein Mißtrauensvotum stellt.

So müde und solche Sehnsucht. Kann nicht mehr richtig denken. In den Arm nehmen, in meine Arme nehmen und stundenlang küssen. Nächte. Natürlich denke ich die ganze Zeit an dich. Ich habe nur abgewehrt, als du sagtest: »Du denkst die ganze Zeit an nichts anderes als an mich.« Schmerzhaft: was ist »Arbeitsökonomie«? ... Was ist das für eine Arbeitsökonomie. Arbeitsökonomie. Wenn man dem Kapitalismus wirklich in die Fresse schlagen könnte, seiner Arbeitsökonomie, ja »das wäre eine Schau« (würde Burkhard, mein Bruder, sagen), ich könnte das gut: in die Fresse schlagen. Mann, das könnte ich, wenn man es könnte. »Mit der wilden Frische von Limonen...« Vielleicht kann man es? Kornblumen, was sind Kornblumen? Blau sind sie. Sie riechen. Wonach? Riech doch dran. Geh einfach zwischen den Feldern entlang, solange es noch Felder gibt. Hasse die BASF-Tüten, die am Rande der Felder liegen, und die, die den Inhalt herstellen. Ich wär fast durchgedreht heut, ging mit H. zwischen den Feldern entlang, Mittagshitze, keine »schattenspendenden« Bäume, diese kahlen Felder, diese ausgedörrten Böden, ja sollen wir etwa Wälder um jedes Feld pflanzen, damit der Boden feucht bleibt, ja warum denn nicht, was ist hier nicht alles möglich, und das soll nicht möglich sein, das Gute soll nie möglich sein, denke an Camus' »Etranger«, der in der Hitze einen Mord begeht. Geh vor, ich dreh durch, sage ich zu H. Warum jagst du mich zwischen den Feldern durch? Ja, Camus war auch ein Aufsteiger. Lucien Camus, Landarbeiter, der eine Magd spanischer Abkunft geheiratet hatte... Camus' Stücke werden oft bei den Ruhrfestspielen gespielt, denke ich ganz flüchtig. Ich stecke mir Kornblumen hinter die Ohren. Ich steckte Z. Kirschenpaare hinter die Ohren. Wir klauen Kirschen von Kirschbäumen, die ihre Zweige nach der Straße ausstrecken. Bei Z. warf ich Kirschkerne auf den Boden und sagte immer zu Jakob: jetzt werfe ich »Kirschsterne« auf den Boden. »Ich verlange in allem Leben, Möglichkeit des Daseins, dann ists gut.« Der schreibende Arbeiter Herbert Friedmann schreibt in seinem Gedicht »Frierende Vögel«: »auch in vietnam wird gebumst«. Kennen die Kommunisten denn den Satz von Lenz nicht? Mögen sie keine Kornblumen? Schreckliche Bilder von Beinstümpfen, geschwürigen Bäuchen, schreiende Menschenbündel, vietnamesische Kriegsopfer, ein Arzt auf der »Helgoland« spricht von Patientengut«, im Fernsehen am 22. Juni. Kriege ich keine Schuldgefühle, wenn ich an Kornblumen rieche? Nein. Nein. Bin *ich* denn weniger verletzt? Kinderarbeit, achtzehn Stunden Fabrikschufterei, Auspeitschen, Arbeiterstuben mit zehn halbverhungerten Kindern, das ist so sichtbar, ein völlig verfaulter Apfel, und ein »rotbäckiger Apfel«, der innen ganz und gar verfault ist, und ein Apfel, dem nicht mal innen das Verfaulte anzusehen ist, *sehe* ich denn DDT mit dem bloßen Auge, *sehe* ich denn das neue Leiden mit dem bloßen Auge, was ist das für ein Leiden, das keiner mit dem bloßen Auge sieht? H. und ich streiten. H. sagt, seine Schwester Magdalene, Näherin, sei mehr ausgebeutet als ich, seine Schwester Magdalene leide mehr als ich. Ich will gar keine Rechnung aufmachen: wer sein Leiden auch noch bewußt wahrnimmt... Woher weiß ich denn, daß Magdalene ihr Leiden nicht wahrnimmt? Ich wehre mich und sage: ich leide genauso wie Magdalene, vielleicht mehr als sie. H. ist darüber erbost.

23. Juni. Halb vier morgens. Gestern nachmittag eine große Sanftheit zwischen H. und mir. Ich hasse ihn

nicht. Ich fühle die Kraft, jetzt nur noch sanft zu sein. Wenn er aggressiv ist, muß ich sanft sein, dann wird er mich auch nicht mehr schlagen. Wir reden stundenlang zusammen. Wenn H. in Lemgo ist, werden wir uns schreiben. H. schreibt jetzt oft stundenlang, er befreit sich durch das Schreiben. Er sagt, als ich dich im letzten Monat immer stundenlang schreiben sah, dachte ich mir, was muß die alles fühlen und denken, da kam ich mir ganz klein vor. In fast jedem seiner Sätze das versteckte Eingeständnis seiner Minderwertigkeit. Mann, was ist das für eine Drecksgesellschaft, die denen von unten einsoufliert, daß sie ganz klein sind. Eine große Sanftheit. Sarah hat sich das Zahnfleisch aufgeschlagen. Vorgarten nennt sich das, und Rasen nennt sich das, lauter Steine und Stufen, abgezirkelt, und das Kind schlägt sich auf den Steinen das Zahnfleisch auf. Ein Zahn im oberen Kiefer ist lose. H. geht mit Sarah zum Zahnarzt, der soll irgendetwas tun, damit der Zahn wieder festwächst. Nach dem letzten Telefongespräch mit Z. bekomme ich Angst. Jetzt kriege ich ein Kind, und niemand ist da, der sich um mich sorgt. »In mir habt ihr einen, auf den könnt ihr nicht bauen.« Ich liege da und will mit Z. sprechen, aber ich habe den Kassettenrekorder noch nicht gekauft für meine »Tonbandbriefe«. Der Angstzustand dauert nur kurz. Es ist gut, wenn ich allein bin, denke ich. Ja so schnell geht es nicht, daß ich das denke. Es gibt auch eine falsche Offenheit. Wenn ich H. stundenlange Telefongespräche mitanhören lasse zwischen Z. und mir. So offen wie ich war vom ersten Tag an, um nur ja nichts Bourgeoises zu tun, keinen bourgeoisen »Ehebruch«. Demonstrationen: ich bin nicht bourgeois. M. hat vor ihrem Klo einen

Riesenspiegel angebracht. Wie ich erschrocken bin über das Bild von der Moorleiche: Weibliche jugendliche Moorleiche mit abgeschnittenem Kopfhaar... und Resten des Fellumhangs... Z. erklärt mir, die Frau sei zur Strafe für Ehebruch im Moor versenkt worden. Sarah ist schön, sie ist rosig, sie kommt und küßt mich auf den Mund. H. ist ein ganzer Mensch. Walser: Literatur als Wiederherstellung des Ganzen. Wie vieldeutig dieser Satz für mich ist. Wenn Elias da ist, will ich, daß er Elias Z. heißt. *Verbunden* durch Liebe. Ich frage den Rechtsanwalt, ob ein »uneheliches« Kind den Namen seines Vaters tragen kann. Der Rechtsanwalt sucht in seinen Gesetzbüchern, findet aber keinen Paragraphen für diesen »Fall«. Er lächelt lustig und verspricht mir, den »Fall« nachzuprüfen. Das interessiere ihn auch sehr. Solch ein Wunsch sei ungewöhnlich. Ob der Vater es denn wolle. Dafür würde ich sogar einen Prozeß führen, sagt er. Elias Z., ich habe noch nie einen so schönen Namen gehört.

24. Juni. Gestern nacht Telefongespräch mit Z. Er war bei den Arbeiterfestspielen in Schwerin. Stichworte: der schreibende Arbeiter müsse erst noch entdeckt werden, damit sei er bei seinen Genossen auf Granit gestoßen, »euphorische Falschheit« der schreibenden Arbeiter in der DDR. »Kulturvoll«, diese Wörter, schrecklich, sagt Z. Ja, sage ich, kennst du die denn nicht. Ich lese die ständig in der Zeitschrift »ich schreibe«, »Zeitschrift für die Bewegung der schreibenden Arbeiter in der DDR«. »Geschlachtete Kaninchen«, »Skalps« von Begriffen, sagt Z. Leichte Übelkeit. H. hat mich wieder geschla-

gen. Von meiner Müdigkeit oder ein Zeichen der Schwangerschaft? In den nächsten Tagen muß ich wieder etwas Richtiges arbeiten. Ich verschwimme sonst in mir selber. Ich habe keinen Strich für meine Dissertation getan, sage ich zu Z. Aber du warst doch unheimlich produktiv, sagt Z. Wieviel hast du geschrieben. Ja, das Schreiben habe ich nun selbst nicht als Arbeit gewertet. Ist es eine Arbeit, wenn ich nur mich selber damit rette?

Was ich über Abtreibung geschrieben habe, reicht auf keinen Fall aus. Jutta hat es gelesen, sie hat es mehrmals gelesen, und als ich mich entschuldigte, daß ich beim Schreiben an sie gar nicht gedacht hätte, ich hab ja gut reden, ja sagt sie, du hast gut reden. Aber warum hab ich gut reden? Ich war doch auch mitten in der Ausbildung, ich hätte zehn Gründe gehabt, die ungewollte Sarah abzutreiben. Pachl sagt zu mir, als wir die erste Nummer des Werkkreis-Informationsdienstes abziehen und ich stöhne wegen der Anstrengung, laß es doch abtreiben, so wie man sagt, Mensch nimm doch eine Kopfschmerztablette. Ich wäre nicht auf die Idee gekommen. Aber ich wollte mich ja nicht loben oder als besonders mutig herausstellen. Juttas Erfahrungen kommen nach der Lektüre wieder hoch. Sie erzählt, wie der bulgarische Arzt sie getröstet hat: Ich habe schon tausende Abtreibungen gemacht, Sie können ganz beruhigt sein. Und Jutta dreht sich im Auto zweimal zu mir um: Das stell dir vor, das hat mich auch noch beruhigt. Die Embryos schmeiße man in einen Mülleimer. Jutta sagt auch, es sei ein Widerspruch, einerseits kämpften die Linken für das Recht auf Abtreibung, für Abtreibung, aber viele dieser linken Frauen könnten die Erfahrung einer Abtreibung gar nicht verkraften. Jutta hat einen ganz kaputten Unterleib. Z. sagt, das ist nur so, weil Abtreibung nicht erlaubt ist. »Für Abtreibung Todesstrafe/ das Leben ist unantastbar«, schreibt Z. Das klingt so logisch, ist so eingängig, und doch... Wer wagt denn, gegen Abtreibung zu sein, das wäre ja wirklich, als würde ich mich in einem vollen Versammlungsraum erheben und verlangen, daß alle Nichtraucher würden, Hitler war auch Nichtraucher. Und da kann man ja nur katholisch sein. Ach liebe Jutta, wir machen dich wieder heil.

Sehne mich danach, endlich eine Arbeit zu haben, der ich mich ganz hingeben kann, täglich kann ich mich ihr hingeben. Gibt es das? Wie Russell der Mathematik. So wie eine Sehnsucht nach Erlösung. Sehe junge Mädchen mit Kinderwagen, winzigen Babys drin. Muß ich auch einen Kinderwagen kaufen, wenn ich ein Baby kriege? Nein, Elias schwebt in der Luft. Könnte ich ihn nicht von Anfang an auf dem Rücken oder in einer Trage am Bauch tragen? Lächerlich, diese Kinderwagen. Am besten noch ganz mit Plastik eingehüllt, ein gläserner Sarg. Sie haben zu viele Bücher gelesen, sagt die Fürsorgerin. Ich stelle mir vor, daß Kinderkriegen mühelos wäre wie Riechen an Kornblumen, keine Krankheit, ich ginge mit meinem Baby auf dem Rücken oder an meinem Bauch in die Vorlesung oder zur Arbeit und stillte es, wenn es hungrig ist, aber sie machen alles zu einer Krankheit, sie machen alles zu einer Angst, und soll ich das Baby in verräucherten Rauchräumen stillen? Vielleicht weiß man nicht mit Babys umzugehen, daß sie immer schreien? Hab mir vorgenommen, bis zum 10. Juli einen Teil meines »Essays« über Christa Wolfs »Nachdenken über Christa T.« zu schreiben, für Z. Bis dahin ist es aber nicht mehr weit, und ich werde es wohl nicht schaffen. Und was nehme ich mir nicht alles vor. Was fange ich nicht alles an. Was will ich nicht alles anfangen. Ich träume immer von einer großen intellektuellen Anstrengung: so etwas in zwei Tagen und Nächten fertighaben, wo ich doch schon fast Jahre drübernachdenke. Blöder Gedanke, daß unser Gehirn, daß unser Gedächtnis, eine Rumpelkammer ist oder ein großes leeres Zimmer, in dem wir nur eine winzige Ecke bewohnen, und wir denken, wir wohnen in einem großen Saal. Wie kann ich ändern, daß mein Gehirn nur zu einem winzigen Teil genutzt ist? Das Erinnerungsvermögen und das Speichervermögen des menschlichen Gehirns seien praktisch unbegrenzt, man mache sich überhaupt noch keine Vorstellung von den möglichen Möglichkeiten des menschlichen Gehirns. Manchmal beginne ich dumme Übungen, ich lerne jeden Tag einen Text, ein Gedicht, eine Beschreibung, »auswendig«, aber ich gebe diese dummen Übungen wieder auf. Ich grüble über mein Gedächtnis nach. Manchmal passiert es mir, nein oft passiert es mir, daß ich mich in einem Satz völlig verliere, ich antworte jemand mit einer Beschreibung, und ich verliere mich in dieser Beschreibung, und dann werde ich rot, ich weiß nicht, wie ich verbergen soll, daß ich nicht mehr weiß, was vorher war und auch keine Vorstellung habe, was nachher ist, daß ich mich in dem Satz verloren habe, daß mein Gedächtnis mir durchgeht, dann denke ich an meine Oma, dann denke ich an »Oma Strauch«, die ihre Brille nimmt, neben sich legt, so daß sie von einem Gegenstand verdeckt ist, und dann eine halbe Stunde ihre Brille sucht, mehrmals am Tag, nicht nur weil sie alt ist, sage ich zu Jutta, passiert das Herrn Bloch auch, schreibt Herr Bloch auch in seinen Briefen die einfachsten Wörter, die allereinfachsten jeden Tag benutzten Wörter, in einer Rätselschrift, in einer Löschschrift, wie lange können die Arbeiter und Bauern denn lesen und schreiben, frage ich Jutta, wie lange denn, und was verlangt man von uns, sage ich zu Jutta. Und ich grüble und grüble und grüble, über mein Gedächtnis, über das kollektive Gedächtnis, über das Gedächtnis und seine sozialen Beziehungen, ich grüble. Heute morgen schnelle Wanderung durch Felder und Wald, ich komme ganz lebendig wieder. Könnte den ganzen Tag so gehen, schade daß ich nicht im Gehen lesen kann. Sage spontan zu H., das wäre ein Leben für mich, den ganzen Tag auf dem Land arbeiten oder im Wald, abends schreiben. Ein großer Bauernhof. Da siehst du, wie die Eindrücke der Kindheit auf dich wirken, ohne daß du dich an sie erinnerst. So müßte es sein. So soll es sein. So wird es sein. Sarah fühlt sich auch selig im Wald, sinkt ins tiefe Wiesengras ein und lacht. Brief von H. A. vom X-Rundfunk: ... schönen Dank für die Zusendung der Gedichte von Herbert Friedmann. Sie sind zweifellos wert, gesendet zu werden ... Wir haben eine Sendereihe unter dem Titel »Auskünfte« im Programm, in der junge Autoren sich in Lesung und Gespräch vorstellen. Vielleicht könnte Herr F. seine Gedichte selbst lesen und ... mit einem Interviewpartner, vielleicht mit Ihnen selbst, über diese Gedichte, über seinen Werdegang, über seine besondere Situation als Arbeiterschriftsteller ... disku-

tieren... Ich rufe Herbert Friedmann in »seinem«
Betrieb an, er freut sich, er ist sprachlos. Er ist jetzt den
Jusos beigetreten, aber die kümmern sich um seine
Gedichte nicht. Ich will ihn bei Wella in Darmstadt
»besuchen«, während der Arbeitszeit. Aber der Chef
wolle dann wissen, warum, und er sei noch nicht mutig
genug, er sei noch nicht »so weit«. Ich will seinen Vater
kennen, der Werkzeugmacher bei Opel ist. Schreibe Jutta, ob sie mit mir nach Helio-Carinthia fahren will, drei
Wochen nackt wandern. Hungrig nach Sonnenstrahlen.
Konnte nie Sommer genießen. Möchte mal überall
braun sein. Nicht mit Sonnenmilchen und Bräunungs-
mitteln. Nur von der Sonne. Nicht aus kosmetischen
Gründen. Im Gehen, Laufen, Wandern braun werden.
Seltsam, die Leute, die immer bekleidet herumlaufen,
fürchten, nackt, ihre erotische Empfindungsfähigkeit zu
verlieren. Benjamin: Fuchs nenne die Nacktkultur mit
Recht eine »Revolution der Beschränktheit«, der
Mensch sei erfreulicherweise kein Waldtier mehr, und
die erotische Phantasie müsse eine Rolle in der Kleidung
spielen. O armer verklemmter Benjamin, dann hätten
die Schwarzen, die nackt herumliefen, ja kalt und
gefühllos sein müssen. Z. sagt, manche kommen gar
nicht hoch, wenn sie dem Weib nicht den Büstenhalter
ausziehen dürfen. Ein Mechanismus, der eingegraben ist,
diese Angst. Angst, nackt zu sein. So ähnlich die Angst
vor dem Positiven, manche sagen, wenn Sozialismus sein
wird, das wird schrecklich sein, das wird langweilig sein,
»dann gibt es keine Probleme mehr«. Sie können sich
nicht vorstellen: Leben ohne Dekoration, ohne Destruk-
tion, ohne Negation, daß man vom Positiven ausgehen
könnte. Offenheit. Diese ganzen Tricks. Warum können

wir nicht nackt sein? Herbert Friedmann sagt, er habe Angst vor der Rundfunksendung, wenn er im Betrieb vor einem Vorgesetzten stehe, bringe er auch kein Wort heraus, schon allein die stumme Existenz dieses Vorgesetzten schnüre ihn zu, erst wenn der Vorgesetzte weggegangen sei, fielen ihm viele mögliche Antworten ein, früher hat mir meine Mutter immer gesagt, sage ich zu Herbert Friedmann, ich soll mir dadurch die Angst nehmen, indem ich mir den Professor, Lehrer oder Vorgesetzten, während ich mit ihm sprechen muß, nackend vorstelle, im Unterhemd, im zu kurzen Unterhemd, aber ich weiß auch nicht, ob das hilft, vielleicht ist es heute nicht mehr so einfach, vielleicht kannst du mit dem Vorgesetzten in die Sauna gehen, und du verlierst trotzdem die Angst vor ihm nicht. Warum können wir nicht nackt sein? Hab ich mich einfach mitten im Wald ausgezogen, auf einer Lichtung, kam eine Familie vorbei, ich deckte notdürftig meinen Po zu, ich lag in der Sonne auf dem Bauch, Mensch glotzte der Kerl, und seine Frau und seine Kinder waren doch dabei, glotzte solange er glotzen konnte von weitem, mit seinen Glotzaugen. Und da am Atlantik, es schien so einsam, H. und ich legten uns nackt in die Dünen, aber da waren auf einmal überall Männer, versteckt, versuchten sie, uns zu beobachten. Vielleicht am 15. August in Helio-Carinthia. Abends. Lieber Z. Ich habe dich angerufen. Großes Glücksgefühl, deine Stimme zu hören. Kauf den versteinerten Fisch! Was sind zweihundert Mark für einen versteinerten Fisch, wenn du sie übrighast und nicht vor Hunger stirbst, wenn du sie ausgibst. Aber sieh dich vor, ich bin verschwenderisch. Wie ich um jede fünf Pfennig betteln mußte. Betteln um zwanzig Pfennig für jedes

Schulheft und für jeden Zeichenblock. Du sagst, soll ich dein orangenes Tuch aus der Sonne nehmen, es wird gebleicht, ach nein, laß es bleichen von der Sonne. Liegt es also bei dir; das schöne Tuch. Du sagst, du bist so einer wie in Brechts Gedicht, wie heißt es noch, ja »Vom armen B. B.«, »In mir habt ihr einen, auf den könnt ihr nicht bauen.« »Versehen mit jedem Sterbsakrament: Mit Zeitungen. Und Tabak. Und Branntwein.« Für einen kirchlich-katholischen Geist mag die Zeile provozierend sein, einer stirbt und liest bis zuletzt die Frankfurter Rundschau, aber das ist doch kapitalistischer Tod. Wenn Brecht wenigstens abchasischen Rotwein tränke. Bei den Scheißgenüssen kein Wunder, daß der Kerl so früh abgekratzt ist. Aber früher Tod, gerade bei Dichtern im Kapitalismus, hat ja einen erotischen Anhauch, nicht? »Er war frühvollendet.« Ich habe mir lange gewünscht, mit spätestens dreißig zu sterben. Unterwirft man sich, kommt ja auch nach dreißig nichts mehr. »In meine leeren Schaukelstühle vormittags setze ich mir mitunter ein paar Frauen. Und ich betrachte sie sorglos und sage ihnen: In mir habt ihr einen, auf den könnt ihr nicht bauen.« Brecht ist ein männlicher Imperialist: »setze ich mir mitunter ein paar Frauen.« Guck dir an, wie er von den Männern redet: »Gegen abend versammle ich um mich Männer.« Die Frauen setzt er sich in seine Schaukelstühle, wie eine Herde Kühe betrachtet er sie, eine Handvoll Frauen. Die Männer stehen aufrecht, sie sind versammelt, es wird ernst, und man sitzt nicht mehr in Schaukelstühlen. Wenn der Kerl noch lebte, ich würd ihn mir packen und ihn schütteln und ihn fragen, warum er so ein verdammt kapitalistischer männlicher Imperialist ist. Aber ich singe die Baal-Lieder so gern. Und was ist denn das für eine scheußliche Strophe: »Gibt ein Weib, sagt Baal, euch alles her, laßt es fahren, denn sie hat nicht mehr! Fürchtet Männer nicht beim Weib, die sind egal: Aber Kinder fürchtet sogar Baal...« Was ist das: ein Weib gibt *alles* her? Warum fürchtet Baal Kinder? Fürchtet Baal Kinderwagen? Fürchtet Baal den Anblick eines »trauten« schlaffen »Ehepaares« mit Kinderwagen, durch die Straßen schiebend am Sonntagvormittag? Ja, gut, das ist gut. Aber warum fürchtet Baal Kinder? Und warum sagt man nicht, gibt ein Mann, sagt Baal, euch alles her... Arme Frauen. Gibt es vielleicht keine anderen Frauen als die Brechtschen und Zwerenzschen? Warum lassen sich die Weiber in die leeren Schaukelstühle setzen? Warum kämpfen sie nicht? Gräßlicher Gedanke, wie die Leute heiraten. So geheiratet habe ich nicht. Es war der Philemon- und Baucis-Gedanke. Ich bin nicht nur zum Standesamt gegangen, weil eine unverheiratete Frau bei uns nichts wert ist, man würde sie bis zum Tode »Fräulein« nennen, das ist Gewohnheit, nennt man die Männer denn auch »Herrlein« oder »Männlein«, wenn sie keinen Ring tragen? Warum heiraten, wenn ich liebe? Sehen, küssen, hören, sprechen... aber warum heiraten? Leben. Der starke Wunsch, etwas zu tun, ein Werk zu schaffen... nicht »nur« einen Baum pflanzen und Kinder zeugen. Ich wollte ein Buch schreiben mit den aufmüpfigsten Gedanken, Wahrnehmungen, Mitteilungen, Formen, *während* ich schwanger bin. Wann werden wir soweit sein, ich meine die Frauen, alle, nicht nur einige Intellektuelle aus den bürgerlichen Kreisen? Ich sehe gar nicht ein, warum uns die Schwangerschaft genügen soll. Es wundert mich, daß die Frauen nicht die

»großen Erfinder«, Politiker, Philosophen und Dichter sind. Aber es braucht mich nicht zu wundern, ich weiß.

Gestern ein Trivialfilm im Fernsehen. »Dr. med. Marcus Welby. Schimmer der Hoffnung.« Solche Trivialfilme über die Medizin kommen jetzt öfters. Ein amerikanischer Junge erkrankt an Leukämie und wird durch neuartige Pharmazeutika geheilt. Verlogenheit. Der Glaube an die allmächtige Chemie soll gestärkt werden. Die Kranken sollen ge-vertröstet werden. Wie solche Filme, winzige Dosen Gift in langen Zeiträumen, die Revolution verhindern. Nette Geschichten. Fragentötende Geschichten. Wuttötende Geschichten. Der Arzt als sich aufopfernder Retter. Kafka an Felice: »die Überzeugung von der Fluchwürdigkeit der heutigen Medicin«. Mag sein, daß ich eines Tages wirklich mit schreibenden Patienten arbeite. Da ist eine Idee, und es dauert zehn Jahre, bis sie zur Tat wird. Bestseller über Krankheit, zum Beispiel Thorwalds »Die Patienten«. Die Krankenhausmauern sind so dick wie Kasernen- und Fabrikmauern. In den Fabriken sehe ich Profit und Entfremdung auch nicht als häßliche Weiber durch die Hallen laufen. Welche nichtsichtbaren häßlichen Weiber laufen in den Krankenhäusern rum? Die Geschichte der Patienten ist nicht geschrieben, lese ich in einer Medizingeschichte. Das ist ja auch nun wahrlich der unwichtigste Teil, nicht? Die Geschichte der Arbeiter, die Geschichte der Frauen, die Geschichte der Schwarzen, die Geschichte der Kinder, die Geschichte des Volkes... Überlege, ob ich mit einem Kassettenrekorder zu G. gehen soll, dieser Frau »ohne Uterus«, sie sagt traurig bei meinem Besuch nach ihrer Operation, »jetzt bin ich eine Frau ohne

Uterus«. Aber das sind jetzt halbe Sachen. Ich brauche eine Ausbildung. Und ich brauche den Mut, um diese Ausbildung zu beginnen. Ich muß mir den Mut, diese Ausbildung zu beginnen, anschreiben. Sich Mut antrinken. Sich Mut ansaufen. Sich Mut anschreiben. Mitscherlich schreibt, Medizin ohne Phantasie sei »Veterinärmedizin« (immer die Degradierung der Tiere). Psychiatrische Kliniken experimentieren mit Schreib- und Malversuchen der Kranken, aus den Schreib- und Malversuchen der Kranken soll man so viel erfahren über die Kranken wie durch keine andere Methode. Mann was ist das Schreiben doch für eine Macht. Könnte es sein. Da sagt ein Arzt, Vorsorge sei die »Entfernung des Tumors, ehe er eigentlich ein Tumor ist.« Und keinem fällt auf, was das für eine Unmenschlichkeit ist. Wenn man schriebe, müßte man genau hinhören. Wenn man schriebe, könnte man sich gegen solche Sätze wehren. »Die große Kraft: gesunde Motoren. Der Stoff.« Auf einer Säule an einer Tankstelle. Ein »Opel-Diagnose-Zentrum« und ein Menschen-»Diagnose-Zentrum«. Wolfgang Apitzsch lacht, wenn ich ein Gebiß habe, brauche ich mir nie mehr die Zähne zu putzen, die Sorge bin ich dann los. H. liest mir vor, daß beim Verlust der Zähne der Fluor, der in den natürlichen Zähnen abgebaut wird, sich im Körper ablagert, wenn die Zähne verloren sind. Schwierige Zusammenhänge. Ich muß mir Mut anschreiben, mich damit einzulassen. Die Journalisten haben nicht eingegriffen, als der Arzt auf der »Helgoland« von »Patientengut« redete. Wie ich mich tagelang errege über den Satz »Er hatte Glück, und noch einmal gelang es P., einer erneuten Verhaftung zu entkommen, er starb an Krebs, vielleicht sogar im eigenen

Bett oder im Krankenhaus, auch das gehört zum normalen Leben und bedeutet infolgedessen Glück.« Ich sage zu Frau D., die Medizin hat doch noch viel stärker als andere Wissenschaften in den Händen der herrschenden Klasse gelegen, jahrhundertelang, die Medizin ist so eine richtige Inzestwissenschaft der herrschenden Klasse, und ich soll mich daran trauen, ich will Ärztin werden, ich will Psychiater werden, ich will mich darein trauen, ich will? Ach was, sagt Frau D., das stimmt ja nicht, was Sie sagen. Und dann immer diese utopischen Vorstellungen. Und dann immer diese aufgeschnappten Sätze, diese faszinierenden aufgeschnappten Sätze: »In der griechischen Kultur arbeiteten der Athlet, der Künstler und der Arzt eng zusammen, was unter anderem dazu führte, daß sich die Heilkunde mehr mit der Gesundheit als mit den Krankheiten beschäftigte.« Könnte ich also Ärztin sein, könnte ich Psychiater sein, und gleichzeitig Schriftstellerin, und alles könnte sich gegenseitig beeinflussen, aufeinander einwirken, ich schriebe und würde den Patienten zum Schreiben helfen?

Jetzt schlafe ich ruhiger. Ich will mir vorstellen, wie du den versteinerten Fisch kaufst. Wie du ihn mir zeigst: die beiden Hälften des Fischs der aufgeschlagen vor mir liegt aufgeschlagener Stein und wie ein aufgeschlagenes Buch so daß er sich selbst anguckt sein Negativ guckt sein Positiv an sie schwimmen aufeinander zu und berühren sich fast mit ihrem schnabelförmigen Maul es ist so etwas Hechtartiges ein Raubfisch muß das gewesen sein den mußt du unbedingt sehen wenn du hierher kommst oder wenn ich zu dir komme bring ich ihn mit damit du ihn angucken kannst der Fisch übrigens ist in seinen umhüllenden Stein eingeschlossen wie ein Apfel in den Apfelstrudel oder wie irgendwelche Früchte die man in einem Pfannkuchen bäckt er ist eingebacken ein Sandgebäck Steingebäck ein Brot er ist brotförmig... Träume, wie wir in den Gräserwiesen so hoch sind sie jetzt, daß man sich schneidet, wenn man hindurchgeht, verborgen sind und uns umarmen, daß es warm ist und still. »Ihr Brautbett sollte aus Heidekraut sein.« Einen Tag lang in den hohen Wiesen liegen und Gräser ansehen. Seltsam, diese Natur hier hat nichts Bourgeoises an sich. Wer degradiert die Blumen, indem er »Blümchen-lyrik« schreibt und sagt? Becker könne stundenlang ein Weizenfeld ansehen, er könne sich stundenlang in den Anblick dieses Weizenfeldes versenken, lese ich, ich gebe den Artikel H. zu lesen, H. wird wütend, dieser Schrift-stellerkerl kann sich das leisten, sagt H., was heißt hier leisten, sage ich zu H., warum können sich das denn alle anderen nicht leisten? Lesenkönnen und gleichzeitig »mehr sehen, als sich sagen lassen«. Lesenkönnen wie ein Scheunendrescher, »du ißt ja heute wieder wie ein Scheunendrescher«, sagt Papa. Wenn ich das könnte. Wenn ich das kann. Der Brief an Jutta ist abstrakt und hochgestochen. Jutta stimmt mir zu. Aber Jutta weiß noch nicht, was sie will. Auch sie hat »Nachdenken über Christa T.« mehrmals gelesen. Vielleicht können wir damit beginnen.

Das Pferd ist genauso erschrocken so wie du. Nachts im Regen durch den Wald. Bist du schon mal nackt durch Regen gelaufen? Du wirst ganz warm dabei. Ich werde ganz warm dabei. Wie an dem Kachelofen in Schlagtow. An einer Koppel vorbei, ein Pferd galoppiert auf mich zu, will über den Zaun aus der Koppel springen. Ach nein, das Pferd ist genauso erschrocken so wie du. Wie mein Vater das Wort »Koppel« spricht. Träume in der Kindheit. Alpträume von galoppierenden Pferden auf engen Wegen in engen Schluchten. Von Wölfen. Z.s Angst vor dem Hund. Die Angst vor dem Hund ist die Angst vor den Wölfen. Woher die Angst? Der Regen ist auch einfach da, einfach da. Es hört auf zu regnen. Es wird wieder regnen. Es regnet. Ist der Regen treu? Gesicht und Haare mit Regen. Wir müßten endlich den Artikel über die Bruker-Ernährung für das »Argument« schreiben, sage ich zu H. Aber ich fühle mich unfähig, ihn zu schreiben. Ich kann nicht wissenschaftlich schreiben. Ich auch nicht, sagt H. Ich kann nicht aus dem Vollen schöpfen. Während ich ein Buch lese, mache ich, während des Lesens, die schönsten Entdeckungen. Die tollsten Erkenntnisse gehen mir auf, und ich nehme den Bleistift und streiche dick an, aber nach dem Ende des Lesens weiß ich nichts mehr, gar nichts mehr. Nur noch ein unklares allgemeines Gefühl des Ganzen. Bleibt zurück. Wie ich einmal auf dem Gymnasium, »auf der Hohen Schule«, sagen meine Eltern, einen Test mitmachen mußte, Begriffe, abstrakte Begriffe, sollten definiert werden, und ich hatte keine Ahnung. Und eine englische Nacherzählung war ein Tappen im Dunkeln. Ja, ich erinnere mich, einmal kam ich nachts von Oerlinghausen mit dem Fahrrad, von einer Schulfreundin, zurück, es war vollkommen dunkel, dazu neblig, ich konnte nichts mehr sehen, nichts, absolut nichts, wenn du die Hände vor die Augen hälst, was du dann siehst, das bist du und das hast du, ich orientierte mich an einem schmalen Streifen Licht, das oben zwischen den Baumreihen der Straße, die mitten durch den Wald führte, durchblinkte, da fuhr ich, trampelnd und gukkend nach diesem Streifen, am Fahrrad war mal wieder meine Lampe kaputt. Da fuhr ich. Will morgen versuchen, über Christa Wolf zu schreiben. »Essay«? Was ist das für eine Form? Was der Habermas schreibt, sage ich zu Jutta, ist alles Betrug, des Kaisers neue Kleider, das soll uns abschrecken, sage ich zu Jutta, Jutta, hoffnungsvoll, das Gefühl hatte ich auch schon, aber vielleicht verstehen wir diese schwere Begrifflichkeit nur nicht, weil wir nicht in seinen Kreisen sind, vielleicht sagt er das meiste in seinen Kreisen, während er sich auf Empfängen aufhält, wenn er telefoniert, und die Kreise wissen, was er meint mit seiner Begrifflichkeit, eine dumme Erklärung, sage ich zu Jutta, aber warum ist diese schwere Begrifflichkeit für uns nicht faßbar, Jutta, was sind das für Bücher, Jutta?

Sich nicht selbst zensieren. Sich nicht zensieren lassen. Es scheine nicht gut zu sein und dem Schöpfungswerk der Seele nachteilig zu sein, wenn der Verstand die zuströmenden Ideen gleichsam an den Toren schon, zu scharf mustere. Eine Idee könne, isoliert betrachtet, sehr unbeträchtlich und sehr abenteuerlich sein, aber vielleicht werde sie durch eine, die nach ihr komme, wichtig... Alles das könne der Verstand nicht beurteilen, wenn er sie nicht so lange festhalte, bis er sie in Verbindung mit diesen anderen angeschaut habe. Bei einem schöpferischen Kopfe habe der Verstand seine Wache vor den Toren zurückgezogen, die Ideen stürzten pêle-mêle herein, und alsdann übersehe und mustere er den großen Haufen. Ja nun, würden meine kommunistischen

Genossen sagen, das kommt ja auch aus dem deutschen Idealismus. H. fragt mich, wie er »schreibend seinen Reflexionsprozeß vertiefen kann« (wie pathetisch das klingt), und ich antworte ihm damit. Eine Idee ist eine unendliche Reihe von Sätzen. Weiß nicht, was der Satz von Novalis im Kontext heißt. Bezieht er sich auf die unendliche Reihe der Zahlen? Die eins ist da, auch wenn ich gerade hundertacht zähle. Kann ich mich selbst beobachten und beschreiben, ohne meine Beschreibung zu zensieren? Kann ich meinen Haß beschreiben? Hasse ich? Kann ich kleinliche Gefühle beschreiben? Sich selber zensieren, heißt sich selber kastrieren. Die Widersprüche ohne Angst offenlegen. Aber die Angst vor der Reduktion durch die anderen: das bist also du, dieser kleinliche Mensch? Die Angst vor ihrer Geduldlosigkeit. Sie wollen mich festnageln. Sie geben mir keine Chance. Sie brauchen ein Etikett. Sie brauchen eine Marke. Sie brauchen ein Markensiegel. Und ich brauche ein Image. Ich soll ein Image haben. Ich soll spuren. Sie geben mir keine Chance. Eine Idee ist eine unendliche Reihe von Sätzen. Ein Mensch ist eine unendliche Reihe von... Der Widerspruch muß in dem Buch selbst drin sein, und der Widerspruch muß aus dem Buch herausspringen, und der Widerspruch muß die Leute in Aufruhr bringen, und der Widerspruch der Leute muß mit dem Widerspruch im Buch zusammenprallen, ein trauriges Buch erzeugt nicht unbedingt Traurigkeit, und ein positiver Held erzeugt nicht unbedingt positive Handlungen, erzeugt nicht unbedingt überhaupt Handlungen, ein Gleiches erzeugt nicht sein Gleiches, habe ich zu Z. gesagt. Ist das Dialektik? Wann soll ich denn das alles studieren? Ich muß doch hundertfünfzig Jahre alt werden, ich muß. Ich freue mich auf die Rundfunksendung mit Herbert Friedmann. Ich mache sowas zum ersten Mal. Eine halbstündige Rundfunksendung. Z. würde über meine Freude lachen. So eine kleine Sache. Diese Massen von »Dichtern«, die er kennt. Diese Massen von Literatur, die er kennt. Diese Unmengen von Sendungen, die er schon mitgemacht hat. Und ich freue mich über diese Kleinigkeit. Jetzt ist H. wieder eingefroren. Seit ich wieder das erste Mal mit Z. am Telefon gesprochen habe, ist er eingefroren. Die Zeit meiner ersten Schwangerschaft war schlimm. H. hat als ADF-Funktionär fünfzehn Stunden am Tag im Wahlkampf oder im Büro gearbeitet. Unter völliger Ausschaltung der Subjektivität. Ich habe gelitten. Man solle von sich selber absehen. Und H. sah von sich selber ab. H. sah auch von mir ab. Wenn dich ein Mann in den Bauch tritt, wo ein Kind drin ist, du behälst es. H. unterdrückt mich mit Sätzen. Ich kann die Unterdrückung nicht fassen. Er ist immer noch infiziert vom Abscheu vor der Subjektivität. Unter Ausschaltung aller Subjektivität solle man aufopferungsvoll für die Revolution arbeiten. Er unterdrückt mich durch Sätze. Und ich kann die Unterdrückung nicht fassen. Jetzt wirft er mich auf den Boden und schlägt mich. Haut meinen Kopf gegen die Wand, schlägt mir auf die Nase. Alles in der größten Aggressivität. Nachher bittet er um Verzeihung für das Schlagen und sagt, ich solle ihm vertrauen. Legt den Arm um mich und will meine Hand küssen. Ich glaube zu erkennen, warum es dieses schändliche Kritik-Selbstkritik-Prinzip bei den Kommunisten gibt, keine Kritik und keine Selbstkritik, es sind Arbeiter, die sich so minderwertig fühlen, denen ihre Minderwertigkeit jahre- und jahrhundertelang einsouffliert worden ist, daß sie keine Kritik und keine Selbstkritik vertragen können, sie fürchten, ganz zu zerfallen, in Staub, in ein Nichts-Nichts, wenn sie sich wirklicher Kritik stellen, wenn sie sich wirklicher Selbstkritik stellen, wenn sie Kritik und Selbstkritik zulassen, und H. ist ein Arbeitersohn, und die Kämpfe zwischen H. und mir, diese achtjährigen »asozialen« Kämpfe, sind die Folgen dieser jahrzehnte- und jahrhundertelang den Arbeitern und Arbeiterkindern einsoufflierten Minderwertigkeit. Mißbrauche ich H.? Ach jetzt schlafe ich. Daß die Arbeiter nicht schon Revolution machen, weil sie nie ausschlafen können. Gleitende Arbeitszeit? Und dann gibt es noch Kaffee, dann gibt es noch Zigaretten, dann gibt es noch Wachhalter. Und ich frage mich, warum die Arbeiter nicht schon die Revolution machen, weil sie nie ausschlafen können.

25. Juni. Bin im Traum ohne Führerschein mit einem DKP-Wahl-Bus durch die Lande gefahren. Wie oft sind H. und ich schon mit solch einem Bus umgezogen. Ich bin nach Haltern zur IG-Bergbau-Schule gefahren. Plötzlich war ich genau in der entgegengesetzten Richtung. Ich wollte Frauen und Kinder nach dem Weg fragen. Ich fuhr dann schon wieder weg von Haltern. Es vermischte sich alles. Als ich die Frauen nach dem Weg fragen wollte, hatte ich den Namen der Stadt vergessen. Völliger Gedächtnisverlust. Siehst du, sagte ich zu mir selbst, das hast du immer schon erwartet. Bei Weimar müßte die Stadt liegen, kam mir ein. Weimar? Wo Z. aufgewachsen ist. Mir fiel auch »Haltern« wieder ein. Die Frauen erklärten, wo es langging. Die Frauen stan-

den nebem dem Wagen, ich wartete, daß ich auf die Straße kam, Autos rasen vorbei, ich bin ja nie in meinem Leben gefahren, eine Frau, ich denke, es ist Z.s Kindermädchen Leni, von der er erzählt hat, berichtet von einem schrecklichen Autounfall, ein Mann hatte sich totgefahren genau auf der gegenüberliegenden Straße. Aber ich hatte keine Zeit mehr zuzuhören. Ich mußte weiter. Ich hatte ein Boot dabei mit langen Paddeln. Die Paddeln waren wohl ins Große verzerrt die Löffel, das Salatbesteck aus Holz, es ist riesig, das ich in Haltern von meinen fünfzig Mark Honorar für das Referat »Ästhetik der Arbeiterliteratur« gekauft hatte. Als ich über die Straße fuhr, dachte ich voll Angst, hoffentlich erwischt mich die Polizei nicht.

Im Wald wird ein Reitstall gebaut. Man hat eine Lichtung für den Bau geschlagen. Im Dunkeln streiche ich mit den Füßen über den Beton, der den Waldboden übergossen hat, weicher Waldboden, und wozu braucht man einen Reitstall zum Reiten, wenn ich die Laffen da sonntags schon reiten sehe, ihren schwerfälligen Reitlehrer in der Mitte, die Pferde mit den Peitschen in Schach haltend, nicht mal ohne Peitsche kommen sie aus, sie fürchten jede unkontrollierte Regung. Erinnere mich an eine Fernsehsendung über Hesse, in der ein Satz von ihm zitiert wurde, wir sollten die Asphaltstraßen und den Beton aufreißen, damit der Boden wieder atmen könne. Ich höre, die Welt könne eine weltweite City werden, und mir graut davor, und dies ist ein politischer Wunsch, man solle die Asphaltstraßen aufreißen und den Beton, B. sagt, aber Asphaltstraßen sind doch sehr nützlich, sind Sie nicht antizivilisatorisch, und ich sage,

Menschenzeitalter, und sie sagen, Atomzeitalter, und ich sage, Menschenzeitalter, und sie sagen, Betonzeitalter, und die Rechten sind die fuchsschlausten Demagogen, »Mehr Grün – statt mehr Beton«, Z. hat sich einen roten Stift gekauft, Z. will über »Grün« »Schwarz« schreiben, mit roter Schrift, und die Rechten sind die fuchsschlausten Demagogen, ein Demagoge ist eine Person, die die allergeheimsten Wünsche der Mehrheit der Menschen errät und doch diese allergeheimsten Wünsche nie zu erfüllen auch nur einen klitzekleinen Schritt tut, und sonntags fahren sie ins Grüne, und sie reißen den Beton nicht auf, und sie bestaunen die hochschießenden Betonhäuser, da oben möchte ich wohnen, im siebzehnten Stock, und ich höre, die Welt werde eine weltweite City, und mir graut davor, und was kann ich tun? Bin ich mehr ein Sinn-Mensch als ein Hirn-Mensch? Warum schließt es sich aus, Hirn-Mensch *und* Sinn-Mensch zu sein? Schließt es sich aus? Ist es kein sinnlicher Akt, »Kopf und Bauch« und »Die Gallistl'sche Krankheit« zu lesen? Und die »Ästhetische Theorie«? Kann ich ein Buch riechen wie Kalmus? Es durch die Haut einatmen wie Luft? Heute morgen schnelle Wanderung über Berge. Außer Atem kommen. Zu Atem kommen. Vier Stunden. Im Gehen Widerstände überwinden. Wenn das alles glückte, sage ich zu H. Der Hof und das Schreiben. Zwanzig Jahre krank sein und krankseinwollen, weil man denkt, Kranksein ist Genialsein und Außergewöhnlichsein. Jetzt gesundseinwollen. Schlaf, so viel Schlaf. Das magische Wort »Heilschlaf«. »Dann reibt sie ihre Augen so heftig, daß sie laut quietschen.« H. sagt zu Sarah, die auf dem Wickeltisch liegt, sagt zu Sarah, die er zum Nachmittagsschlaf ins Bett legt: deine Augen quietschen ja schon. Dann reibe ich meine Augen, daß sie quietschen. Der Körper, der träge nicht will. Warum schreibt Z. nicht über seinen Vater? Prosa. Epigramme sind zu kurz, um über seinen Vater zu schreiben. Ich will fünfhundert Seiten über seinen Vater lesen. Jede Einzelheit seines Bewußtseins kennen. *Um Z. erkennen zu können.*

26. Juni. Die Zunge lose hängen lassen. Das Haar lose lassen und allein durch den Wald gehen. Mein Haar ist im grünen Wald im grünen Gras grün. Das grüne Gras zwischen den Stämmen wird gelb, wenn die Sonne, Morgensonne, halb fünf, durch die Stämme leuchtet. Grünes Haar und gelbes Gras. Sinnlos/sinnvoll/Sinn-Tier/ Sinn-Sucher/ finde ich nur Sinn/ in meinen Sinnen/ von Sinnen/ bei Sinnen. Ein Nachmittag. Melancholie. Im Garten liegen und den Vogelschwärmen nachsehen. Z. kennt jeden Vogel, den er fliegen sieht. Ich nicht. Ich bin ein gefangener Wal. Ich bin ein gefangener Wal. Im Kreis schwimmt der einjährige Grauwal vor der kalifornischen Küste, er ist offenbar unfähig, ein für ihn wahrscheinlich tödliches Problem zu lösen, denn er wuchs in einem Aquarium auf und wurde nun im Ozean ausgesetzt, das Tier hat nicht die geringste Chance, sagt der Meeresbiologe Walker, der Wal war im Alter von sieben Wochen gefangen und in einem Großaquarium in San Diego aufgezogen worden, aber auch Walbabys wachsen, in einem Jahr erreichte der Wal ein Gewicht von zehn Tonnen und eine Länge von neun Metern, der Tank wurde zu klein, man entließ den Wal zehn Kilometer vor der Küste in den Pazifik, auf dem

Rücken hat er einen festgenähten Peilsender, mit dessen
Hilfe Meeresforscher ihm auf der Spur bleiben wollen,
um Erkenntnisse über die Wanderungen der Grauwale
zu gewinnen, aber der Wal will sich den in die Beringsee
ziehenden Genossen nicht anschließen, das Tier bewegt
sich nur im Kreis und sucht nach den Wänden seines
runden Aquariums und nach den Menschen, die regelmäßig Futter brachten. Ich habe es satt, satt, satt, meine
Herkunft und achtzehn Jahre Schulen, Volksschulen,
Gymnasien, Universitäten, Angstschulen. Deine große
Zeit kommt noch, tröstet mich H. Ich habe es satt.
Woran leide ich? Ich leide an der Gesellschaft, sage ich
spöttisch. Menschen sind wie Nahrung. Ich esse die
schönsten Gemüse und Früchte. Ein Nachmittag ohne
Menschen ist wie ein Tag nicht mal mit Wasser und
Brot, was sage ich Wasser und Brot, Quellwasser und
Vollkornbrot sind so gut wie überhaupt nichts. Acht-
zehn Jahre auf Schulen, ich bin es satt. Satt und satt und
satt. Sattsein ist doch schön? Alle diese pervertierten
Ausdrücke. Wenn ich gesättigt wäre! Aber nicht so wie
wenn man ein Pfund Konfekt frißt, aus lauter Gier und
Unzufriedenheit mit allem, und es ist einem kotzübel.
Ich weine, und H. sagt, er finde es »mutig«, daß ich ein
Kind haben will. H. macht fast alle Arbeit. Er könne
verstehen, wenn ich jetzt nicht arbeiten kann. Sarah läßt
sich nicht mehr von mir füttern. Meine Mutter sagt,
seine Mutter wird sich freuen, wenn H. mich bald
»losist«, das ist doch keine Frau für H., sie ist es nicht
gewöhnt, daß man seinem Mann die Hemden und Sok-
ken nicht bügelt und wäscht. Ich besitze nicht mal ein
Bügeleisen. Wozu auch? Sarah spürt meine Wider-
sprüchlichkeit: halb Zuneigung, halb Abneigung. M.

sagt, du bist kalt, du könntest sehr kalt sein, »Süße«, aber du könntest auch sehr kalt sein. M. sagt, du schenkst nie etwas zum Geburtstag. Was sollst du noch schenken außer fünf Tannenzapfen, einem Gedicht, Haut einer Birke, einem Stein aus zwei Teilen die ineinanderliegen und sich verbergen ein glitzerndes Geäst? Als ich Geburtstag hatte, zu Hause, als Kind zu Hause, kam früh um sechs, bevor ich die beschwerlichen Berge zur Schule zu dieser Wolfsschule hochfahren mußte, meine Mutter aus dem Garten mit Rosen riechend wie gerade aufgeschnittene Vanillestangen, hielt den Strauß, rot und gelb, mit blankem Tau benetzt mir hin und lachte, und ich, kaum wach von der kurzen Nacht, die ich bis zwölf Geschichte der Könige und Feldherrn gepaukt hatte und nicht verstanden hatte, ich lachte. Den Taustrauß hatte ich nicht gefordert und auch nicht im Geheimen erwartet. Manche erwarten, daß man ihnen für ein Geschenk um den Hals fällt. Ich sage ihnen, wenn euer Geschenk mir an diesem Tag nicht gefällt, kann ich euch nicht um den Hals fallen. Vielleicht gefällt mir euer Geschenk in einer Woche, dann will ich euch gern um den Hals fallen. Denn oft kommt eine Freude erst nach einer Woche. Denn oft kommt eine Einsicht erst nach einer Woche. Denn oft kommt eine Erkenntnis erst nach einer Woche. Ich stelle auch nach einer Woche fest, daß ich mich falsch gefreut habe. Ich kann auch vor Freude still sein. Wenn ihr nichts hört, kann ich nichts dafür. Ich schreibe nur so, um zu beweisen, daß ich nicht so bin, daß ich Geschenke nicht erwarte. Ich bin auch nicht so. Sitze abends, noch ist es hell, in der kühlen Luft des Gartens, noch mit nackten Beinen und Armen, die Sonne ist noch da. Ich lese in Z.s

Gedichtbänden, stoße auf eines, das mir bisher nicht auffiel. »Allein/ Beim Tischdecken stelle ich immer noch drei Teller auf den Tisch,/ und abends beim Telefonieren spreche ich leise, um meinen Sohn nicht zu wecken.« Lieber Z., wird es mir auch bald so gehen? Du willst dich nicht an mich binden. Du hast Angst, zum wiederholten Mal gedemütigt und zurückgestoßen zu werden. Wie dich der Satz, Liebe sei eine *Vorstudie* für den *Haß*, aufgeregt hat. Lauerst du nicht, daß sich »dein Satz« aufs Neue beweist? Lauerst du nicht, daß ich dich hasse? Wie du fürchtest, ich könne dich »auch schon hassen«. Wie du sagst, »ich kann ganz schlimm sein«, und ich sage, ja und?, ich liebe den Widerspruch, ich will dich *ganz*, ich will dich mit Haut und Haar, und du nimmst meinen Kopf in deine Hände und sagst »ach du«. Man kann schnell hassen, wenn man fordert wie ein Kind vom lieben Gott »Lieber Gott, gib mir«, und wenn Gott nicht gibt, schreit das Kind trotzig »Ich hasse dich, Gott, und ich glaube nicht mehr an dich«. Was willst du? Welches sind deine wirklichen Bedürfnisse? Was wollen wir? Welches sind unsere wirklichen Bedürfnisse? Was sind »wirkliche Bedürfnisse«? Deine Sehnsüchte? Scheiße, daß wir gezwungen sind, zu verbergen, was wir am liebsten wollen. Vorausgesetzt, wir wüßten darüber Bescheid. Bescheid wissen: wie mein Vater sagt, »der weiß aber Bescheid«, oder drohend, »ich werde dir noch Bescheid geben«. Du sagst, du bist nicht mehr für ein Zusammenleben »geeignet«. Du willst diese »Zweierbeziehung« nicht. Und wie du dich doch danach sehnst. Nicht nach einer Zweierverkettung. Danach nicht. Vielleicht bist du *dafür* nicht geeignet, weil du *dafür* geeignet bist. Ein Paradoxon, nicht? Du bist *dafür* nicht geeignet, weil du *dafür* geeignet bist. Ja, sagt die Fürsorgerin, das denken die anderen Frauen immer, die Frauen seien schuld gewesen. Ach ja, die Fürsorgerin, was weiß die schon. Die sagt auch, der Garten Eden sei uns »nicht verheißen«, wir wollten »das Ganze«, jeder hätte diese »innerste Sehnsucht«, aber wir müßten uns mit »dem Halben« zufriedengeben, und man könnte damit auch sehr gut zufriedensein. Die Ehe im 19. Jahrhundert, ja Effi Briest, das sei eben eine Ausnahme, die Ehen im 19. Jahrhundert wären »auf Pflicht aufgebaut« gewesen, und das wären sehr gute Ehen gewesen. Ein Kind brauchte »ein Nest«. Sie hätte einmal mit einer »unehelichen Mutter« zu tun gehabt, der Vater, ein Ausländer, sei »getürmt«, zuerst hätte die Mutter weiterarbeiten können, weil ihre Mutter und Schwester das Kind versorgt hätten, dann aber sei die Mutter gestorben, die Schwester hätte arbeiten gehen müssen, weil die Pension der Mutter nun weggewesen wäre, und da hätte das Kind dann zu leiden gehabt, morgens um sechs aus dem Bett geholt, hätte das Kind zur Mutter gesagt »Mutti, die Mieze hat mich bedroht...« und hätte der Mutter eine für es sehr wichtige Geschichte erzählen wollen, und die Mutter hätte nicht hingehört, und im Kindergarten hätten sie auch nicht hingehört, und solche Kinder werden dann neurotisch, sagt die Fürsorgerin, solche Kinder werden dann »gesellschaftsfeindlich«, und das scheint sehr schlimm zu sein, das Schlimmste, »gesellschaftsfeindlich« zu werden... Der Garten Eden sei uns nicht verheißen, und sie sei ja sehr gespannt, wie »das Experiment« ausgehen werde... »Müssen Sie denn nicht, fragt die Fürsorgerin besorgt, allen Männern zu Willen sein? In der Kommune?« Ich lese in Engels' »Der

Ursprung der Familie, des Privateigentums und des Staats«. Z. erzählt, wie er einen ungarischen Schriftsteller besucht hat, ihn und »seine Familie«, wir gehen durch die Straßen von Regensburg, und ich denke, wie selten man hört »ihre Familie«, und ich frage Z., warum denn die alle »eine Familie« haben, und Z. weiß es nicht. Z.s Gedicht »Tannz«. »Tannz. Für Karin/ Tanz mit einem n/ oder mit zweien?/ Sponntan: Tannz,/ wenn er wild genug/ unter Tannen mit Wild/ stolpert über Zapfen,/ stürmisch langsam wird,/ bis die Tänzer Philemon/ und Baucis heißen,/ zwei Tannen im Wald/ mit zapfendicken Fingern.« Oder: »Tannz. Für Karin./ Philemon tanzt/ wild mit Baucis./ Sie stehen im Sturm:/ Zwei Tannen im Wald/ mit zapfendicken Fingern.« Die Zapfen sind die Entsprechungen der Finger die wie Schwellkörper das war wohl auch sexuell gemeint sich erheben erweitern und in der Trockenheit übrigens noch mehr schuppen sich abspreizen... unser Paar ist doch Philemon und Baucis das bringt mich auf die Idee oder macht mir Lust eigentlich dir aus Ovid vorzulesen ich hätte Lust dir die Süße dieser Geschichte mitzuteilen... ach ich lese noch mal die schöne Stelle vor... und als uralt und entkräftet einst vor den heiligen Stufen sie stehen im Gespräch sich erinnernd all der Geschicke des Orts sieht Baucis plötzlich Philemon blätterumsprossen und er von Blättern umsproßt seine Baucis bis der beiden Gesicht überwuchern die wachsenden Wipfel wechseln so lang es vergönnt sie Abschiedsworte so leb denn wohl mein Gemahl so riefen zugleich sie zugleich auch bedeckte Astwerk den sprechenden Mund und es zeigt der tynäische Landmann heute die Stämme noch gern in die ihre Leiber verwandelt... ach ich lese noch mal die schöne

Stelle vor... Vielleicht bist du *dafür* geeignet, weil du nicht *dafür* geeignet bist.

So tröste ich mich. Während ich schreibe, steht eine Frau im Sommerkleid mit einem geleerten Dreckeimer in der rechten Hand vor meinem Fenster und reckt sich hoch zum Balkon, spricht mit einer anderen Hausbewohnerin. Sie hat den Dreckeimer in die großen Mülltonnen geleert (»Dreckeimer«, sagt meine Mutter), die morgen die ausländischen Arbeiter der Müllabfuhr leeren werden, morgen am Mittwoch. An diesem heißen Tag denke ich an die Arbeiter und Arbeiterinnen, gefangen den ganzen Tag in Büros und Fabriken, bei lebendigem Leib schmoren sie, auch wenn ich heute selbst bei lebendigem Leib schmorte, konnte ich mir doch eine kühle Stelle suchen, einen kühlen Platz im Wald oder einfach das kühle Bett, um die Augen zu schließen und mit dem Schlaf zu sprechen. Eben noch aß ich Erdbeeren, kühl und reif. Und Mandeln. Ich hätte dir gerne abgegeben. Es kann nicht stimmen, daß Liebe eine Vorstudie für den Haß ist. Es stimmt nicht. Du widerlegst das, weil du dabist. »Starke Hautabschürfungen... keine Knochenbrüche...«, ruft ein Mann auf der Straße einem Mann auf einem Balkon zu. Wir telefonierten stundenlang zwischen Anspach und Hamburg, und du fragtest immer, was ich anhabe, wie ich sitze, und ich sagte, ich habe meinen roten Turnanzug an, oder ich habe gar nichts an, und ich sitze auf H.s Schreibtisch.

Man kann sichs immer nicht so aussuchen, wie mans gerne hätte, sagt eine Frau zu einer anderen im Zugabteil. Gespräch zwischen zwei Frauen im Zugabteil, über

hre Hunde: Und wenn sie kastriert sind, dann haben
sie mehr Freude, dann geht er nicht fort, sagt die eine
über ihren Hund, erst sagt sie »sie«, Mehrzahl, dann
sagt sie »er«, Einzahl dritte Person, und man weiß
nicht, meint sie nur den Hund, oder meint sie auch den
Mann.

Wenn ich heutenacht wachliege, werde ich vielleicht für
mich etwas auf eine Kassette meines neuen Kassettenre-
corders sprechen. Ich küsse deine Augen, deine Hände
streichle ich. Unverstellt sich selber geben. Unverstellt.
Angst zu versiegen. Angst, gar nichts mehr sagen zu
können. Angst, das Gedächtnis zu verlieren. Und dann
die Anfälle von Mut, Wut, Lust, Euphorie. Bäume ausreißen wollen mit der bloßen Hand. Warum Bäume?
Und dann die Anfälle von Mut, Wut, Lust, Euphorie.
Zum Trost die Erklärungen. Immer diese sozialen
Erklärungen. Man fasse das Wesen des Gedächtnisses
selbst nicht richtig, wenn man darin nichts als eine allgemeine Anlage oder Fähigkeit sehe, Behalten und Vergessen und Wiedererinnern gehören der geschichtlichen
Verfassung des Menschen an und bilden ein Stück seiner
Geschichte und seiner Bildung. Das Gedächtnis sei nicht
Gedächtnis überhaupt und für alles. Es sei ein Wesens-
zug des endlich-geschichtlichen Menschen. Und da sitze
ich denn und verteidige mich. Ich werde im Alptraum
zur Marionette, die unaufhörlich und monoton schreit:
Ich bin ein Arbeiterkind, ich bin ein Arbeiterkind ...«,
und eine Menge von Studenten, Rektoren, Professoren,
Lehrern, Schriftstellern ... kugelt sich vor Lachen, ist
ganz blau vor Lachen, stirbt fast an diesem Lachen, und
sie kugelt mit diesem Lachen um mich herum und haut

mich zuletzt kurz und klein... Ein DDR-Wissenschaf
ler hält einen Vortrag in der Düsseldorfer Universit
über das Schulsystem der DDR. An einem Punkt sag
ich, wage ich zu sagen, ich bin ein Arbeiterkind, und m
ist es so und so hier in diesem Staat ergangen. Ach, sag
Rektor Diemer, freundlich lächelnd, von oben herab, ic
bin auch ein Arbeiterkind. Und Sie sehen, was aus m
geworden ist, das sagt er dann nicht mehr. Ja, ich seh
was aus ihm geworden ist. Ist Leber nicht auch ei
Arbeiterkind? Und Flick ist ein Bauernsohn. Und Pro
fessor H. ist ein Arbeiterkind. Und Professor M. ist de
Sohn eines Dessinateurs, d. h. eines Entwerfers vo
Mustern für Stoffe, und er meint, »man sollte mit sein
Herkunft nicht zu sehr kokettieren, sondern sich i
neuen Bedingungen auch neu behaupten und durchse
zen«. Und sie sind ganz blau vor Lachen und haue
mich zuletzt kurz und klein.

27. Juni. Nach dem Mittagessen wieder dieser furch
bare Entfremdungszustand. Kein Buch, nichts intere
siert mich, alles kalt, ich kalt. H. ist weg zur Uni, Sara
schläft. Ich habe versucht, dich anzurufen, aber vie
leicht gehst du wieder an der Alster spazieren. Ich hab
einen Schwangerschaftstest gemacht, wahrscheinlich z
früh, er war negativ. Wenn Elias nicht da ist, bin ich tc
vor Traurigkeit. Warum? Ich träume davon, mit Z. z
leben, als Schriftstellerin ganz in meiner Arbeit zu lebe
und mit Z. Über meine theoretischen Auffassungen hir
weg, eine Kommune ist menschlicher als eine »Zweie
beziehung«, setzen sich die in der Kindheit gesehene
Vorbilder von Mutter und Vater, auch ich habe j

Mutter und Vater und Kind mit meiner Schwester und
en Puppen gespielt, wenn ich auch die Puppen an die
Wand geknallt habe, und ich wünsche mir, mit Z. an
nem kühlen Sommerabend am Tisch zu sitzen, mor-
ens aufzuwachen, und Z. wäre da. Meine Mutter sagt,
ft schon hätte sie daran gedacht, als Putzfrau auf ein
chiff zu gehen, aber dann die Momente der Geborgen-
eit, diese schönen Momente der Geborgenheit. Ich sehe
en langen Tisch mit den vielen Freunden, da sitzen wir
nd essen, eine große Familie. Ich entwerfe Bilder von
ner Großfamilie, »die Alten« und »die Jungen« leben
usammen, weder »die Alten« werden in Altersgefäng-
isse gesteckt noch »die Jungen« in Kindergefängnisse,
nd nicht nur einige wenige leben in Großfamilien. In
einem Entfremdungszustand knete ich Teig, denke an
eine Kindheit der ersten sieben Jahre, wie langsam und
eimlich das Vieh verkauft worden ist und erst Papa mit
urkhard und dann Mutti mit Ines und mir geflohen ist,
achts mit dem Pferdewagen meines Onkels zum Zug.
ch backe Brötchen mit Honig und Mandeln für Z.
. ist nicht da, und ich kann ihn nicht verletzen, wenn er
as sieht. Ich will H. ja die Büchner-Ausgabe zum
eburtstag schenken. Es gibt keinen Grund, weniger
eb zu H. zu sein, wenn ich auch nicht mehr mit ihm
vögle«. Z. schreibt in seinem Tonbandbrief, sagt in sei-
em Tonbandbrief: du schreibst von Ulrike Meinhof
on deiner Einfühlung ich denke auch oft an sie und
ürde gern mit ihr reden gern mit ihr Briefe wechseln
er das ist ja absurd man kann ja gar nicht offen reden
 wäre besser ihr ein Brot zu backen oder ihr einen
ersteinerten Fisch zu schicken sinnliche Zeichen Sicht-
ares und nicht das Gequatsche man müßte sie lieben sie

müßte in Ruhe lieben können das wäre wichtiger..
Seltsam, wie mich das Schreiben beruhigt. Rosenkranzgebet... Alle möglichen Pläne. Will versuchen, ein Jahr
beim Rundfunk zu arbeiten. Ein Jahr zu Grotowski
nach Polen gehen. Ein Praktikum auf dem Dottenfelder
Hof machen. Keiner glaubt, daß dieser Hof, der von
drei promovierten Landwirten geleitet wird, nach der
biologisch-dynamischen Wirtschaftsweise arbeitet und
höhere Erträge hat als andere Höfe. Die setzen sich mit
Haut und Haaren ein, die Leute. Neulich waren wir
beim Klett und haben ihn gefragt, ob man Landwirtschaft studieren müsse, ja sagt er, gut wäre es schon
bloß um zu wissen, wie man es nicht machen dürfe, vor
allem das Gegenteil müsse man tun, das Gegenteil von
dem, was einem da beigebracht würde. Und die Steubers
sagen, die Menschen wären längst verhungert, wenn es
keinen Kunstdünger gegeben hätte, wenn es keine Pflan-
zengifte gegeben hätte, und diese sogenannte biologisch-
dynamische Methode, diese Schweineborstenmethode,
die kann man doch sowieso nicht im großen Maßstab
verwirklichen, doch sowieso nicht, das ist doch gar nicht
möglich, und es hat ja schon immer Kriege gegeben,
auch gegen die Pflanzen, und das nannte sich dann
Verteidigung, und das nannte sich dann Pflanzen-
Schutz, und meine Schwiegermutter sagt, es hat doch
schon immer Krankheiten gegeben, es hat schon immer
Kopfschmerzen gegeben, das ist vererbt, und Burkhard
sagt, wir haben die Milch vom Bauern mal untersucht,
da sind so viele Bakterien drin, ja sage ich, ist doch
wunderbar, dann lebt sie wenigstens, was hast du gegen
Bakterien, bei uns ist alles beim Alten, schreiben sie
immer in ihren Briefen, bei uns ist alles beim Alten

Rundfunk, das ist nichts für dich, sagt H. Dann kannst du auch gleich in die Fabrik gehen. Diese überreizte Atmosphäre. Nun lasse ich seit Tagen meinen »Lebenslauf« für die Stipendienbewerbung liegen. Ich kann nicht mehr über diese Herkunftsscheiße nachdenken, mein Gehirn springt raus, bald bin ich nahe dem Zustand von Zwerenz am Schluß seines Buches. Wenn jetzt ein Mensch käme. Z. Wer noch? Könnte ich wieder lebendig werden. Warum soll Z. mich »retten«? Soll Z. mich retten?

28. Juni. Morgens um sechs. Die Arbeiter fallen abends todmüde ins Bett. Die können nicht mehr um elf Biermann hören. Ein Film im Fernsehen, wie eine aktive Schauspielerin schwanger ist. »Zeit hat man, so viel man will.« Ein schöner Satz, die schwangere Schauspielerin sagt ihn, die zu Hause sein muß, nicht mehr spielen darf mit ihrem dicken Bauch. Aber der Satz könnte auch anders sein: Zeit hat man so viel man will von Anfang bis Ende des Lebens, zwischen den beiden Enden ist die Zeit gegeben. Zeit ist nicht Zeit. Die Schauspielerin: man ist raus aus dem Windzug, es berührt einen nichts mehr. Ein Regisseur: »Ein Kind machen kann jeder, eine Rolle kreieren nicht.« Männlicher Imperialismus. Diese unendliche Wut, daß dies nie belohnt wird, nie anerkannt. Ihr Kanonenfutter, ihre Arbeitstiere, die tragen wir doch aus, auch ich, auch sie, und sie, und sie: ein Kind machen kann jeder, eine Rolle kreieren nicht. Warum ist dies ein Gegensatz? Am 27. Juni eine Sendung über »Wir heiraten ja doch, junge Arbeiterinnen unter 18«. Die meisten Arbeiterinnen hoffen, »hinauf-

zuheiraten«, aber den meisten gelingt es nicht. Da wurden einige interviewt, wie ihnen die Arbeit gefällt. Sie wechseln ihren Arbeitsplatz, in der gleichen Fabrik, oft. Eine freute sich, daß sie ins Büro kam. Warum sie sich darüber freute, ja, das sei ein »sauberer Arbeitsplatz«, und man sei eben Angestellte. Hochkommen, hochkommen, aufsteigen wollen... »Hinaufkomme-Wahn. Niemand blieb freiwillig der letzte Dreck.« Das Gesellschaftssystem wird geschmiert mit dem besten Schmieröl: durch die Aufstiegsideologie, durch diesen geheimen offenen wilden Aufstiegswunsch Traum, nicht unten bleiben zu wollen. UNTEN. Sechs Richtige oder ein Mann. Ein Abteilungsleiter spricht von den »stürmischen Vorstellungswelten« der jungen Arbeiterinnen, aber sie würden sich mit der Zeit »abschleifen«. Wenn sie heiraten, wollen sie aufhören zu arbeiten, die jungen Arbeiterinnen. Vom Mann erwarten sie Gesundheit, Fröhlichkeit, Opferbereitschaft. Sie werden sie von ihm nicht bekommen, der Mann erwartet sie von ihnen. Beide brauchen eine Stütze, beide können keine Stütze sein. Die jungen Arbeiterinnen sagen, sie seien »zufrieden«. Mit »zufrieden« meinen sie, stellt sich heraus, »Resignation plus Gewohnheit gleich Zufriedenheit«. Der Vater sagt, ich bin zufrieden. Wir sind zufrieden. Sie sind zufrieden. Du bist nie zufrieden, Karin. »Wenn man alle zufrieden sind, das ist die Hauptsache.« Von allen Gesellschaftssystemen ist dieses immer noch das mit den kleinsten Übeln.

Bruker schreibt, Schwangerschaft sei nur eine Krankheit, wenn die Frau Vitalstoffmangel leide bei der üblichen Zivilisationsernährung. Bei richtiger Lebensweise, auch in Großfamilien, kann die Frau notfalls jedes Jahr ein Baby bekommen. Wenn der Mann nur halbtags arbeiten könnte, dürfte, brauchte. Rudi Kaske sagt, er hätte seinen Chef gefragt, ob er halbtags arbeiten könne, nachdem er die Lehre aushatte, er brauchte nicht so viel Geld und wollte lieber den anderen halben Tag schreiben oder etwas ähnlich Sinnvolles tun, nein sagte der Chef, dafür haben wir schließlich nicht das Geld in Sie investiert. Schwanger sein: schwanger mit Elias und schwanger mit Gedanken und schwanger mit Wut und Werken gegen die, die die... wer ist »die«?... die, die uns verstümmeln?

Transfusionen:
Wolf N. will mit mir schlafen: Wunsch nach proletarischer Blutzufuhr. Abgeschlafft bis in die Knochen. Meine Freundin Helga, Tochter eines Zahnarztes, der auch Besitzer einer Erdbeerplantage ist, ich: in den Ferien »die fleißigste Arbeiterin« auf seinen Erdbeerfeldern, zugleich beste Freundin der Zahnarzttochter, die dann nach dem Herzinfarkttod ihres Vaters proletarisiert wird zur Angestellten in der Fabrik Epping und Co., in der auch mein Vater arbeitet. Der Freund von Helga, zugleich H.s Freund, ist aufgestiegenes Arbeiterkind, arbeitet sich zum Ingenieur hoch, um Helga zu heiraten, verläßt er eine andere. Die Aufstiegssüchtigen suchen sich die Frauen, die zu ihrer Aufstiegssucht passen. Ulrich S., Arbeiter, über die Abendschule hochgepaukt zur Universität, verläßt Evelyn S., nicht nur weil sie schizophren geworden ist, weil man nichts anderes werden kann als schizophren, auf der Abendschule, auf der Universität, zwischen den Klassen, gestriezt und

gedrückt, nicht nur weil sie schizophren geworden ist, er
verläßt sie vielleicht auch, weil es einfacher ist, eine
Assistentin des Professors zu heiraten, bei dem man pro-
movieren will, gleich nach der Scheidung verlobt er sich,
verbunden durch Liebe. Der Weg ist frei. Um hochzu-
kommen, braucht man Blut.

Halb neun morgens. Ich brachte das Päckchen mit
Brötchen für Z. zum Briefkasten, fing den Postmann
ab, da es nicht durch den Schlitz paßte. Dann lese
ich, bevor ich noch mal einschlafe, die Zeitung, finde
einen Artikel über Faßbinders Film »Die Tränen der
Petra von Kant«. Da steht: Hauptfigur ist Petra von
Kant..., Modeschöpferin, in einem schummrigen
Schöner-Wohnen-Atelier lebend, umgeben von einer
dienstbaren, ihr völlig ergebenen Gehilfin. Petra von
Kant ist der Typ der degeneriert-sensiblen, modischen,
»emanzipierten« Frau, die nicht begreift, daß sich das,
was sie unter Emanzipation versteht, lediglich aus den
sozialen Privilegien bürgerlicher Bildung und Herkunft
und aus den Selbsttäuschungen einer schönen Seele
zusammensetzt. Der schöne Schein wird zerstört durch
die Ankunft von Karin, einem sinnlichen, naiven, der
Unterschicht entstammenden Mädchen. Karin verwirrt
durch ihre direkte, unverstellte Ausdrucksweise das
Wortgeflitter, den hohen falschen Ton Petras. Sie trifft
unbewußt den Kern bürgerlicher, auf Privilegien beru-
hender Melancholie, wenn sie zu Petra sagt: »Wenn du
leidest, geht's dir doch gut.« Petra verliebt sich in Karin.
Doch Karin verläßt sie um eines Mannes willen und
stürzt sich in Liebesschmerz, der aus der damenhaften
Petra eine gewöhnliche, winselnde Figur macht. Und

dann umgekehrt. Hubert Gruyten, gelernter Maurer, nach dem Krieg zum Polier avanciert, heiratet 1919 »über seinem Stand«, Lenis Mutter, die Tochter eines beamteten Architekten in ziemlich hoher Position (Baudirektor). Der Arbeiter Friedrich heiratet »über seinem Stand«, der Arbeiter Friedrich gibt sich als Architekt aus, der Arbeiter Friedrich macht Body Building, die Familie von Susanne hackt auf dem Arbeiter Friedrich herum, du warst nichts du bist nichts, du hast nur einfache Volksschule, der Arbeiter Friedrich strengt sich an zu werden, was sein Schwiegervater ist, »der dumme Volksschüler«, der Arbeiter Friedrich hat »einen eigentümlichen Haß gegen die Oberschicht«, sagt Dietger, der Arbeiter Friedrich hat schon mit seiner Schwiegermutter »gebumst«, Dietger wisse auch warum, nachdem er das Buch »Arbeiterfamilie und sozialer Aufstieg« gelesen hat, wisse er, Dietger, auch warum, die Kraftmeierei des Arbeiters Friedrich, he du kannst du den Stuhl mit den Zähnen hochheben?, der Arbeiter Friedrich zeigt seine Muskeln, er schlägt mit Handkantenschlag einen Bleistift durch, einen dicken Nagel schlägt er mit der bloßen Hand in den Tisch, mit Susanne geht der Arbeiter Friedrich im dunklen Anzug ins Hotel, wenn Jutta und Dietger da sind, leistet er sich dann wieder den Proleten, in der Buschenschänke kann er mit Jutta und Dietger ordinär sein, er kann dann wieder furzen, Bierflaschen mit den Zähnen aufmachen, pinkeln im Beisein von Jutta und Dietger, was er vor seinem Schwiegervater nicht mache, seine Schwiegermutter wirft ihm vor, daß er kein Akademiker ist, und der Arbeiter Friedrich hat schon mit seiner Schwiegermutter »gebumst«, sagt Dietger, und Zwerenz bumst mit adligen und bürgerlichen Weibern, die Welt gehört mir soweit mein Schwanz reicht, und der Arbeiter Friedrich sagt, die Oberschicht, er sagt »Oberschicht« und nicht »Oberklasse« sowie man »Oberschule« sagt, so wie meine Eltern »Oberschule« sagen, nicht »Oberklassenschule«, der Arbeiter Friedrich sagt, die »Oberschicht« sind Leute, die Geld haben, die Häuser haben, die Bilder haben, die Leute schneiden auf, die Leute haben keine Bildung, und der Arbeiter Friedrich hat sich zwei Häuser in der Schweiz gekauft und eine Galerie im Burgenland, und wenn man soweit kommen will, braucht man Blut, bumsen muß man, bumsen, er hat »einen eigentümlichen Haß gegen die Oberschicht«, sagt Dietger, und Dietger spricht »einen eigentümlichen Haß« so eigentümlich aus, daß man weinen muß.

Die Welt hat einen tiefen Sprung, Karin am Rand stehst du. Lauter Karins. Karins wie Muscheln am Meer. »Karin I« und »Karin II« und Karin... Karins verfolgen mich im Traum. Alpträume. Alle heißen Karin. Die sinnlichen Karins. Die sogenannten sinnlichen Karins. »Als ich dich sah, dachte ich mir: Mensch, die muß aber sinnlich sein.« Und da werden sie dann gebraucht: für Transfusionen. Wie überhaupt die Arbeiterklasse: für Transfusionen. Oder denke ich, *die* interessieren sich für Arbeiterliteratur aus Menschenliebe, aus Arbeiterliebe? Die Unterschicht-Karins. Heißt denn jede Frau Karin? Wie viele gibt es wie mich? Zu wenig dieser »Aufgestiegenen«, die sich nicht anpassen wollen ans fette Bürgertum. Zu wenig. Was erst rauskäme, wenn es mehr gäbe. Und ich kann auch noch draufgehen. Ich bin zu allein. Alles ist so verschüttet. Verborgen. Die Partikel der vergangenen und gegenwärtigen Unterdrückungen zusammensammeln. Und ich kann ja auch noch draufgehen. Du kannst dich ja nicht immer außerhalb der Gesellschaft stellen, Karin. Alles kommt hoch: Erika macht Filme über Arbeiter, Zwerenz, Ortmann schreiben über Arbeiter und »Arbeiterfamilie und sozialer Aufstieg«, Film im Fernsehen heute, »Promotionsfeier«, »Promotion eines jungen Menschen aus einfachen Verhältnissen«, steht in der Ankündigung, »einfache« Verhältnisse, wenn ich das schon höre, wie einfach sind sie denn? Und die UNTEN sind, sind doch UNTEN. UNTEN. Die Bürger wollen Transfusionen. Und ich, will ich keine Transfusionen? Diese Macht, diese Herrschaft, die *sie* jahrhundertelang ausgeübt haben und immer immer noch ausüben, sie haben die Befriedigung von dieser Herrschaft in den Knochen, wenn die Knochen auch brüchig sind, Faulstoffe im Blut, aber bürgerliches, gesättigtes Blut...

Wer ist Z.?

Die sozialen Triebkräfte der Liebe.

Erika und Z. behaupten, sie hätten es »ebenso schlimm« gehabt wie wir, H. und ich. Aber der Unterschied ist: Erika und Z. sind Abgestiegene von OBEN. Sie sind »proletarisiert« worden, weil ihre Väter in ihrer Kindheit starben. Oder sich erschossen. Die Frau des Generals ohne Beine ist nicht mehr die Generalsfamilie. Die Frau des Medizinprofessors und Rektors ist nicht mehr die Professorenfamilie. Keine Kindermädchen mehr, keine Köchinnen mehr, kein Herr Professor mehr. Wir müssen klar unterscheiden. Wir müssen differenzieren. Immer haben die, die sich »für die Probleme der Arbeiter« interessieren, einen Grund, sich »für die Probleme der Arbeiter« zu interessieren. Und das ist immer »ihr eigener Grund«. Und ich erfahre von der »Liebe zu Lippizzanern«. Z.s Mutter »liebt Lippizzaner«. Und ich lese einen Artikel über Lippizzaner. »Der Traum vom Kentauren«. An der Kultstätte jener hochgezüchteten weißen Hengste sei die Monarchie noch intakt, alles bewege sich in seinen Formen, zwei Jahrhunderte durften die Lippizzaner auf ihren karstigen Höhen nahe der Adria grasen und danach die kaiserliche Familie und deren Gäste erfreuen am Hof zu Wien, und die Lippizzaner seien die Fürsten unter den Pferden, die Adligen unter den Pferden, und Z. liebte eine Adlige, und Z.s Mutter »liebt Lippizaner«, und »Im technischen Tagesgewimmel/ bewahren die Elfenbein-Schimmel/ die letzten Brösel und Krümel/ der Majestäts-Tradition«, und Z. ist abgestiegen von Oben, ein General ohne Beine ist nicht mehr da und ein Medizinprofessor, und die Lippizzanerliebende Mutter muß Krankenschwester werden, und manchmal glaube ich, die abgestiegenen, von Oben abgestiegenen Bürgersöhnchen und Bürgertöchter wollen den Sozialismus, wie sie ihre intakte Lippizzanerprofessorenfamilie wieder wollten, und daß deshalb der Sozialismus gar nicht der ist, den man wollen könnte, aber das ist dann schon wieder ein so dummer verquerer Gedanke, und alles ist ja so verklettet, verklettet, daß man nicht mehr entwirren, entkletten kann, kann man nicht mehr?

29. Juni. Donnerstag. Dahindämmern. Wald. Regen. »Wer sich nicht wehrt, stirbt. Wer nicht stirbt, wird lebend begraben.« Ulrike. Sauna. Wärme. Allein. Braune Haut haben wollen. Treffe auf den Straßen viele alte Menschen mit weißen Gesichtern, »greislige Köpf'«. Gebückte, an Stöcken gehende Frauen. Schon Fünfzigjährige blaß und »lebend begraben«. Zurückgewinnen der Vitalität. Zurückgewinnen? Gewinnen. Bilde mir ein, dann müßte ich nicht mehr leiden. Dann könnte ich leben, auch wenn mir jemand nicht schreibt. Ausmirherausleben. Nicht dahindämmern. Ulrikes Vater starb an Bauchspeicheldrüsenkrebs, Ulrikes Mutter nach einer Brustkrebsoperation. Verrückt, Ulrikes Aktionen durch ihren Hirntumor mit mildernden Umständen belegen zu wollen. Wer hat denn schuld an dem Hirntumor? Z. sagt, die Hauptsache ist, daß sie nicht so viele Jahre aufgebrummt bekommt. Morgen gehe ich zum Arzt. Die Ungewißheit muß aufhören.

30. Juni. Morgens beim Gynäkologen. Er sagt, wahrscheinlich ein Kind. In wenigen Tagen erst könne man den Test machen. Diese verdammt chaotischen Gefühle. Müde komme ich aus der Stadt, denke an Z.s Satz, er könne mich nicht immer lieben. Aus der fahrenden Straßenbahn, die Tür ist offen, lehne ich mich, meine Haare im Wind, bilde mir einen Moment ein, das ist Meerwind, die Augen zu, ruhig die Augen geschlossen, aber die Stadt ist da, laut und stinkend, und die Augenlider hängen mir vertrocknet über den Augen, und die Haut ist wie strammgezogen, und ich lechze nach Feuchtigkeit und Luft und Stille, wenn ich zurückfahre aus der

Stadt. Wünsche ich mir aus Regression, H. und ich wären das Philemon- und Baucis-Paar? Vielleicht könnte man mit H. am ehesten »ständig in Ekstase« und »zugleich in der größten Realität« leben? *»Das müssen Sie sich alles ganz unwirklich vorstellen, so wie die tiefste Wirklichkeit.«* Meinst du etwa, um zwanzig Uhr, wenn die Tagesschau läuft, siehst du die Realität, frage ich Z. Die Tagesschau ist eine »Realität«, die flachste »Realität«, die Tagesschau scheint so »wirklich«, in Wirklichkeit ist sie doch die verlogenste, unwirkliche, scheinbar wirkliche, schlimmste Unwirklichkeit. Aber Z. beharrt auf seinem Begriff von der »Realität«. Selbstquälerisch denke ich, ist es doch Selbstliebe, nicht Liebe zu Z.? Z. sagt, wir werden von so wenigen Menschen liebevoll angesprochen, »freundlich« angesprochen (der abgesackte Ausdruck »freundlich«, »mit freundlichen Grüßen«, das schöne Wort »Freundlichkeit«), daß wir gleich die lieben, die es tun. Wie mir zu B. gleich Liebessehnsüchte kamen, als er mich in einem Satz anerkannte. Wie Z. auf dem Prospekt des X-Verlages aussieht, sehr normal und banal. In Wirklichkeit ist er nicht normal und banal. Aber was heißt Wirklichkeit? Soll ich denn ständig den Schutt der Normalität wegkehren? Z. sagt, zu neunundneunzig Prozent bestehe ich aus »Irrationalität«, zu einem Prozent bestehe ich aus »Rationalität«, dieses eine Prozent muß ich hüten, damit es nicht auch noch verloren geht. Z. besteht zu neunundneunzig Prozent aus Unwirklichkeit. Z. besteht zu einem Prozent aus Wirklichkeit, und dieses eine Prozent Realität muß er hüten, und diese neunundneunzig Prozent Unwirklichkeit muß er verbergen, und wenn er von der blutigen Wäsche im Badeofen erzählt, rührt er die neunundneunzig Prozent Unwirklichkeit auf, und er weint, wenn er von der blutigen Wäsche im Badeofen erzählt, rührt er die neunundneunzig Prozent Unwirklichkeit Wirklichkeit auf, und er weint. Was mich so erschreckt: daß ich ohne das Lob von anderen gar nichts bin, ich lebe »von Gnaden« anderer. Man muß schlecht mit mir umgesprungen sein, daß ich nur »von Gnaden« anderer leben kann. Ja, mit wem ist man denn nicht schlecht umgesprungen? Ausfluß seit drei Wochen. Der Grund: »unerfüllte sexuelle Wünsche«. Ich frage den Gynäkologen. Er sagt: Ursachen wie Sand am Meer. Schüchtern frage ich, kann die Ursache auch »fehlende sexuelle Erfüllung« sein? Aber darüber redet er nicht, der verklemmte Trottel. Solche Fragen seien in der üblichen Kassenbehandlung nicht eingeschlossen. Ich hoffte, daß Z. als achtunddreißigjähriger Mann »völlige Befriedigung« geben könnte. Ein Mann und ein Kind sind kein Ersatz für kreative Tätigkeit. Das Tonband, das er schickt, kühl und vernünftig sagt er, ein Kind sei nicht »realistisch«. Wie ich es hasse, das Wort »realistisch« in diesem Gebrauch. Sei vernünftig, Karin. Du mußt realistisch sein. Die Realitäten sehen. Halte dich doch an die ein Prozent Realität. Ich will schlafen. Wieder eine Enttäuschung. Habe ich nicht schon die vermeintlichen Kränkungen in mir angesammelt? Greife ich nicht schon auf ihn über? Daß er mir nicht geschrieben hat. Alles liegt daran, daß ich nichts bin. Finde ich nur Sinn in meinen Sinnen. Früchte essen: Mangos, Auberginen, frische Feigen, Heidelbeeren, Himbeeren. Mein größter Wunsch: lieben und arbeiten können. Was muß ein Mensch können? Freud darauf: Lieben und arbeiten. Zuerst sagt er: lieben. G. schickt mir die »Autobiographie einer sexuell emanzipierten Kommunistin«. Arbeit sei wichtiger als Liebe und Zusammenleben mit einem Mann. Das ist doch nur Trotz, Trotz als Folge des Scheiterns, so wie Mädchen Mädchen lieben, weil sie es aufgegeben haben, die männlichen Wesen zu humanisieren. Freud sagt: Lieben und arbeiten. Woher die Unbefangenheit nehmen, Z. ohne Anforderungen zu lieben? Seine Theorie der »sozialisierbaren Liebe«, eine Trotztheorie. Heute habe ich mir einen wunderschönen orangenen Pullover aus Leinen und Flachs gekauft, ohne Ärmel, »enganliegend«, für mich und Z., ist das nicht sinnlich und schön? Unbefangen? Naiv? Zu ihm fahren und ihn lieben. Ich muß lieben. Kann ich lieben? Ich muß arbeiten, dann kann ich auch lieben. Ich muß lieben, dann kann ich auch arbeiten. Von vielen anerkannt sein wollen. »Dein Bedürfnis nach Genialität.« Schon deshalb manchmal diese übermütigen Wünsche und Vorstellungen, noch von fünf anderen Männern Kinder zu kriegen, ein schwarzes, ein vietnamesisches, ein... Im Zug Gespräch mit einem Assistenten. Er fragt, warum Sarah einen jüdischen Namen hat. Der Klang des Namens gefällt mir, sage ich, ich hab nichts gegen Juden, aber ich habe den Namen nicht genommen, weil er jüdisch ist. Dann wird mir bewußt, was das für ein schlimmer Satz ist »ich hab nichts gegen Juden«, und ich füge schnell hinzu, ich finde jüdische Menschen gut, und eine Frau im Zugabteil sagt, »das sind ja schließlich auch Menschen«, der Assistent und ich müssen lachen, denn wir wissen, was es zu bedeuten hat, wenn einer sagt, »das sind ja schließlich auch Menschen«, aber habgierig sind sie, sagt die Frau, und der Assistent erklärt, warum sie, die Juden, immer Berufe

»am Rand« ausüben mußten, sie seien an den Rand gedrängt worden, da seien sie Geschäftsleute geworden, auch Schriftsteller, sage ich, die Frau duckt sich vor diesem vielen Wissen des Assistenten, und ich sage, um die Frau zu ärgern, ich wollte gern ein Kind von einem Juden haben, ich wollte auch gern ein Kind von einem Schwarzen haben, das muß wunderschön sein, so ein schwarzes Kind, die Frau sagt jetzt nicht mehr »das sind ja auch Menschen«, die Frau schweigt jetzt, verbunden durch Liebe, verbunden mit denen, die »am Rand« sind. Wie soll ich Z.s Wunsch nicht verstehen, mit vielen Frauen zu schlafen? Der Wunsch nach Selbstbestätigung. Diese ganze fehlende Anerkennung. Ein stiller Nachmittag, regnerisch. Ich muß meine Gedanken ordnen. Er sagt, »Elias Z., das verlockt mich«. Am Anfang seines Tonbandbriefes sagt er, er habe Angst, zu viel zu sagen, aber auch Angst, zu wenig zu sagen. Dieser liebe naive sinnliche Z. Er hat Angst, aufgefressen zu werden. Ich wolle mir ihn einverleiben, indem ich ein Kind von ihm in mir trage. Mißtrauisch bis ans End. Ob dein Wunsch nicht etwas Kannibalistisches hat, sagt er. Seine Angst vor der Mutter. Seine Angst vor Kindern. Die Ursachen der Angst erforschen. Ich bin ein Dickkopf, ich werde schon durchkommen.

1. Juli. Fast fünf Uhr. Schlaf. Bedürfnis nach Keuschheit. Der Film »Die Nonne« von Rivette. Nach unschuldiger Liebe. Diese pervertierten Begriffe kann ich fast gar nicht in den Mund nehmen. Nichts festhalten wollen ist Keuschheit. Alles, was ich festhalten will, verliere ich. Nicht aus noch ein wissen. Somméré ist mir wieder eingefallen.

Weinernte und Zuneigung zu jenem Jungen. Liebe ist Nicht-Festhalten-Wollen. G. sagt, sie könne sich nicht vorstellen, daß jemals solche Gefühle wie Eifersucht verloren gingen. Warum leide ich, wenn Z. ein anderes Mädchen liebt, nur »zärtlich ansieht«? Wenn ich wüßte, er täte es nicht aus Bedürfnis, sich seinen eigenen Wert zu bestätigen, seine eigene Potenz zu beweisen. Die Liebe sozialisieren aus Trotz und Minderwertigkeitsgefühl?

2. Juli. Mit Z. über das Kind gesprochen. Er redet von »Unterhaltsansprüchen«. Diese Gesetze interessieren mich überhaupt nicht, sage ich. Ich bin doch keine Hure und nehme Geld für Liebesdienste. Das ist unser System: der Mann gibt Geld, die Frau kann arbeiten, das Kanonenfutter großziehen, mit Geld allein kann man keine Kinder »großziehen«. Ich bin zwischen zwei Klassen und habe mich auch wohl mit den Männern beider Klassen abzugeben, einzulassen, bleibt mir nichts anderes übrig, auch Kinder von beiden zu kriegen, leiden an beiden Klassen und schwanger gehen von Männern beider Klassen. Ich leide sehr und fühle mich todelend. Ich sehe nicht so viel Lust und Klarheit in der Zukunft, daß ich gerne weiterleben will. Aber das Leben geht so hin, und man bleibt am Leben, das heißt man bringt sich nicht um. Z. schreibt in sein Tagebuch, das ich lesen darf, »das Leben rinnt mir durch die Finger«, ein banaler, aber schrecklicher Satz. H. sorgt sich um mich, wenn ich weine. Aber sie sorgen sich immer, die Schwachen, wenn man schwach ist. Sich sorgen um Schwache gibt ein Gefühl der eigenen Macht. H. will sogar »unseren« Lebensunterhalt bezahlen, »wenn die Ansprüche

174

niedrig sind«, denn vorerst lebt er ja nur von Stipendien. Auch den »Bastard« nehme er noch in Kauf, den »Mischling«, das fremde Kind. Es gibt keine »mütterlichen Menschen«, denen man sich ganz hingeben kann, die einem die Hände aufs Gesicht legen und genau zuhören, alles ganz ernst nehmen und behalten und einen in den Schlaf sprechen. Schriftstellerin werden durch die Befruchtung. Immer wieder dieses verdammte Hoffnungschöpfen. Dieser Scheißmensch, der sich nicht kleinkriegen läßt, schon kleingehackt ist und sich nicht kleinkriegen lassen will.

3. Juli. Kein Lebenswille mehr. Möchte mir den Kopf kahlscheren. Oder etwas zerreißen, einen langen Riß machen. In einen Hungerstreik treten, aber das wäre Verfügung über ihn, er würde sich »zurückziehen«. »Wir können uns sehen, *wenn* wir uns sehen. Wenn wir anfingen, übereinander zu verfügen, dann würde ich mich zurückziehen. Das könnte ich nicht.« In einen Fiebertraum flüchten. Das wollte ich schon auf dem Gymnasium. Dachte, ich müßte in einem Wald ohnmächtig umfallen, dann würde L. sich um mich kümmern, mich in den Arm nehmen und küssen. Sarah gibt schöne Laute von sich. »Präverbiale Laute«, Z. sagt, man müsse sie auf Tonband aufnehmen. Hören können. Zuhören können. Hören. Warum auf Tonband aufnehmen? Warum ist mein Gedächtnis nicht so geschult, daß ich alle diese Laute im Gedächtnis behalten könnte, auch den Entstehungsprozeß dieser Laute? Das Tonband als Hilfsmittel. Wie schreit der Hirte/ den es mancherorts noch gibt/ wenn er die Schafherde es dämmert in den

Zaun treibt?/ Hörst du?/ Ohrmuschel und Kalmusmuschel/ deine Ohrmuschel. Tagesschau im Fernsehen. Im Wartezimmer. Der Mann kotzte, rannte mit staksigen Beinen aus dem Wartezimmer und erbrach sich draußen, kam zurück, setzte sich, die Hände auf dem Schoß, wie um sich festzuhalten, zitternd und bleich, die Beine schlotterten nun, dann fuhr der Arzt ihn nach Usingen ins Krankenhaus, die Überzeugung von der Fluchwürdigkeit der heutigen Medizin, was würden sie ihm alles für Pillen einstopfen, ihn zustopfen, und ich konnte jetzt nichts tun, die Gläubigkeit der Leute bringt mich zur Weißglut, wie sie sagen »die Ärzte«, wie sie sagen »die moderne Medizin«, wie sie sagen, wenn er eine kaputte Niere hat, kann man ihm doch eine neue einsetzen, was die heute alles machen, das ist doch anders als früher, und Oma klappert mit ihren falschen Zähnen beim Frühstück, und sie stopfen sie mit Pillen zu, stopfen ihre Leiden zu, stopfen zu, zu, zu, und ich bin ohnmächtig, ich kann nichts machen, ich kann noch nichts machen. Esse mich voll von wohlschmeckenden Brötchen. Mein Bauch ist dick vom Essen. Sie laufen ja hier alle mit dicken Bäuchen rum. Wie mein Vater damals stolz auf seinen Wohlstandsbauch war. Völlerei: Die Unerfüllten/ füllen sich voll. Freßsucht: Gierig nach Glück/ fressen sie sich voll. Freitag nach Darmstadt? Warum bringe ich mich nicht um? In Bonn ging ich mit einer Tasche voll Kapitalbänden zum Rhein, stand eine halbe Stunde im Dunkeln am Geländer vor der Rheinbrücke, wartete, bis gerade kein Auto kam und versuchte, zu springen, aber ich überwand meinen Lebenswunsch nicht, und nach einer halben Stunde kehrte ich mit meiner Tasche voll dicker Kapitalbände zur Herwarthstraße zurück.

lächerlicher Versuch, lächerliche immerwiederkehrende Versuche. Er soll mich retten, eine Mutter, ein Liebster. Gibt es das noch? Was will ich, was warte ich? Bring dich um. Alles kalt. Alles leer. Der Körper träge. Ich liebe und möchte wegschlafen. Flüchten. Ein Fiebertraum. Könnte ich immerzu schlafen. Dornröschen. Wie im Altersheim. Ich bin tot. Ich bin gestorben. Einen langen Riß machen, daß es kreischt. Im Gefängnis schlucken sie oft Messer und Gabeln, alle möglichen Gegenstände, um sich umzubringen. Aber meistens ist der »Selbstmordversuch« ein »Liebeswerben«.

4. Juli. Die Buchstaben des Alphabets schief und krumm biegen wollen. Die Brüste sich abschneiden. Sich verstümmeln, um zu sich selbst zu kommen. Heute nacht Träume von Pferden, Wölfen, von einem riesenausgedehnten Schloß, meine Eltern und Z. und ich wohnten darin, Z. in anderen Räumen, ich suchte Z., er lag betrunken, und der Himmel war in Lust und Kummer da, auch wenn Baal schlief, selig war und ihn nicht sah, nachts er violett und trunken Baal, in einem dunklen Raum, wir verabredeten, wann wir uns in Darmstadt treffen würden. Lese herum. Storms Sohn Hans ist gestorben. Z.s Sohn Hans. Strindbergs »Tochter« sagt: »Es ist schrecklich schwer, verheiratet zu sein ... das ist schwerer als alles andere! Man müßte ein Engel sein, glaube ich.« Z. ist ein Engel, ich bin kein Engel. Lag gestern den ganzen Tag auf dem Bett und dämmerte dahin. Erinnerte mich, wie ich den Medizinstudenten J. verfolgt habe. Immer muß ich jemand verfolgen. Wirbt niemand um mich, von denen da? Ist es der Mechanis-

mus, den ich als bourgeois ablehne, daß man den nicht liebt, der um einen wirbt, und den liebt, der nicht um einen wirbt, dem ich nun auch verfalle? Wenn ich so wie Kafka eine Heirat abwehren könnte. Ach diese Scheiß-Machtspielereien. Macht-Spielereien aus Minderwertigkeitsgefühl. Das »Liebesorgan« ist abgestorben. Ich bin krank. Wie Fidel Castro sagt, seine Feinde liebe er mehr als seine Freunde, mit den Feinden gebe es Widerspruch, mit den Freunden Harmonie, und die sei langweilig, aber es wäre doch gut, viele Freunde zu haben, sagt ein Journalist zu Fidel, ja sagt Fidel, das ist ja gerade der Widerspruch, das ist ja gerade das Problem. Was sind das für Freunde, was sind das für Marxisten, der Widerspruch ist doch der Schoß der Welt. Warum gebe ich so schnell auf? Ich will gleich auf der Stelle alles, am besten noch in einem Safe verschlossen, mit Geheimcode, den nur ich öffnen kann. Liebe doch Z. einfach, liebe Karin. Seine Vergangenheit studieren, um ihn ganz erkennen zu können. Kränkungen sind nur Kränkungen in meinem Wertsystem, nicht in seinem. Ich weiß, ich will mir Geschöpfe schaffen. Menschen nach meinem Bilde. Von den Menschen meiner Klasse habe ich wenig Widerstand erfahren. Sie waren mir nicht mehr gewachsen, als ich erst »auf der Oberschule« war. Diese Ehrfurcht, die sie haben vor »Studierten«. Nichtskönnern. Mit den Menschen der fremden Klasse lebte ich auf Distanz. Oder in unverstandener Zwietracht. H. hat mich zu sehr angebetet. Er fühlte sich unterlegen, obwohl er gar nicht unterlegen ist. Wie er mir meine Gymnasiumsjahre vorhielt. Meine sogenannte sprachliche Sensibilität, die ich in der Schule gelernt hätte. Und er sei so im Hintertreffen, ohne Abitur. Er rächte sich, beschimpfte mich als

»abgestiegene Bauerntochter«, wo er doch ein waschechter Proletariersohn ist. Hör doch auf mit deiner »Psychoscheiße«, abgestiegene Bauerntochter. Ich habe gerade erfahren, daß ich schwanger bin. Nun ist er in meinem Leib, Elias, und kann noch nicht fragen »Warum hat mich mein Vater bloß mit diesem schweren Stoß gepflanzt in meiner Mutter Schoß?« Lieber Elias, von jetzt ab kann ich mit dir Zwiesprache halten. Jetzt will ich etwas tun. So wie man schreibt und malt, so ist ein Kind gut, aus Fleisch und Blut, die Unverbindlichkeit aufheben, in die du dich geflüchtet hast, so wie Sarah da ist, auch wenn ich H. nie mehr sehen könnte. Ich kann das Kind selber ernähren, sage ich zu Z. am Telefon. Er solle aufhören, von »Verantwortung« zu reden. Ich muß es damit ernst meinen, wenn ich es ernst meine, muß ich denken, daß er weggehen kann und sich nie mehr um mich und das Kind kümmert. Ich meine es ernst. Das Geld gehört dem Kind, wie kannst du darauf verzichten, sagen meine Mutter und die Fürsorgerin. Wie können Sie darauf verzichten? In dieser Frage liegt die Überzeugung, daß nur der Mann Kinder ernähren kann, aber die Frau kann es nicht allein. Ich freue mich auf das Kind. Ich wollte ja gar kein Kind. Aber dann wollte ich es? Aus ganz »unpolitischen« Gründen? Der Wunsch nach dem Kind als Wunsch nach »sexueller Erfüllung«? Der Wunsch nach dem Kind als der Wunsch nach Aufhebung der unverbindlichen Theorie der sozialisierbaren Liebe? Alles unbewußt und ohne Plan. Noch mehr unbewußt, noch mehr ohne Plan. Vielleicht werde ich durch diese zweite Schwangerschaft gesund, wo ich bald in einer Gruppe leben werde. Aber warum tue ich so, als sei ich zuversichtlich? Ach ich will

es ihnen schon zeigen, diesen Bürgern, mit meinem Kind
an der Brust werde ich das Rigorosum machen, um
ihnen zu zeigen, daß man mit einem Kind *und*
Gedanken schwanger gehen kann. Als ich Sarah trug,
hielt ich ein Referat im Doktorandenkolloquium, eine
Woche vor der Geburt. Ich werde es schon alles schaffen, ich Dickschädel, nur immer über die Selbstmordtal-
sohlen hinwegkommen, da geht es immer um Millime-
ter.

Donnerstag 6. Juli. Ich bin nicht so weit wie in meiner
kühnsten Träumen. Was will ich? Eine Wohnung in der
Natur. Einen großen Bauernhof. *»Dieses rohe, winddurchpfiffene Haus.«* »Solipsismus« soll dieser Wunsch
sein, sagen einige. Das Wort »Solipsismus« muß ich erst
im Duden nachgucken. Die das sagen, quälen sich mit
ihrem sie überwachsenden Ich. *Ich* hatte nie ein Ich.
Wenn ich versuchte, Ich zu sagen, hieß es »Reiß dich
zusammen«. Nimm dich nicht so wichtig. »Wenn
jemand von sich redete und nicht einfach schnurrig
etwas erzählte, nannte man ihn ›eigen‹. Das persönliche
Schicksal... wurde bis auf Traumreste entpersönlicht
und ausgezehrt... ›Individuum‹ war auch nur bekannt
als ein Schimpfwort.« Wie heute noch in der Arbeiterbewegung. Sind auch die, die die Arbeiterbewegung
anführen, die, die überwachsen sind von ihrem bürgerlichen Ich? »Dieses rohe, winddurchpfiffene Haus.« Frau
sein können. Was ist das? Geliebte, lieben, geliebt werden. Ein kitschiger Wunsch? Ja so kitschig, daß Millionen kleine dünne »Romane« darüber lesen. Liebesnächte. Liebestage. Stillenkönnen... »so wie eine Mutter ihr
Neugeborenes ablecken müßte...« Ich bin liebeskrank

Als hätte ich jahrzehntelang nicht getrunken und gegessen. Als hätte ich jahrzehntelang gelähmt gesessen.
Meine Glieder wären eingerostet und eingeschrumpft.
Diese Vorstellung der Schrumpfung. Krank davon, daß
ich nicht liebe. Und krank davon, daß ich nicht lieben
kann, wenn ich liebe. Z. würde sagen, was redest du
prüde um den Brei herum, gebrauche doch das medizinische Vokabular, du bist da zu empfindlich. Man muß
härter sein. Dieser aufgezwungene Ehrgeiz. Erinnerung
an meinen großen starken Vater, wie er von vier Uhr
morgens bis in die Nacht auf dem Hof mit den Pferden
und auf den Feldern schuftete. Ich sehe ihn ganz dunkel
mit der Peitsche in der Hand ununterbrochen schuften
und arbeiten und schaffen. Hätte es Zufälle gegeben,
wäre er auch ein Flick geworden. Solche Kraft geht ja
meistens in *diese* Richtung, hier. Hier. Angst, daß alles
in sich zusammenfällt. Der Ehrgeiz. Z. ist ein naiver
Mensch. Deshalb hat er, ohne es zu wollen, mit seinem
einem Prozent »Rationalität« wollte er kein Kind, wieder
ein Kind gemacht. Und meistens nutzen das die anderen
aus. Ich kann und will diese Naivität nicht ausnutzen.
Ich bin so anlehnungsbedürftig. An H. kann ich mich
anlehnen, konnte ich mich anlehnen. H. ist kräftig und
sorgt sich. »Er trägt dein Kind durch den Wald«, sagt Z.
Im Huckepack. Dietger ist zu schwächlich, und Z. ist zu
schwächlich, Sarah im Huckepack stundenlang durch
den Wald zu tragen. Ich bin nicht mehr »Ich«. War ich
schon »Ich«? Angst vor der Leere. Angst vor Normalität. Wir als Normalverbraucher, sagt mein Vater. Ist
das mein Problem? Dieser Bourgeois Gustafsson sagt,
die Tragik der Menschen wie der Maschinen sei, daß sie
kein »Geheimnis« hätten. Wie mich dieser Satz jahre-

lang verfolgt hat. Diese Angst vor der Leere. Aber warum sind Menschen Maschinen, hier? Die Angst, zu versiegen. Langeweile der Lehrlinge, sage ich zu Z., ist ein Zeichen von Verstümmelung, nicht etwas ewig Menschliches. Leere ist ein Zeichen von Verstümmelung. Zwerenz über Bloch: er hätte nie einen Menschen erlebt, der wie Bloch noch aus dem Unscheinbarsten einen Sinn herausholt, es gehöre ja zu den Wesenszügen genialer Personen, daß sie ihre Umgebung mit einer mächtigen Kraftanstrengung in den Sog ihrer Kreationen reißen ... So möchte ich sein. Ich bin nichts. Wie wurde Bloch Bloch? In der Schule sei er ein sehr schlechter Schüler gewesen, die alte Geschichte, Brecht sei ein schlechter Schüler gewesen, und diese Leute brächten eben alles aus sich selbst hervor, Sie mit Ihrem »Herkunftstic«, sogenanntes Genie entstehe nur in der Reihe von hochbegabten Familien, aus der Masse des Volkes gebe es nur »Zufallstreffer«, diese faschistische Theorie, sagt H. und wird ganz wütend, ja aber, diese Übung bestimmter Kräfte über Generationen, über Jahrhunderte hinweg, und sieh dir an, was eine Serviererin den ganzen Tag tut, welche Kräfte übt sie? Ich bin nichts. Was soll ich bei Z. in Darmstadt? Als Nichts kann ich nicht lieben. Die Bücher um mich herum verbrennen. Alpträume, ich liefe ein Lebenlang mit Büchern in der Hand herum, mit aufgeschlagenen Büchern, Zitate unterstrichen, würde immer nur diese Zitate vorlesen, denn ich selbst bin ein Nichts, gehöre nicht zu diesen Büchern. Was hatten meine Großeltern, meine Vorfahren, kleine Landarbeiter, mit Büchern zu tun? Wie meine Oma aus der DDR bei uns zu Besuch war, krank im Bett lag und immer nach jemand verlangte. Keine Simone de Beauvoir. Wie meine Mutter, jungverheiratet, draußen auf dem Hof gestanden hätte, von jungen Handwerkern geneckt worden wäre, wie ihr bewußt geworden sei, daß sie jetzt verheiratet war. Wie ich an diese Erzählung dachte, als ein Mann aus einem roten Volkswagen nach mir den Hals reckte. Ist das meine erste Anschauung: Mutti »Knechte« bewirtend, die vom Feld kommen? Aufsteigen müssen, um stellvertretend für das Verlorene der Eltern etwas zu schaffen? Einmal waren sie Bauern auf einem gepachteten Hof, mit »Knechten und Mägden«, und bei ihrer Arbeitswut hätten sie den Hof bald kaufen können. Welche Entlastung für mich (die Last abwerfen), alles hinzuschmeißen. Kann ich alles auf einmal? Nun dieses Kind und die Forschungsarbeit. Und dann will ich alles und alles ganz. Z. ist kaputt durch die »Erlebnisse« in der Kindheit, durch seine zwei gescheiterten Ehen, ich bin kaputt, alles reproduziert sich unendlich, wir können es nicht durchbrechen, weil »die ganze Gesellschaft« krank ist. Ausweg: Selbstmord. Aus-weg. Aus-weg. Weg aus dem Zwischenreich. Im Radio singen sie »O ewige Nacht wann wirst du schwinden?« Ich muß lachen. Erikson: »Autonomie gegen Scham und Zweifel«, »Initiative gegen Schuldgefühl«, »Leistung gegen Minderwertigkeitsgefühl«, »Identität gegen Rollendiffusion«, »Intimität gegen Isolierung«, »zeugende Fähigkeit gegen Stagnation«, »Ich-Integrität gegen Verzweiflung«, was soll ich tun, wenn die Kindheit auf der rechten Seite der Alternativen angesiedelt ist? Arme Sarah und armer Elias, daß ihnen dasselbe passieren wird. »Die Aufhebung der Selbstentfremdung macht denselben Weg wie die Selbstentfremdung«, zitiert Z. Marx in seinem Tagebuch, in dem ich lesen darf.

7. Juli. Vor meinen Augen der robuste Mann im tiefen Taunuswald, der einen schweren Ackergaul befiehlt (was ist gesagt über den Mann, wenn ich sage »robust«, was über den Gaul, wenn ich sage »schwer«?), an einer Kette lange Stämme aus dem Wald zu ziehen, auf dem unebenen Waldboden stolpert das Pferd und gleitet öfters über Wurzeln halb aus, hü hü hü, noch mehr schreit der Mann, schimpft das Pferd an, ich denke an die dressierten Zootiere, an Kafkas »Auf der Galerie«, ich stelle mich zwischen die Bäume und sehe das Pferd auf mich zustolpern, gehe beiseite, setze mich auf eine Bank, Sarah und H. und ich sehen schweigend zu, wenn das alles damit erledigt wäre, daß einer sagt »heute quält man kein Pferd mehr so, das machen heute Maschinen«, wenn der Ackergaul stolpert mit seinen dicken Huffüßen, sehe ich seine Augen austreten, als ob er weint, ich weine nicht, kann nicht weinen, als wenn das damit erledigt wäre, daß einer sagt, »heute fragt keine Lehrerin mehr, hast du denselben Pullover an wie am Samstag, der muß ja stinken«. Solschenyzin, sagt der Leninpreisträger und das Vorstandsmitglied des sowjetischen Schriftstellerverbandes Smirnow, kann leider aus dem engen Kreis des fast vor zwanzig Jahren Erlebten in seinen Büchern nicht herauskommen, er schreibt nur das, was er seinerzeit erlebt hat, und sieht nicht, was heute ist und in der Zukunft sein wird, und das ergibt natürlich ein falsches Bild... »Wir stehen, wie Proust sagte, auf der Spitze einer Pyramide von Vergangenheit«, und ganz so wie der Bürger, der zum Arbeiter geworden ist, immer, und noch in seiner Art und Weise, Arbeiter zu sein, ein Arbeiter-gewordener-Bürger bleiben werde, so wird auch ein Arbeiter und ein Arbeiterkind, das zum...

11. Juli. Lieber liebster Z. Ich bin aus Darmstadt zurück. Wie ich die Treppe hochgehe, vom Zug aus, und Z. ist da, sagt, du bist so luftig und sogar ein bißchen braun. Im Auto hat er eine Schale schwarze Johannisbeeren, frisch in E.s Garten gepflückt, von der er kommt. M.s Wohnung machen wir mit einem Dietrich auf. Wie ich mir noch die Hose mit schwarzer Schmiere vollschmiere. Wie ich die Schrauben wieder ins Türschloß drehe, das wir abmontiert haben. Dieses Kindliche von Z. bei dieser Handlung: die Wohnung mit einem Dietrich aufmachen. Wie ich mit meinem orangenen Leinen-Hanf-Pullover mich lang hinlege, müde von der Hitze und dem Herumprobieren an der Tür. Und Z. und Z. und Z. Wie ich, wenn Z. noch schläft, auf den Markt gehe und Waldbeeren, Kirschen und Aprikosen hole. Und Z. schläft noch, wenn ich wiederkomme. Immer komme ich an dem Schild vorbei: RASEN/ betreten verboten. RASEN verboten. Trottel könnten denken, wir meinten mit »dieser gemeinsam vorgenommenen Änderung« RASEN mit einem Auto, sage ich zu Z. Nachmittags, sonntags, ist der Darmstädter Park »Umschlagplatz« für Drogenhändler. Wir gehen in den Park. Wir setzen uns auf eine Bank »im Mittelpunkt des Geschehens«. Neben Z. ein junges Mädchen, das unaufhörlich Kaugummi kaut und ihren Kopf unter einem Riesensonnenhut versteckt, ihr Freund verkauft Morphium und setzt sich ab und zu zu ihr, er zählt sein Geld, für jede kleine Pille ein Zehnmarkschein. Wie sie da in Trauben stehen und handeln. Macht ihr es nicht zu auffällig, fragt Z. Nimmst du auch das Zeug, fragt Z. das Mädchen, das Dekorationslehrling ist, das will ich nicht, sagt ihr Freund. Z. berauscht sich an der Szene.

Berauscht sich an dem Ungezwungenen, diesem legeren Zusammenstehen der Hascher und wie man sie nennt, an ihren Gesten, wie sie rauchen, ein kleines Kind läuft immer wieder zu einem abgestellten Moped und wirft es fast um, Z. will jedesmal hinlaufen, weil er denkt, das Moped fällt dem Kind auf den Kopf. Z. berauscht sich. Wir necken uns. Mich ekelt dieser Schwarze dort an, mit den koketten eingeschränkten Bewegungen, wahrscheinlich Produkt seiner Vorsicht und seiner Geducktheit vor Erwischtwerden. Z. findet sie alle gut. Seine Sehnsucht nach diesem müßigen, scheinbar müßigen Dasein. Seine richtige Sehnsucht, daß Arbeit und Muße kein Gegensatz sind. Bei uns gibt es das ja nicht, bei den Südländern die Marktplätze, wo sie schwatzen und Nachrichten austauschen und handeln. Carlo ist Ines nachgereist, aus der Schweiz, Carlo schreibt Ines die tollsten Liebesbriefe, er hat mit Rauschgifthandel dreißigtausend verdient, und ich sollte mit nach Israel kommen, sagt Ines, »aber ich kann das nicht ab«, sagt Ines, daß der mit dem Rauschgift, das andere kaputt machen wird, Geld für uns verdient hat, und wie traurig bin ich, daß Ines nicht mit Carlo gegangen ist, »die Liebe ist die einzige schöne Sache die noch gibt auf diese verschmutzt und roboter Welt«, »es ist traurig festzustellen daß nur stark Wein oder subtil Rauschgift können die seelisch Weh dämpfen«, Carlo der revoltierende Sohn eines Bankdirektors einer der größten schweizerischen Banken, Carlo, Ines ist nicht mit Carlo gegangen, »aber ich kann das nicht ab«, sagt Ines. Z. ist high vom Zusehen. Wir gehen im Dunkeln zurück durch den Park, übermütig. Z. sagt »unser Kind«. Z. ist high vom Zusehen. Ich sage, wir wollen die Nacht durchtanzen. Wir wollen Wein trinken. Z. sagt, das geht nicht: »unser Kind«. Wir sitzen, und er nimmt meine Haare und zaust sie alle übers Gesicht, so daß ich nichts mehr sehe, ganz Haarmensch bin. Dann gehen wir zurück durch den Park, reißen einen Lindenblütenzweig ab, die Lindenblüten duften verrückt. Diese Schwüle am Tag, jetzt regnet es, es kommt Gewitter. Ich will nichts mehr für diesen Tag. In der Wohnung stehen die Fenster auf. Ich lehne mich hinaus und beobachte die Blitze. Das Gewitter bricht gegen die Schwüle herein. Während ich auf dem Bett in dem großen Zimmer meiner Wohnung in Anspach liege, in dem du geschlafen hast, als du das erste Mal hierwarst, während ich den Film »Das Mädchen Lone« ansehe, während zwei Lampen auf beiden Schreibtischen brennen, während ich gedankenlos mit den Beinen, auf dem Bauch liegend, in der Luft radfahre, bemerke ich den doppelten Schatten meiner Beine auf der weißen Wand, ich kann mit den anderen Schattenbeinen spielen und denken, du bist es, denken, es sind deine Schattenbeine, es ist jetzt Gewitter, es ist in Darmstadt, ich stehe am Fenster, gedankenlos, beobachte die Blitze, und wenn ich mich umdrehe, spielst du mit meinen Schattenformen an der Wand, wo das Bett auf dem Boden ist, auf dem du liegst, und du streichelst meine Schattenformen, du bist ein Mohnblatt, Mohnblätter sind rot und seidig, und wenn man sie anfaßt und sie zu heftig anfaßt und sie sogar noch abpflücken will, fallen sie in alle Blütenteile auseinander. Wir streicheln unsere Schattenformen. Z. ist high vom Zusehen. Der nächste Tag ist schwarz. Nachmittags bin ich mit meinem Bruder verabredet, der in Darmstadt einen Kursus mitmacht zur Umschulung als Ärzteberater.

Wir treffen uns in M.s Wohnung. Was hatte ich erwartet? Meinen Bruder, der jetzt Ärztebesucher wird? Einen tollen Firmenwagen fahren wird? Hatte ich einen Künstler erwartet? Einen Philosophen? Einen Ho Shi Minh? Einen »außerordentlichen Menschen«? Ich bin gehemmt, mit ihm zu sprechen. Erst hört Z. zu, dann sagt er, er müsse noch arbeiten. Z. geht ins Nebenzimmer. Ich kriege es nicht fertig, mehr als ein seichtes Gespräch mit meinem Bruder zu führen. Burkhard erzählt von Martin Eden. Erzählt mir den ganzen Roman von Jack London. Ich höre zu, und doch nur halb. Wenn Z. etwas nicht wert findet, so verliert es auch für mich an Wert. So weit bin ich. Zu Hause in Anspach kaufe ich mir »Martin Eden« und bestätige mich in meiner Selbstmordverzweiflung. Ich lese die letzten Kapitel. Martin Eden sei vollkommen sicher, daß er glücklicher gewesen wäre, wenn er sie nicht verlassen hätte, um sich mit Büchern und hohen Stellungen abzugeben, er hätte es zu weit gebracht, um noch umkehren zu können, ihre Lebensweise, die einmal auch die seine gewesen, sei ihm jetzt zuwider, er hätte keine neue Heimat gefunden, so groß sei sein Ekel vor den Zeitschriften und der ganzen Bourgeoisie, Mart Eden der Seemann und Mart Eden der Strolch seien wirkliche Menschen gewesen, seien er selber gewesen, er sehe deutlich, daß er sich im Schattental befand, er hätte kein neues Paradies gefunden, und das alte sei nicht mehr erreichbar, mit diesen dummen, brutalen, schwerfälligen Geschöpfen fühle er nicht die geringste Verwandtschaft, er sei verzweifelt, in den oberen Klassen gebe es niemand, und zu seiner eigenen Klasse, die ihn früher so gern gesehen, könne er nicht zurück, er wolle es auch nicht. Burkhard erzählt, wie Martin Eden sich in einem Schiff durch das Bugfenster ins Meer wirft. Ich verabschiede mich von Burkhard, gehe mit Z. zu einem »kommunistischen Komponisten«. Der spielt uns Musik vor, in der »es arbeitet wie das wahllos zuckende Gehirn einer sich überspannenden Großstädterin«. Irgendeine sich elektronisch anhörende Musik, kompliziert und unverständlich, mit eingebautem Einheitsfrontlied. Ich bin verloren. Und meine maßlose Depression arbeitet in mir nach diesem Treffen mit meinem Bruder. Ich mache Z. »den Abend kaputt«. Ach Mensch, sagt Böckle, damit haben wir doch alle zu tun, mit diesem Zigeunerdasein zwischen den Klassen. Ich soll mal genau erzählen, um was es geht. Mir bleiben die Sätze im Hals stekken. Ich bin verloren zwischen diesen Literaten, daß sich mir alles an Gedärmen im Leib windet. Da sitzen sie, und ich mit ihnen, bis vier Uhr morgens. Diskutieren über die Notwendigkeit des »Kulturerbes«. Böckle ist für »Kulturerbe«, Böckle ist gegen Solschenizyn, liest ein paar Kurzgeschichten von ihm vor, von einem Hund mit Knochen, und beweist, daß Solschenizyn vom bürgerlichen Freiheitsbegriff infiziert ist. Wie kann man nur aus der Partei austreten, sagt Böckle. Wie sie mich abstoßen, und wie sie mich anziehen: Böckle und Z. Ich denke, »Martin Eden« ist ja genau »Kopf und Bauch«, nur »Kopf und Bauch« ist eine Stufe höher im »Niveau«. In dieser »späten Nacht«, es ist ja schon vier, als der Spuk zuende ist, Z. schläft schon, ein Kind, das gleich in den Schlaf taumelt nach langem Wachen, ich renne nach draußen, will mich umbringen, kauere dann stundenlang, es wird schon hell, unten im Hof neben einer Mauer, weine und weine, daß ich denke, ich weine

189

alles nur mögliche Weinen aus mir heraus, dann gehe ich wieder hoch, spiele mit Messern an meinen Pulsschlagadern rum, bis ich mich neben den schlafenden Z. lege, er wacht kurz auf, ich erzähle ihm was, und er sagt »Selbstmordscheiße«. Ein liebes Wort hätte ich nur gebraucht. Nicht: »du hast den Abend kaputt gemacht«. Dieser Gegensatz zur Gewitternacht. Er könne das nicht, sagt Z. den nächsten Morgen, diese Probleme, er hätte mir ja nur Unglück gebracht, das beste wäre, wenn wir Schluß machten, wenn er gewußt hätte, in welcher »psychischen Lage« ich sei, hätte er sich nicht mit mir »eingelassen«.

Z. bringt mich nach Anspach zurück. Z. und H. reden zusammen. Es ist wie ein Kuhhandel. Z. macht mir Hoffnung, daß er später mit in die Kommune kommt. Mit deinen Kindern und den Frauen, sage ich. Wenn sie wollen. Möglich ist alles. Ich schreibe Z. einen Brief, frage, ob wir unsere Beziehung nicht »wachsen« lassen könnten. Warum er nicht immer so sein könne wie in der Gewitternacht. Daß ich Angst hätte, als beliebig behandelt zu werden, nach der Theorie der »sozialisierbaren Liebe«, nach der jeder Liebende und jeder Geliebte ersetzbar sei, wie jeder Arbeiter ersetzbar ist, wie jeder ersetzbar sein soll, ja warum ist eine Geburt überhaupt noch eine individuelle Erfahrung, frage ich Z., jede Minute werden Massen von Kindern geboren. Daß seine Theorie der »sozialisierbaren Liebe« nur Reflex seiner schlimmen Erfahrungen sei. Aber »auch ein objektiver Fortschritt«, sagt Z. Warum er sich immer wieder normalisieren lasse. Wahnsinn sei ständige Präsenz, ständige Wahrnehmungsfähigkeit. Die

Zärtlichkeit sei nicht beschränkt auf bestimmte Stunden, in denen die »Tiefenwahrnehmungen« aktiviert sind. Mein Wunsch, abends nach Hause zu kommen und Z. anfassen zu können, Z. meinen Liebsten, die »blinde Möve« ist blind auf dem einen Aug, wenn M. sagt, ich bin ein dreibeiniger Vogel, Bein und Flügel und Auge haben sie Z. ausgestochen, abgerissen. Die Gewitternacht. Z. sagt, wonach riechst du, ja jetzt weiß ich, du riechst aus allen Poren nach Anis, dein goldenes Vlies, sagt Z., deine Quelle, sagt Z.

13. Juli, halb acht. Die Nacht also. Z. ist um drei Uhr noch gekommen. H. ist schon weg, in Lemgo. Z. war ganz kalt, ich machte alles kaputt mit meinen Erpressungsversuchen. Er liest meine »Selbstmordaufzeichnungen« von diesem Tag, sagt nur »du siehst alles sehr klar«. Z. fällt vor Müdigkeit in seinem Stuhl zusammen. Es ist vier Uhr, oder schon fünf, ja fünf Uhr. In der Heizung knackt es, draußen ist wahnsinniger Lärm, als wenn einer mitten in der Nacht Öl für die Heizungen des Hauses einpumpt. Z. ist unruhig und schläft nur im Halbschlaf. Wer weiß, was jetzt in ihm »kreucht und fleucht«, Erinnerung an eigenes Leiden. Man weiß nicht, was »in einem kreucht und fleucht«, ein Ausdruck von Dietger. Morgens in meinem und H.s früherem »Ehebett« ist Z. scheu. Er liebe mich jetzt nicht, hat Z. nachts noch gesagt. Wenn ich schwach bin, liebt er mich nicht. Geliebt werden nur die Starken. Hätte G. mir nicht eingeredet, man kotze die Schlaftabletten wieder aus, und hätte ich nicht Angst gehabt, das Kind zu verlieren und selber am Leben zu bleiben, ich hätte mich

umgebracht, ohne alle möglichen Leute zu Hilfe zu rufen. Aber auch *mein* »Selbstmord« ist ja immer ein »Liebeswerben«. Burkhard ruft an, er hätte an dem Abend nach unserem Treffen lange nicht schlafen können, er hätte gefühlt, daß es mir schlecht ging, er hätte so kalt gesagt, mit Selbstmördern könne man kein Mitleid haben. Selbstmord sei doch kein Ausweg, nur Feigheit, mehrere Briefe hätte er angefangen. Schön und tröstend, zu erfahren, daß da doch Sensibilität ist. Hoffnung für mich. Jetzt schreibe ich erst mal für mich, konzentriere mich auf anderes als auf Z. Z. muß von allein kommen. Ich kann nichts erzwingen. War es richtig, ihn mit meinen Selbstmordplänen verrückt zu machen, ihn um Hilfe anzurufen? Ob es gut war. Es war notwendig. Notwendig, um zu erkennen, daß es nicht gut ist. Z. sagt kalt, alles sei »Theater«, »Selbstinszenierung«. Ich wehre mich und sage, du hast doch oft genug selbst dieses »Theater« gemacht. Und er hatte mir doch recht gegeben in der Diskussion über die Häftlinge, daß ein Selbstmordversuch »Liebeswerben« ist.

Jutta erzählt, Dietger und sie hätten einen Artikel im »Stern« entdeckt über die Tragen für Babys, die sie einmal bei einer Zigeunerin in Ungarn gesehen haben. Sie überlegten, ob sie gleich zwei bestellen sollten, eine für mich, eine für Jutta, damit auch sie Elias tragen könne. Ja, das ist die einzige Möglichkeit, *ich* wollte das Kind und muß es selbständig austragen. Die Teilnahme von Z., die ich mir so sehr wünsche, kann ich nicht erzwingen. Wie hilflos und sorgend H. wurde, als die Wehen begannen. Wie er hinter meinem Kopf stand bei der Geburt von Sarah. Wie er sagte, den Klumpatsch Nachgeburt habe ich mir nicht angesehen. Wie er in einem Psychologiebuch aus der DDR gelesen hat, als er noch nicht hereindurfte. Diesmal werde ich das Kind nicht im Krankenhaus auf die Welt bringen. Ich werde in unserer Kommune in jenem Zimmer wohnen, wo Maria, die Arbeiterfrau, ihre fünf Kinder zur Welt gebracht hat. Maria sagt, jetzt sei eine Hausgeburt ja nicht mehr üblich, aber eine Hebamme und ein Arzt würden sich schon finden. Das Kind drei Stunden nach der Geburt schon »anlegen«. Die weiße Schmiere nach der Geburt nicht »hygienisch« abwaschen, sondern dranlassen, denn sie zieht nach einigen Tagen in die Haut ein und macht die Haut weich. Sie haben keine Ahnung davon im Krankenhaus, in dieser Krankenhausfabrik. Untersuchung: In die Kabine gehen und »den Unterkörper freimachen«, ich bin kein Mensch mehr, ein schwangeres Tier (immer die Degradierung der Tiere), auf den Gynäkologenstuhl, Beine auseinander, Gummihände fühlen im Unterleib nach dem wachsenden Kind, Blut wird abgenommen, jedesmal ein anderer Arzt, ein Händedruck, »Auf Wiedersehen«, »die Nächste bitte«, auf die Frage »Wie geht es?«, antworte ich einmal, dann nicht wieder, der Fragende hört doch nicht zu, Städtische Krankenanstalten Düsseldorf. In der Krankenhausfabrik verteilen sie Babyfertignahrung, die in Massen von den Firmen abgegeben wird. Sie wollen einem das Stillen abgewöhnen. Sobald es die kleinste Schwierigkeit damit gibt, sagen sie, lassen Sie nur, wir binden Ihre Brüste ab. Man hat heute sogar Spritzen, Spritzen gegen das Stillenkönnen, Spritzen, damit die Milch versiegt, damit die Arbeiterin X auch schnell nach ein paar Wochen wieder in die Fabrik malochen gehen kann, denn wir haben heute ja doch so viele schöne Babymilchen, Fertigmilchen, natürlich wird das Kind widerstandsfähiger, wenn es gestillt wird, aber wir haben doch heute so viele schöne Medikamente, und es gibt ja die Impfungen, da brauchen Sie sich gar keine Sorgen zu machen, keine Sorgen. Die Ärzte sollen von den Firmen, von den Konzernen bestochen werden? Was haben denn die Ärzte davon, sagt meine Mutter, und wittert mal wieder eine kommunistische Schwarzmalerei. »Die Ärzte« empfehlen nur das, was für die Menschen wirklich gut ist. »Die Wissenschaftler«. »Die Wissenschaft«. O ihr Wissenschaftsapostel, möchte ich ausrufen. Wahrlich, ich sage euch, möchte ich ausrufen. Ihr Wissenschaftsapostel unter der Maske der Nüchternheit. Aber ich bin ja nicht Jesus.

Psychiatrische und psychoanalytische Bücher lesen, damit ich Z.s Widersprüche begreifen kann. Geschichtliche Studien über die Zeit von neunzehnhundertdreiunddreißig bis neunzehnhundertundfünfundvierzig, um zu begreifen, was Z. erfahren hat. Ich will Z. erkennen. Er erkannte sie, und sie wurde schwanger. Sie erkannte ihn und wurde schwanger. Z. erkennen. Irgendwann wieder nach Hamburg fahren. Z.s Tagebücher lesen über seinen Vater, wenn er mich läßt. Aber daran nicht zu sehr denken. Wie Z. das erste Mal, als ich mit dem Zug zu ihm nach Hamburg gefahren bin, lauter Gemüse für mich gekauft hatte, und ich habe es nicht mal angerührt. Alle diese lieben Gesten. Er ist dazu geeignet, weil er nicht dazu geeignet ist. Wie schnell Z. mich ablehnt. Er liebt nicht. Er liebt sich selber. Er genießt. Für ihn bin ich ein exotisches Tier. Z. sieht gern exotische Tiere an, geht mit ihnen um, streichelt sie und gibt ihnen zeitweise von sich ab. Im Fernsehen sehe ich einen Krimi in der Reihe »Der Kommissar«: ein Millionärssohn liebt ein Mädchen aus proletarischen Verhältnissen, das aus dem Fürsorgeheim (Fürsorgegefängnis) ausgerissen ist, er liebt sie, weil sie vor seinen Augen, er findet sie auf der Straße, flüchtend, ihre Schuhe auszieht und mit einer bestimmten Geste in den Straßengraben wirft, deswegen liebt er sie. Wenn er selber high ist, liebt er. Leda mit dem Schwan. Z. sagt, Leda sieht N. ähnlich. Ja ja, viele Frauen sieht er nackt und liebt sie. Ich bin wieder dabei, mich in eine psychotische Stimmung reinzureißen. Niemand da außer mir. Hatte gehofft, morgen mit W. P. tanzen gehen zu können und mit ihm über Ästhetik diskutieren zu können. Aber er kann erst in zwei Wochen. Er macht Theater mit Lehrlingen. Hat ein Stück mit Postlehrlingen gemacht. Und hat rausgekriegt, daß Einsichten nur wirklich dasind, wenn die Lehrlinge sie im Stück spielen können. Die Postlehrlinge berichten, wir solidarisieren uns mit einem Berufsmitschüler gegen den Turnlehrer, der ihn schikaniert hat, aber sie berichten nur über die Solidarität, im Stück können sie die Solidarität nicht spielen, diese Situation haben wir noch nie erfahren, sagen sie, und dann weiß man also, wozu Theaterspielen gut ist, ästhetische Erziehung mit Lehrlingen nennt W. P. seine Arbeit, wenn die Postlehrlinge »diese Situation, die sie noch nie gehabt haben«, im Schauspiel probieren. Denke an die Diskussion mit Z. über die Sozialdemokratie, er wollte meinem Bruder sogar schreiben, mein Bruder solle bloß die wählen, weil mein Bruder nicht genau wußte, wen er wählen sollte, er könnte auch CDU wählen. Z. und ich stritten uns über die SPD-Wählerinitiativen. Ich äußere mich abschätzig über die SPD-Wählerinitiativen, die werden von Professoren und höheren Töchtern, die mit tollen Pelzstolas zu SPD-Kongressen fliegen und hartnäckig behaupten, daß jeder gleiche Chancen hätte, wenn er nur wollte, wenn er nur wollte, ausgeheckt. Ich rede von Einzelkämpfern. Z. lacht. Dann hat er aber gesagt, er sei ja auch immer ein Einzelkämpfer gewesen. Aber die DKP könne man nicht wählen, sagt Z. Dann könne man auch gleich die CDU wählen. Wählen? Ich würde *hier* nicht gehen, und ich würde *dort* nicht gehen. Überall nur *ein* Kreis für *ein* Kreuz. Wozu? Ja dann wähle man den Faschismus. Ach Gott ja. Geht die Diskussion nicht tiefer als bis zu diesem Argument? Ich wollte zu den Jusos gehen. Ich war so ausgehungert von den DKP-Versammlungen. Aber ob ich bei den Jusos weniger ausgehungert sein werde? Ich will mit W. P. tanzen gehen. Die Nächte durchtanzen. Niemand ist da. Was soll ich tun in dieser schrecklichen Einsamkeit? Aber du hast doch Sarah, sagt meine Mutter, am Telefon. Und die Telefonrechnung ist von stundenlangen Ferngesprächen, diesen Hilferufgesprächen, auf fünfhundert Mark gestiegen. Kuschle dich mit Sarah zusammen ins Bett, sagt meine Mutter. Du mußt jetzt wieder ruhig werden. Sie weint fast. Du willst mir das antun, dich umbringen, und sagst, *dein* Kind willst du nicht abtreiben. Was sollen wir nachher sagen, hätten wir die Karin nur nicht auf die Schule geschickt, wo sie verrückt gemacht worden ist, wir werden unseres Lebens nicht mehr froh. Ich esse zu viel. Essen ist konkret sinnlich. Musik verlockt mich zu tanzen. Aber allein tanzen?

Bei jeder Frage erinnere ich mich an Sätze von Z. Die schmerzhaften Erinnerungen. Der Ausdruck von Max Frisch »in seiner Erinnerung fing etwas zu hallen an«, dieses schmerzhafte Hallen, in einem engen Raum hallt es, das Hallen dröhnt mir auf den Kopf zurück, droht mich zu zerschmettern, beim Einschlafen die überstarke Empfindung jeden kleinen Lärms, der anfahrenden und abfahrenden Autos, des Autolärms der etwas entfernten Landstraße, die Sehnsucht nach großer Ruhe, nach Stille. Wie man vor Liebesspielen tanzen könne, aber meistens sei er zu gehemmt dazu. Angst vor Euphorie, Angst, sich zu geben und dann getreten zu werden. Wie wir versuchten, Haschisch zu rauchen. Ich das erste Mal. Schmeckte scheußlich. Der Hals war so trocken, daß ich dachte, ich sterbe, in dieser Trockenheit des Halses kann ich nicht atmen. Z. flößt mir Wasser ein. Nie wieder, sage ich zu Z. Aber du warst unheimlich gut. Geschrien und geschluchzt habe ich.

14. Juli. Ich muß richtig ausschlafen. Auf das Kind konzentrieren. Nicht immer daran denken, ob »der Vater« mich liebt. Wenn meine Liebe stark genug ist, wird sie auch größere »Gegenliebe« erzeugen. Empfängnissucht. Zeugungssucht. Schöpfungssucht. Mit »Karin I« will er mich nicht »zusammenbringen«. N. kenne ich nicht. Mein Gott, was gehen sie mich alle an, diese Bürgersöhnchen und Bürgertöchter. Leute, die nur inspiriert sind, wenn sie einen Nachmittag lang Hippies beobachten. Das ist doch zum Kotzen. Wohin habe ich mich verirrt. Aber ich kann nicht zurück. Ich kann ja seit achtzehn Jahren nicht zurück. Beruhigt zugleich

und traurig, daß Ines nicht mit jenem Sohn des Bankdirektors einer der größten schweizerischen Banken gegangen ist. Wodurch kann ich ruhig werden? Ich trage jetzt in Ruhe und Geduld dieses Kind aus. Z. wird sein Kind, »unser Kind«, sehen wollen. Wenn es erst da ist. Z. kann Kinder lieben. Kann Z. Kinder lieben? Warum kann ich mich nicht darauf freuen? Vielleicht ist für ihn die Liebe sozialisierbar, weil er ständige Bestätigung braucht. Und ich? Dauernd redet er in seinen Gedichten davon, daß einer »einen hochkriegt«, wie brauchte man dauernd davon zu reden, wenn einer einen hochkriegt, problemlos? Sein Interesse für Pornografie, »Erfindung unschuldiger Bereiche, paradoxerweise«, nennt er sie. Er erzählt von einem Transvestitenlokal. Die Zwei-deutigkeit der Transvestiten. Die Transvestiten sind *zwischen*. Dietger erzählt von Verwandten, von einer Familie, einer Aufsteigerfamilie, keiner Absteigerfamilie, einer Aufsteigerfamilie, der Mann ist Transvestit. Ich zitiere Z. Lessings Beschreibung des Epigramms: Die Zwei-deutigkeit des erotischen Epigramms könne sehr oft die Seele des feinsten Schmerzes sein. Z. dankt mir für diesen Hinweis, er habe das ganz vergessen. Die verklemmte Erziehung durch seine Mutter. Auch der Vater muß ein verklemmter Mensch gewesen sein. Z. wirft mir vor, ich sei »prüde«, weil ich die üblichen Ausdrücke nicht aussprechen will. Aber es fragt sich, wer wirklich prüde ist, ob nicht mein Entsetzen über Begriffe wie »Geschlechtsverkehr« und »Fotze« weniger prüde ist als ihr kaltschnäuziges Aussprechen. Im kaltschnäuzigen Aussprechen liege auch eine Abwehr, sagt Z., das kaltschnäuzige Aussprechen sei ein »Abwehrzauber«. Die Andeutungen von Z., ich sei seine Mutter, ich wolle seine Mutter sein. Angst, seine Angst, in die Mangel zu geraten, gefangen zu werden, an die Kette zu kommen. Seine Angst, »in den Clinch« genommen zu werden, ich frage ihn, was das ist »Clinch«, und er erklärt es mir. Dann lese ich bei Erikson, daß die Angst, die aus dem Gefühl entspringe, bis zur völligen motorischen Machtlosigkeit behindert und gefesselt zu sein, ihr Gegenstück habe in der Angst, überhaupt nicht gehalten zu werden, alle äußeren Bindungen und Schranken zu verlieren und mit ihnen die für die Definition der eigenen Autonomie notwendige Orientierung. Und ich denke, wieviele Ursachen haben unsere Ängste eigentlich? Er, der »freischwebende Intellektuelle«. Er, der Sohn des Vaters, der sich erschossen hat. Der vaterlose Z. Er, der Sohn einer Mutter, die ihn »in den Clinch« genommen hat? Er, der Sohn der Professorenrektorenlippizzanerfamilie. Aber wie soll man alle Ursachen aufspüren, um Z. erkennen zu können?

Z. sagt, ich hätte ihn »reingelegt«. Ich muß mich verteidigen. Ich habe offen gesagt, daß ich ein Kind will. Solange es noch nicht ernst war und Z. glaubte, es sicher verhindern zu können, hat er sich meine Träumerei von einem Kind gern angehört. Welches Gefühl, daß eine Frau so weit geht, von einem solchen »Kaninchenfuttersucher« ein Kind haben zu wollen. Wie mein Bruder Burkhard nach Schluß der täglichen Volksschule stundenlang am Straßenrand, auf dem Nachhauseweg, getrödelt hat, wie er dort »Kaninchenfutter gesucht hat«, wie er dort geträumt hat, wie er vagabundiert ist. So denke ich es mir jedenfalls, denn mitgekriegt habe ich ja immer nur die Schläge, die der »Kaninchenfuttersucher« kriegte, weil er nicht pünktlich zum Mittagessen gekommen ist. Und immer wieder wiederholte sich das. Burkhard und Z., diese Kaninchenfuttersucher. Willst du etwa die schlagende Mutter sein, liebe Karin? G. erzählt, Z. und seine Geschwister hätten immer um fünf Uhr abends pünktlich auf die Minute beim Kindermädchen Leni zurückseinmüssen. Wenn sie zu spät gekommen sind, hätte das Kindermädchen Leni sie manchmal geschlagen. Deshalb zieht sich Z. zurück, wenn er merkt, ich *will,* daß er mir schreibt, ich *will,* daß er mich liebt. Da steht das Kindermädchen Leni und wartet, und da steht die Mutter und schlägt den Kaninchenfuttersucher in der Waschküche, und er schreit, und dann bleibt er doch wieder nach dieser widerlichen Volksgefängnisschule stundenlang am Straßenrand und sucht Kaninchenfutter, und die Mutter läuft immer hinterher, wenn Z. etwas tut, in der Küche zum Beispiel, mach es so, du machst es nicht richtig, du kannst das nicht, die fressende verschlingende kannibalistische Mutter. Wie wir darunter leiden, daß die anderen gelitten haben. Wie ich darunter leiden muß, daß Z. gelitten hat. Vielleicht muß ich alle Erwartungen vergessen. Erwartungslos werden. Die Angst nur Folge der falschen Erwartungen, der negativen Erwartungserinnerungen, der Lektüre zynischer Ausdrücke, das alles müßte ich vergessen. Einmal nicht mehr spielen müssen, einmal richtig spielen können, einmal nicht mehr sich selber anstacheln müssen, weil man will, daß alles so ist, wie man erwartet hat. Der »Etranger« sein. Stelle über Julika im »Stiller«: »Ein paar verzagte Anläufe, sich als Lesbierin zu versuchen... andere Frauen ersparen sich das Ballett, indem sie dafür die Mutterschaft haben... um sich selbst in ihren Kindern besser liebkosen zu können... widerstrebte es ihr einfach, jene Miene wilder Auflösung und seliger Ohnmacht zu heucheln... diese Miene des Überwältigtseins...« Ein ganzes Buch darüber, wie Liebe wäre, wenn vom ersten Tag nach der Geburt an das Erotische ohne negative Wertungen wäre, ohne unterschwellige Wertungen, wie hätten wir uns lieben können, H. und ich, noch mal die Szene in jenem Schweden-Haus am Meer, die Szene in der Pension am Atlantischen Meer, wo wir Wilhelm Reich »Massenpsychologie des Faschismus« gelesen haben, »was wäre wenn«, was hätte sein können wenn, und das Kinderlied kommt mir in den Sinn, »wenn das Wörtchen wenn nicht wär wär mein Vater Millionär«. Eben auf dem Rückweg vom Briefkasten, plötzlich der riesengroße Schäferhund der Lehrerin, die sich auf der Ecke ein Haus baut, im Dunkeln bewegt er sich plötzlich, ich will laufen, aber ich zwinge mich, langsam zu gehen, denke, er wird mich erst recht verfolgen, wenn ich jetzt laufe, gleich werde ich glühende Augen überall sehen, wenn ich schlafen gehe, wie ich in Dorfen nicht wagte, allein zwischen zwei Weiden entlang zu gehen, in denen Kühe und Bullen grasten, die kamen immer auf mich zu, an den Zaun, als wären sie Stiere und von dem roten fliegenden Haar gereizt, und dann las ich, ein alter Mann wäre, um den Weg abzukürzen, durch eine Wiese gegangen, und eine Herde von Kühen hätte ihn totgetrampelt und sein Sohn hätte ihn blutig und zertrampelt gefunden, der Sohn war auf die dichtzusammenstehende Traube der Kühe aufmerksam geworden, Mutti sagt, sicher war der alte Mann zu schwach. Eben hat Z. angerufen, um sich zu entlasten von seiner Angst, daß ich mich doch noch umbringe. Das ist alles. Ich bin so dumm, ihm zu erzählen, daß ich heute vier Bücher gelesen habe. Er liest vier Menschen am Tag, ich lese vier Bücher am Tag. Aber auch die Menschen liest er nur an, wie die Bücher. Diese Intellektuellen lesen ja nie ein Buch »von vorne bis hinten«, das machen eben nur Kinder wie wir, wie H. und ich. Er soll mich in Ruhe lassen. Ja, er will doch gar nichts von mir. Da sitzt er irgendwo, sagt G., »sieht ein Weib, glotzt und will mit ihr pennen«. Wie G. das Wort »pennen« ausspricht. Seine Scheißtheorie von der sozialisierbaren Liebe. Er hätte schreiben wollen, aber er sei zu zerstreut gewesen, einen roten Luftballon für Sarah hätte er schicken wollen, aber er hätte keinen gefunden. Ich bin wieder ganz durcheinander. Hätte ich nicht mit ihm gesprochen, aber ich dachte, meine Mutter ist am Telefon. Ich wollte mir den Kopf abschneiden. Laßt mich in Ruhe. Ruhe. Ruhe. Ich bin kein Buch, das man im Vorübergehen durchblättert.

Ich muß es noch aufschreiben, obwohl es spät ist und ich verkrampft bin beim Schreiben aus Angst, es könnte jemand aus dem Haus kommen und sich beschweren über das laute Schreibmaschinengeklapper. Z. liebt mich doch! Das Tonband. Sein Gesicht. Was will ich! Einen Hund an der Kette? Ich muß wieder ich selbst werden. Endlich meine Dissertationspläne durchdenken. Walser sagt, alle schöpferischen Menschen sind aus dem Proletariat, die anderen haben es nicht nötig, schöpferisch zu sein. Ich denke, ist das nicht eine Romantisierung? Bei seinen Lesungen sei immer Proletariat und Kleinbürgertum. Ja aber, dann gäbe es ja keinen Grund, daß die

Arbeiterklasse die »qualifizierte Literatur« nicht liest. Wenn doch alles Schöpferische vom Proletariat ist? Ich frage, warum es für den Schriftsteller keine Ausbildung gibt. Man könne einen Schriftsteller nicht mit einem Tänzer oder einem Maler vergleichen. Warum nicht? Wie kann ich mich zum Schriftsteller ausbilden? Schreiben ist eine »Wissenschaft«, Schreiben ist eine archäologische Wissenschaft, »Archäologie«, kann ich etwa etwas Vergangenes, etwas Niedagewesenes, etwas Zukünftiges, etwas Mögliches mit der bloßen, ungeübten Hand ausgraben? Die Sendung im X-Rundfunk vorbereiten. Deine Forschungsarbeit liegt also jetzt seit Monaten »auf Eis«, sagt Mutti, nein sage ich, sie liegt nicht »auf Eis«, denn diese Sendung mit dem Arbeiterschriftsteller Herbert Friedmann ist für mich eine Vorarbeit. Vielleicht versuchen, zum WDR Beziehungen anzuknüpfen über R. Beim WDR arbeiten? Es sind alles flüchtige Möglichkeiten. Keine Möglichkeiten. *Es gibt Möglichkeiten für mich, gewiß, aber unter welchem Stein liegen sie?* Die Riesensteine, die mein Vater von seinem Land, von seinen Feldern, hat erst wegschaffen müssen, ehe er Land und Felder bebauen konnte. Stimmt das, oder habe ich diese Erinnerung erst geträumt? Wenn Z. nur nicht aus Mitleid anruft, wegen Sarah. Wie er erschrocken ist, daß ich Sarah »mit einem großen Löffel das Essen in den Mund stopfe«. Du bist doch, glaube ich, ganz schön robust und brutal, sagt er. Wie er mir brutal Abtreibung rät: Für Abtreibung Todesstrafe, das Leben ist unantastbar... das hat ja nun für uns eine neue Qualität bekommen leider ist es so und ich stelle es einfach nur als eine Realität fest daß die Tatsache daß du wie du sagst ein Kind von mir erwartest mich dir gegenüber blockiert so daß ich eigentlich gar nicht mehr frei bin für diese Freundschaft dadurch ist für mich ein sehr schwieriges Problem entstanden so daß jedenfalls vorübergehend fast eine Alternative entstanden ist entweder du trägst dieses Kind für dich gegen meine Auffassung sozusagen gegen meinen Willen aus oder wir sind gelassen eine Freundschaft zu haben in Distanz in Nähe im Wechsel zwischen Nähe und Distanz mit allen Möglichkeiten der Distanz und mit allen Möglichkeiten der Nähe als zwei freie Menschen so wie ich das von vornherein gedacht hatte das sieht aus wie eine Erpressung ist keine Erpressung ich achte deine Entscheidungen muß dir nur sagen wie die Realität für mich aussieht bitte achte du auch meine Empfindlichkeiten und meine Not vielleicht können wir trotz dieser ganz starken Meinungsverschiedenheiten in diesem Punkt solidarisch sein und unsere Standpunkte achten die sich vielleicht gerade dadurch daß wir sie achten auch verändern lassen... Warum höre ich immer diese Tonbandbriefe? Erst der Schlag ins Gesicht. Dann der Strohhalm. Standpunkte die sich vielleicht auch verändern lassen. »Möglich ist alles.« Wie Z. immer in der besonderen Betonung sagt. »So wie ich das von vornherein gedacht hatte.« H. und du, und du und ich, das sind zwei verschiedene Sachen? Nein, nein. Bürgertum hin, Bürgertum her, aber ich bin nicht aus dem Bürgertum, lieber Z., und H. und ich, und du und ich, das sind nicht »zwei verschiedene Sachen«, das sind nicht zwei getrennte Sachen, ich bin schizophren, lieber Z., aber nicht so, nicht so, lieber Z. An meine Arbeit denken. Vielleicht ist eine Dissertation nicht die richtige Methode. Vielleicht eine, die mich krank macht, diese abstrakte, diese in Schemata gepreßte Form. Versagen vor dem Anspruch, eine Dissertation als Essay zu schreiben. Assoziativ könnte ich die Einsichten vielleicht viel besser geben? Ja tu es doch, und rede nicht und rede nicht unaufhörlich davon! Erkläre doch, was deine wirklichen Schwierigkeiten mit dieser Dissertation sind. Ja, ich erkläre. Da sind die Bücher der Bürgerlichen, ich nenne sie einfach so, die Bürgerlichen. Sie sind vollgestopft mit Reflexion, aber es fehlt so viel, es fehlt das größte Stück »Realität«, die Realität der arbeitenden Klasse, meine Mutter sagt nicht »Klasse«, ich habe sie gefragt, »die ollen Arbeiter da«, sagt sie, wenn sie die »arbeitende Klasse« meint, die Realität der »ollen Arbeiter da«, die fehlt, die Bürgerlichen schreiben nicht mehr über die einfachsten Dinge, *ihre* einfachsten Dinge haben sie ja längst beschrieben, sie herrschen ja schon so lange. Und da sind dann die Bücher von Max von der Grün und von Richard Limpert. Wenn ich für M. und Jakob Rotbarschfilet aus der Gefriertruhe kaufe, denke ich an Regina Korns »Weihnachtszeit bei Findus«. »Das Band wird schneller und immer schneller gestellt... Wir arbeiten zu dritt an einer Fischsäge. Meine Aufgabe ist es, acht Stunden lang 24 Pfund schwere Fischplatten von der Palette auf den Tisch zu heben, aus dem Papier zu packen. Man bückt sich, reißt die schwere Fischplatte hoch, läßt sie auf den Tisch knallen, zieht das Papier herunter, dreht sich um, bückt sich wieder, reißt die nächste Platte hoch, knallt sie auf den Tisch, zieht das Papier herunter, dreht sich um, reißt wieder eine Platte hoch und so geht das weiter, stundenlang, die Platte zu 24 Pfund.« Nicht etwa, daß ich sage, das ist keine »Kunst«, so wie Professor M. Nein nein, aber es fehlt etwas, und ich weiß nicht genau, was fehlt. Vielleicht einfach nur Phantasie? Vielleicht einfach nur Reflexion? Ich weiß nicht. Ich weiß nicht. Und dann die ungeheuerliche Wut über bestimmte Leute, die glauben, man brauche nur zu nehmen einen Groschenroman, ein »Strickmuster« eines Groschenromans, man nehme dann viel viel Linkes und Progressives usw. und Spannendes und Mitreißendes usw. usw. und mische, und ich frage mich, wer hat schon jemals die Phantasie der Arbeiter untersucht, und zwar so: man muß die Menschen lieben, Karst sagt, man muß die Kollegen lieben, man muß die Menschen lieben, und du sollst dir kein Bildnis machen von, und du sollst nicht einteilen in klassenbewußt und progressiv und links und nicht klassenbewußt usw. Ich verlange, daß die größte Realität, die Realität der Ausgebeuteten, auf dem höchsten Reflexionsniveau geschrieben wird. Eingeschrieben in die Geschichte. Kennst du diese Familienfotos, mit denen sich »die ollen Arbeiter« in die Geschichte einzuschreiben versuchen, wo doch für das Porträt jedes einzelnen dieser ollen Arbeiter Maler jahrelang arbeiten müßten, ich erinnere mich an H.s Abscheu, Fotos zu machen, H. erinnert sich an die lächerliche Darstellung seiner Klasse auf diesen lächerlichen Familienfotos. Auf dem Werkkreistreffen möchte ich aufstehen und eine Rede über Burkhard halten. Aber ich kann nicht. Ich kann nicht reden. Der Lehrling Burkhard. Mitten in der Nacht, ich bin gerade fertig mit meinen Kaisern und Königen, mit meinem Geschichtsbuch, Burkhard kommt mit seinem Federbett die Treppen hinuntergetaumelt, schlafend, traumwandelnd, alptraumwandelnd, will zur Arbeit, jetzt, mitten in der Nacht, da steht er mit seinem Federbett über der Schulter und will zur Arbeit, in die Lehre, mein kaninchenfuttersuchender Bruder, mein Bruder, alptraumwandelnd, und er hat alle Karl May Bände, und er hat alle gelesen, hat denn überhaupt jemand sich schon einmal die Mühe gemacht, die Phantasie der ollen Arbeiter da zu untersuchen, wie liest denn der alptraumwandelnde Burkhard den »Blauroten Methusalem«?

Eben um halb eins rief Z. an. Er spricht ruhig. Er sei unzufrieden mit seiner bisherigen Lebensweise, zwischen den Städten herumzugondeln. Er wolle wieder an der Basis arbeiten, zum Beispiel mit schreibenden Gefangenen. Gut, wenn er so redet. Ob er mir noch böse sei, frage ich ihn. Er sei eher sich selbst böse, er sei mein »Freund«. Soll ich enttäuscht sein, daß er »Freund« sagt und nicht »Liebster«? Ich erzähle ihm von Ammons These, Kreativität baue sich nicht auf Sublimierung auf, Sublimierung sei eher neurotisch. Schön wäre es ja, wenn es so wäre, sagt Z. Daß ich in Kafkas Briefen an Felice lese. Natürlich kennt er das alles schon, was kennt er denn nicht schon, und ich erinnere mich an eine böse Bemerkung von ihm über Kafka, aber jetzt sagt er nichts. Mein Mißtrauen, Z. ruft aus Mitleid und Sorge an. Ach laß doch das Mißtrauen. Immer diese Angst vor Degradierung zum Mittel. Unendliche Degradation. Liebe läßt sich nicht zwingen. Ich muß daran arbeiten, eine Biene am Honig. Ich muß mich ändern. Ein Mensch werden. Hoffnung. Geduldig sein. Es wird keine Urkunde geben. Ich habe immer abgestritten, daß die Urkunde etwas bewirkt. Aber sie bewirkt etwas. Wer sich erst mit den bürgerlichen Gesetzen einläßt. Wer sich mit ihnen einläßt, muß sie auch ernst nehmen. Ich bin ein Mensch, der ständig kämpfen will. Das Wichtigste, daß ich lerne, einen Menschen zu erforschen. Wir sprechen über Z.s Epigramme. Vielleicht wende er sich völlig von der Literatur ab. Da sei eine Unzufriedenheit, eine eigene und auch die Fremder. Mir kommt es vor, als hättest du drei Wehre aufgebaut, und die Epigramme sind eine Methode, die Wehre ständig befestigt zu halten. Man könne nicht alles wie einen natürlichen Strom hochlassen, es müsse Formen für den Strom geben, sagt Z. Ja, aber welche? Damit alles kommen kann, was daist, was dasein könnte, was hätte dasein können. Ich blättere dann in einem Buch über Epigramme und entdecke Sätze über den Ursprung des Epigramms. Daß das Epigramm ursprünglich eine Aufschrift, eine Inschrift sei, auf Altären und Weihgeschenken an die Götter und auf Grabdenkmälern und Statuen. Weih- und Grabepigramme. Das naive Epigramm sei seinem Ursprung noch am nächsten, es sei Grabschrift, Weiheschrift, Gedenkschrift. Lessing definiere das Epigramm als ein Gebilde aus Erwartung, die durch den Anblick des Grabsteins geweckt werde, und Aufschluß, den die beim Nähertreten endlich lesbare Inschrift gebe. Seltsam, Lessing hat doch seine Frau verloren, die er so sehr liebte, ich glaube mich zu erinnern, daß es so war. Und du hast deinen Vater verloren. Hast dann jahrelang Grabschriften gesammelt. Und schreibst Epigramme. Welch »tiefer Anlaß« für dein Schreiben in dieser Form. Du rufst deinem Vater nach.

16. Juli. Liebe Karin. Geduldig sein. Ruhig sein. Etwas tun. Arbeiten. Schreibende Patienten, ja. Das wäre

etwas Konkretes. Der Assistent der Romanistik, der sagt, manchmal will ich in eine Autofabrik gehen und Autos bauen, etwas *sehen,* was ich gemacht habe. Identitätssuche. Juttas Mutter, Serviererin, faßt wenigstens Geschirr an, sie kann etwas anfassen. Etwas anfassen. Sehen, was ich gemacht hab. Jutta sagt, es ist eine richtige Befriedigung für mich, Brot zu kneten, das kannst du dir nicht vorstellen. Laß sie ruhig lachen, die lachen wollen. Ich denke an die kranke Evelyn. Sie ist dem Krankenhaus ausgesetzt. Der Anstalt. Der offenen Anstalt. Der geschlossenen Anstalt. Wenn es doch ein Mittel gäbe, sie stark zu machen. Sie ist in der Gewalt. Sie durch eigenes Schreiben aus der Gewalt nehmen. Liebe Karin, warum freust du dich nicht auf das Kind? Ich bin unruhig und unsicher, ob es auch wirklich daist. Wo alle mir raten abzutreiben, wird seine Existenz in Frage gestellt. Aber es ist da. Mutti fühlt sich schuldig, daß sie von Abtreibung gesprochen hat. Aber sie hat nur von Abtreibung gesprochen im Augenblick *meiner* größten Verzweiflung, aus Angst, ich könne das alles nicht schaffen, ich könne das alles nicht durchstehen. Papa hat ihr gesagt, wie kannst du Karin nur sowas raten, ich bin überzeugt, sie hat genug Kraft, aus allem wieder rauszukommen. Wie mir das geholfen hat. Mein Vater. Der Vater. Das Kind ist da. Und Z. wird es lieben. Ich muß Sarah lieben. Ich muß mein Leben klar und durchsichtig machen. Schreiben als Beschwörung meiner Selbst.

Kann die Geburt nicht eine Ekstase werden? Ein dionysisches Fest? Jutta sagt, so habe ich es mir auch gedacht. Und wenn wir tagelang backen. Erinnerung an Hochzeiten russischer Bauern, wochenlange Feste. Ich könnte entspannt und freudig sein. Das Kind kommt in Marias früherem Zimmer zur Welt. Alle würden mir helfen. Alle würden lachen, wenn das Kind herausflutschte. Zeinicke, dort wo meine Mutter stundenlang auf dem Enzigsee Schlittschuh lief. In der Kirchenchronik war verzeichnet, daß der erste Bauer des Dorfes sich ein Stück Land urbar gemacht, die Bäume gerodet und das Stück Land umzäunt hatte. »Da hinten am Zäunke«, hatten die nachkommenden Bebauer zu der Stelle gesagt, das wurde zu »Zeinicke«. Der Name Vorpahl habe sich bis ins sechzehnte Jahrhundert zurückverfolgen lassen, meine Mutter ist immer stolz gewesen, wenn es auf der Schule hieß, dort wo der Bauer Vorpahl jetzt seinen Hof hat, hat der erste Bauer das erste Stück Land urbar gemacht. Ich war wohl die einzige, der sie es zugetraut haben, sagt meine Mutter. Warum mußtest du beim Sterben deines Vaters dabeisein? Er war nie krank. Und dann hat er ja mehrere Schlaganfälle gehabt, immer wieder Schlaganfälle, zehn Jahre lang bettlägerig. Das erste Mal habe ich einen Menschen sterben sehen. Hat er dich denn noch erkannt? Er hat sich umgedreht und kurz gesagt »Na Anni«, dann hat er aber nichts mehr gesagt. In den letzten beiden Tagen hat er das Bewußtsein verloren. Ich hätte nie gedacht, daß Sterben so schwer ist. Genauso schwer wie eine Geburt. Sagt Mutti. Sterben so schwer wie eine Geburt. Warum ist Sterben so schwer. Warum ist eine Geburt so schwer. Warum ist Sterben wie eine Geburt. Warum ist eine Geburt wie Sterben. Kann die Geburt nicht ein dionysisches Fest sein?

Z.s unbewußte Entschlossenheit, niemals wieder seiner Kindheitsangst von Angesicht zu Angesicht gegenüberzutreten, und seine abergläubische Vorstellung, daß ein einziger Blick auf die infantilen Ursprünge seiner Gedanken und Pläne die unmittelbare Kraft seiner Zielhaftigkeit zerstören könnte. Der Mensch bevorzuge eine geistige Erhellung, die ihn nicht selber betrifft... Erikson. Ich mache Z. aufmerksam auf die psychoanalytischen Ursprünge seiner Gedichte, und er sagt müde, ja es ist eben alles nicht mehr als eine Neurose, und ich sage, aber es ist doch Neurose *und* Erkenntnis für andere, ach ja?, sagt Z. hoffnungsvoll, ist es auch eine Erkenntnis für andere? Z.s Verdrängungen. Hinter den Verdrängungen stehe die erfahrene Realangst, was aus dem Bewußtsein verbannt worden sei, sei weder dem Selbstgespräch noch der öffentlichen Kommunikation mehr zugänglich und müsse darum gesellschaftlich folgenlos bleiben, eben dies sei die soziale Funktion der Verdrängung. Und ich will *das* herauskriegen? Ich will suchen, was nicht dazusein scheint? Schreiben als Archäologie. Archäologie des Möglichen. Herbert Friedmann sagt, Prosaschreiben sei für ihn, als solle er eine Bergspitze ersteigen, ohne die nötigen Geräte dafür zu haben. Schreiben eher als Tauchen. Tauchen nach diesen Dingen, um einen Weg zu finden, Z. zu gewinnen. Was für ein Wort »gewinnen«. Man sagt »gewinnendes Lächeln«, oder einer »gewinnt« im Lotto oder beim Pferderennen. Sie legen einen Kordon von Klischee-Sätzen um ihre Wunden zu verbergen. Die Vorstellung eines Kordons von Polizisten bei einem Einsatz gegen Demonstranten.

Ich bin allein. Mir ist ständig übel. Ich esse nicht richtig. »Sehnsucht auf gebratene Leber«, auf frische Salzheringe. Weil ich in Darmstadt für Z. Salzheringe gekauft habe und von seiner Gabel ein Stück probiert habe. Die »Sehnsucht auf gebratene Leber mit Zwiebeln« nicht als die Sehnsucht nach gebratener Leber mit Zwiebeln, sondern als die Sehnsucht nach jener erinnerten Geborgenheit, in der ich »zu Hause« gebratene Leber mit Zwiebeln gegessen habe, in dieser höchsten Ungeborgenheit, jetzt. Sarah geht mir auf die Nerven. Ich kann ein Kind nur lieben, wenn ich liebe und arbeite, wenn ich geliebt werde. Erika schreibt mir, ich solle doch bloß das Kind nicht bekommen, sie habe eine Mutter gehabt, die gedankenlos und irrational Kinder in die Welt gesetzt hat, ohne imstande gewesen zu sein, die Kinder zu lieben, und sie, Erika wünsche oft, nie geboren zu sein. Sie zitiert meinen Satz, im Falle einer Abtreibung werde ich größere Depressionen haben, als ich jemals durch irgendetwas anderes haben könnte, aber sie geht auf diesen Satz nicht ein. Sie zitiert meinen Satz, ich weiß allerdings gar nicht, ob ich jetzt schon so weit wäre, stillen zu können, wenn ich lieben könnte, ja, aber wenn... wenn... wenn... und sie sei der Ansicht, daß es mir nicht gelinge, sie halte mich für krank, sie glaube nicht, daß ich an einem hilflosen Baby lieben lernen könne, als sie eines Morgens zu Sarah ins Zimmer gegangen sei, weil Sarah weinte, hätte Sarah sich zwar beruhigt, aber Sarah hätte, zu ihrem, Erikas, Erschrecken, ja Entsetzen angefangen, die Schaukelbewegungen zu machen, die René Spitz bei hospitalisierten Kindern beschreibt, spontan hätte sie am liebsten geschrien, laut um Hilfe gerufen, aber sie habe gedacht, das sei nicht richtig, nicht der richtige Ansatz, um eine Frau wie Karin, mit dieser schweren eigenen, frühkindlichen Erfahrung, zu einem anderen Verhalten gegenüber ihrem Kind zu bewegen, sie wolle durch ihr Schweigen zeigen, daß sie nicht einverstanden ist, ich hätte eine falsche Vorstellung davon, wie man zu Liebesfähigkeit kommt, ich meinte, Muttersein, das ist etwas Großes, Gigantisches, etwas, an dem alles andere zu Staub zerfällt, sie glaube nicht, daß unsere Kommune sie anziehen werde, solange dort Kinder aufwüchsen, die Hospitalisierungserscheinungen zeigten oder als Objekte eingeschätzt würden, ob das die natürlichere und sozialere Lebensweise sei, sie habe schon einmal die Geschichte von einem Jungen erzählt, der sagte, ich gehe solange nicht in die kommunistische Partei, solange mein Vater, ein altes Mitglied, mich mit dem Kleiderbügel verprügelt, aber sie, Erika, wolle auch nichts endgültig festlegen, sie sei froh, wenn sie durch unser Leben zu einer anderen Überzeugung käme. Als wolle sie, Erika, mich bestrafen für diese Mutter, die sie hatte, als wolle sie mich bestrafen für meine Frechheit, nicht abtreiben zu wollen, weil sie sich immer noch schuldig fühlt wegen ihrer Abtreibung, weil... weil... weil. Wie H. das Buch von Spitz, Mutter-Kind-Beziehung im ersten Lebensjahr, gelesen hat, und nach der Lektüre tagelang hinterher in einer Psychose tobte, weil er allen Haß auf seine Mutter, allen Schmerz über bei der Lektüre erinnertes frühkindliches Leiden, Leiden an seiner Mutter, die ihm zu wenig war und ist, nun auf mich richtete, auf mich, die ich zugleich seine und zugleich Sarahs böse Mutter, schlechte, Rabenmutter für ihn war. Selbstlose Mutterliebe. Eine Mutter, die völlige Befriedigung und großes Glück in

Liebe und Arbeit, Arbeit und Liebe, erfährt, ist zu dieser »selbstlosen Mutterliebe« fähig. Ich war auch nie eine richtige Mutter, sagt Mutti, ich weiß nicht, aber ich war nie eine richtige Mutter. Ja, wie sollte sie? Wer nicht mit vollen Händen beschenkt wird, der grabscht und grabscht, wie soll er schenken?

Nachts. Halb zwölf. Meine Mutter sagt, ich müsse eine richtige Arbeit machen, um gesund zu werden, um »da wieder rauszukommen«, um »auf andere Gedanken zu kommen«. Ich berichte von den Schwierigkeiten in meiner Forschungsarbeit. Ob das alles richtig ist, was du in deinen Büchern liest, in dem Buch »Arbeiterfamilie und sozialer Aufstieg«, von dem ich ihr erzähle. Ich weiß nicht, ob ich ihr glauben kann, ob mir wirklich ein Stein vom Herzen fällt, ob es ihnen wirklich nichts ausmacht, wenn ich alles hinschmeiße. Wo sie doch immer angeben damit, daß ihre Tochter »den Doktor macht«. Ich weiß das doch. Was für ein Stolz. Wenn ich ihnen das auf den Kopf zusagte, würden sie es abstreiten. Burkhard sagt, ach was, das hat für sie nichts Besonderes zu bedeuten, daß du deinen Doktor machst. Wahrscheinlich ist ihnen das das kleinere Übel: lieber eine Karin ohne Doktor als eine Karin als Leiche. Als sie ertrunken war und hinunterschwamm von den Bächen in die größeren Flüsse. Mit einer Karin als Leiche kann niemand »angeben«. Ich solle doch mit allen Mitteln versuchen, die Doktorarbeit zuende zu machen. Sonst wären doch »all die Jahre« umsonst gewesen. Wenn ich jetzt im letzten Moment aufgäbe. Niemand fragt nach dem Sinn der Doktorarbeit. Niemand fragt nach dem Inhalt. Niemand fragt. Meinen Doktor machen. Ich frage, kennst du den Begriff »Klasse«, ja ich kenne ihn schon, aber ich gebrauche ihn nie, ich kenne auch den Begriff »Bourgeoisie«, aber auch ihn gebrauche ich nie, was sagst du denn, wenn du die Herkunft eines Menschen benennen willst, ich sage, ja was sage ich, »die ollen Arbeiter da«, sage ich, oder ich sage, »der hat unter seinem Stand geheiratet«, ja das Wort »Stand«, das gebrauche ich auch, und sagst du nicht, »der hat über seinem Stand geheiratet«, Mutti lacht, ja das ist ja dann was Besonderes, was Seltenes, das ist Glückssache. Der umständliche Bericht über das Fernsehstück »Die Promotionsfeier«: H. und ich sahen ein Fernsehspiel an das hieß die Promotionsfeier wir hatten es uns deshalb angesehen weil wir in der Ankündigung gelesen hatten daß der Fall eines studierenden Arbeiterkindes darin dargestellt werden sollte und ich war wirklich fast die ganze Zeit am Weinen am Heulen ich saß mit dem Rücken zu H. ich wollte es gar nicht so gerne zeigen aber es war wirklich ganz schön schlimm das zu sehen obwohl das Stück eigentlich doch sehr grobmaschig war aber trotzdem eine Menge Realität dadrin war und zwar war der Sohn eines Fabrikarbeiters die Hauptperson der promovierte zum Dr. jur. und zeitlich spielte die Handlung am Tag des Rigorosums wie die Eltern auf den Sohn warteten daß er zurückkehrte vom Rigorosum das Zentrale war daß der Sohn sich seiner Eltern und seiner Herkunft schämte und die Eltern das auch im Grunde während der Gymnasiums- und Universitätszeit wohl wußten es aber nicht wahrhaben wollten weil der Vater nämlich überhaupt sein ganzes Leben auf diesen Sohn aufgebaut hatte und jeden Tag zur Fabrik gegangen war nur um dem Sohn das Studium zu ermöglichen und für den

Vater war jetzt diese Promotionsfeier der Höhepunkt seines Lebens schöner und wichtiger als eine Silberhochzeit oder eine Goldene Hochzeit und das ganze Gebäude stürzte aber nun an diesem Tag zusammen weil der Sohn zu der zu Hause vorbereiteten Promotionsfeier in der Familie gar nicht kam sondern mit seinem Doktorvater und seinen Kommilitonen in einer Kneipe und später in der Wohnung seines Professors feierte er kam nur später wieder um sich von seinem Vater Geld zu holen eine entwürdigende Geste und als er sich von seinem Vater Geld holen wollte wollte sein Vater mitkommen und mit den Kollegen seines Sohnes anstoßen der Sohn lehnte das unter Vorwänden ab und versprach in einer Stunde wiederzukommen kam aber nicht die Eltern und Geschwister die Schwester war Friseuse der Bruder Anstreicher warteten zu Hause schnapstrinkend der Vater hatte Visitenkarten gekauft aus echt Bütten die lagen jetzt da herum und die Tochter die Friseuse platzte dann plötzlich heraus damit daß der Dr. jur. sich seiner Eltern schämte und als die Tochter die Wahrheit sagte wehrte die Mutter ab der Vater sagte ja das ist wahr das ist die Wahrheit und sprang auf zog sich seinen Mantel an den er zur täglichen Arbeit immer anhatte setzte seine Kappe auf die er auch zur Arbeit immer aufhatte und sagte diese Kappe habe ich aufgehabt als ich für ihn täglich zur Arbeit gegangen bin um sein Studium zu ermöglichen er rannte los unheimlich erregt ging in die Wohnung des Professors und da passierte es der Sohn stieß ihn zurück verleugnete ihn praktisch der Vater rannte in die Kneipe zu seinem Sohn dem Anstreicher und soff mit dem die Nacht durch diesem Sohn nahm er das Versprechen ab den Dr. jur.

hinauszuschmeißen sollte der Vater nicht mehr nachts in der Lage dazu sein wenn er zurückkäme und das passierte dann auch tatsächlich hinterher der Sohn der Anstreicher der vom Vater immer heruntergemacht worden war der Vater hatte zum Anstreicher und zur Friseuse immer gesagt ihr habt nur Scheiße im Kopf ihr habt keinen Grips ihr habt so viel Grips wie der andere Sohn ich weiß nicht mehr wie der hieß im kleinen Finger hat der Vater hatte sie also immer zur Sau gemacht und den studierten Sohn hatte er über den grünen Klee gelobt und nun endlich sah er ein daß gerade der sich von ihm von ihnen getrennt hatte und daß der gar nicht mehr zu ihnen gehörte und am Schluß sah es dann so aus der neugebackene Doktor war rausgeschmissen mitten in der Nacht der war weg der gehörte jetzt woanders hin die Eltern und der Anstreichersohn und die Friseuse saßen vereint am Tisch sie gehörten eben zusammen Schuster bleib bei deinen Leisten so ungefähr liebe Arbeitereltern schickt eure Kinder ja nicht auf die Oberschule sie werden euch verraten und verachten sie können nur in die bürgerliche Klasse einsteigen eine andere Möglichkeit gibts gar nicht und das war die ganze Scheiße an diesem Trivialstück schlimmer noch eine Szene der Dr. jur. kommt nachts spät in die leere Wohnung zurück mit einem Kommilitonen einem Chefarztsohn beide ziemlich angesäuselt der Chefarztsohn erzählt dem Arbeitersohn daß er das dritte Mal durchs juristische Examen durchgefallen sei der Arbeitersohn ist ganz erschrocken fragt wie das denn möglich ist und der Chefarztsohn sagt ich bin ein Mensch der sagt immer Morgen Morgen nur nicht heute morgen lern ich morgen lern ich nur nicht heute und mein Vater ist nicht anders als deiner für den ist die Promotion auch so ein moderner Grafentitel der Eindruck sollte also bei den Zuschauern geweckt werden aha die Arbeiterkinder das sind die Kräftigen die boxen sich durch die haben noch Kraft Energie die können noch lernen und die anderen die armen Bürgerkinder das sind die Schwächlichen also es gibt zwar keine Chancengleichheit aber eine ideelle Überlegenheit des Arbeiterkindes fleißig sind sie ja sehr fleißig aber mit der Intelligenz hapert es das ganze Stück war durch diese Szene noch mehr vermanscht harmonisierte Realität und das ist ja immer das Kennzeichen des Trivialen daß die Widersprüche drin sind sonst hätte ich nicht geweint sonst hätte ich mich nicht erinnert aber verkleistert das Raffinierte in dem Suffgespräch zwischen Chefarzt- und Arbeitersohn war daß die Widersprüche angedeutet waren aber dann zusammengeklebt zur Einsicht die Armen haben zwar kein Geld aber eine saubere Stube und ein reines Gewissen und Geld macht nicht glücklich und jeder hat sein Päckchen zu tragen und in den höheren Klassen gibt es auch Unglück denen fällt auch nichts zu keinem wird etwas geschenkt der Arbeitersohn schildert seine Situation in der Schule der Klassenlehrer fragt wann geboren der Beruf des Vaters und er hätte Angst gehabt daß es klick machen würde wenn er sagte mein Vater ist Fabrikarbeiter aha soso zwar habe ich mir von dem die und die Vorstellung gemacht aber und dann macht es klick die Angst des Arbeitersohns vor dem Klickmachen die Figur des Vaters wie der seine Fabrikarbeitermütze nimmt und zum Professor rennt das ganze Stück erinnert mich an eine Geschichte von einer fünfundsechzigjährigen oder fünfundsiebzigjährigen Frau die hat sechs Richtige im

Lotto als die Nachricht kommt freut sie sich überhaupt nicht sie gibt den Auftrag das gewonnene Geld dem Roten Kreuz oder sonstwem zu überweisen was soll ich jetzt mit den sechs Richtigen sagt sie jetzt ist es zu spät mein ganzes Leben habe ich drauf gewartet bin still gewesen hab ein Ziel gehabt hab gehofft jetzt ist es viel zu spät Sie mit Ihrem Herkunftstic sagt Frau D. ich bin gespannt wenn Sie erst mal Frau Doktor sind sie meint jetzt Frau Doktor med. oder ich weiß nicht vielleicht auch Frau Doktor phil. wenn Sie erst mal Frau Doktor angeredet werden dann vergessen Sie Ihren Herkunftstic Sie wissen nicht wie schwer es der Sohn des Fabrikanten X hat mag sein sage ich mag sein er hat es schwer nur die haben die Macht und die Frau von Abs ist eine so einfache Frau sagt Frau D. und auch Flick war ein so einfacher Mann so sparsam und einfach und Kiesinger herzt sein Enkelkind und Hitler liebte womöglich kleine Kinder sehr bin ich etwa eine Klasse fragt Frau D. Flick soll noch als wohlbestallter Generaldirektor die Holz-klasse der Eisenbahn benutzt haben und Luxus sei ihm zuwider gewesen bin ich eine Klasse fragt Frau D. wenn es so einfach wäre dann wäre es einfach dann wäre es einfach die Revolution zu machen auf der Stelle sofort jetzt Frau Abs sei eine einfache Frau und Herr Professor M. ist bei Gabriele Henkel eingeladen und natürlich ist auch Gabriele Henkel freundlich hat ihre Schwächen und die Henkelkinder haben sicher auch Liebeskummer wenn sie auch nicht unbedingt aus einem Henkelmann ihr Mittagessen in einer halbstündigen Mittagspause essen möglicherweise sage ich zu Jutta können die Arbeiter die Unternehmer gar nicht so hassen wie die Kommunisten es gerne wollten weil die Unternehmer

Aufgestiegene sind wie Flick und ja Bescheid wissen und mit den Arbeitern umzugehen wissen der wahre Kern in der Geschichte vom Tellerwäscher der zum Millionär wird.

Sonntag abend. Ich denke daran, in die Fabrik zu gehen. Schon öfters habe ich daran gedacht. Facharbeiterin im Betrieb. Und dann im Betriebsrat, wie der Karst. Etwas Festes, an dem ich mich stoßen kann. Wo ich anstoße wie an einem Tisch, der mir im Weg steht. Aber Fabrikarbeit ist ja gar nicht sowas Festes. Romantizismus. Arbeitersein romantisch vorgestellt.

18. Juli. Weder ein Mann noch ein Kind ist Ersatz für kreative Tätigkeit. Der Wunsch nach dem Kind wie der Wunsch des Assistenten, in einer Autofabrik Autos zu bauen, etwas zu *sehen*, etwas sich entwickeln zu *sehen*, etwas sich bewegen zu *sehen*. Z. wird Jahre brauchen, um gesund zu werden. Warum bilde ich mir ein, ich könnte ihm helfen, gesund zu werden, indem ich ihm ein gesundes Kind gebäre? Vier Uhr morgens. Träume von Netzen. Oder wenn ich nicht träume, denke ich in unruhigem Schlaf an Netze, in denen wir beide gefangen sind und ersticken. Ist nicht alles eine Frage fehlender, verminderter Vitalität? Z. hat seine Tasche voller Medikamente. P. hat überall, im Badezimmer, in der Küche, im Zimmer, Vitamintabletten herumliegen. Als käme durch Vitamintabletten das Leben wieder. »Der elende Rest von Kräften.« Meine Mutter hat »Aktiv-Kapseln« in ihrer Handtasche. Als käme dadurch das Leben wieder. Der Wunsch, blutrote Lippen zu haben, rote weiche

Haare, nicht immer das Jucken auf der Kopfhaut, morgens ohne Schmerzen am Zahnfleisch aufwachen, wenn das Zahnfleisch aufhörte zu bluten, wenn meine Angst aufhören könnte, die Zähne fielen plötzlich raus wie morsche Knochen, ich fiele zusammen, ein morscher Pilz, keine Lust mehr haben auf Tod und Selbstmord, diese Lust, tanzen zu können wie Iris Saccheri, atmen und schwimmen, rote blutrote Lippen haben. Die Lungen, du, die Lungen sind die gequältesten Organe, zusammengesunkener Brustkorb und eingefallene Lungen. Lauter Klötze müssen gleichzeitig drinsein, weil beim Atmen Widerstände fühlbar werden und ich nur in stockenden Schüben einatmen kann und nie die Luft ganz rauskriege beim Ausatmen, manchmal reiße ich den Mund weit auf, wie einen Rachen, um überhaupt einatmen zu können, gequält durch den offenen Rachen. Opa Strauch kommt die Treppe hochgeschlurft, nach fünfzehn Treppenstufen hat er keinen Atem mehr, oder hat er zu viel Atem, zu viel Atem, Kräfte, brache Kräfte, Wucherungen in den Lungen, meine brache Kraft wuchert und überwächst mich. Einmal ohne Widerstände ein- und ausatmen, bis in den letzten Winkel der Lungen, tief und leicht, leicht, dann auch schwimmen, weil ich atmen kann, »durch das Wasser gleiten«, dann ruhig und konzentriert schreien, daß du es hörst. Die Angestellte im Werkkreis, die einen Kitschroman schreibt, die Angestellte im Werkkreis, die Volksläufe mitmacht, sie liebe die frische Luft im Wald, sie erzählt auf meine Frage, daß sie Ganghofer gelesen hat, als sie ihren Roman schrieb, warum lesen die Menschen Ganghofer, warum las meine Mutter Ganghofer, jetzt habe ich sie nicht mehr Ganghofer lesen sehen, jetzt sind die

Räume »zu Hause« genauso verraucht wie ein Versammlungsraum, »genau wie bei den Intellektuellen«, wie manipulative Phänomene immer noch die Sprache wirklicher Interessen sprächen, wenn auch gleichsam als Fremdsprache der bis zur Unkenntlichkeit verzerrten und entfremdeten Interessen. Kafka sagt zu Grete Bloch, Fleisch zwischen den Zähnen sei die Ursache von Zahnverfall und Zahnschmerzen. Ein Unsinn. Felices fast vollständiges Goldgebiß. Warum ist Kafka »ein von Schlaflosigkeit und Kopfschmerzen zerfressener Mensch«? Nicht aus fehlender Vitalität? Folgen der Zivilisation *und* des Kapitalismus? Ich blättere die »Krebsstation« noch einmal durch, und mir kommt plötzlich der Gedanke, daß das Anziehende an diesem Buch das Nachdenken, das ganz konkrete Nachdenken über die Krankheit, die konkrete Krankheit Krebs, das ganz konkrete Nachdenken über die Medizin ist, daß Krebs noch vieldeutig sich bezieht auf gesellschaftliche Krankheiten, denke ich, mag weniger wichtig sein. Die Beziehung zwischen Krankheit und Essen, der »Anblick dieses Abendessens, der viereckigen gummiähnlichen Griesscheibe mit gelber Geleesauce und des unappetitlichen Aluminiumlöffels mit seinem zweifach gedrehten Stiel«, »im Augenblick helfen mir noch saure Gurken und Sauerkraut gegen diese Übelkeit im stickigen Röntgenraum, aber beides kann man weder im Krankenhaus noch im Stadtklinikum bekommen«, Milchinjektionen, Kostoglotow: Schicken Sie mir lieber einen Krug kuhwarme Milch!, Kostoglotows Sehnsucht nach frischem Sauerkraut und kuhwarmer Milch, seine Freude über einen Aprikosenbaum, »aber wie sollen wir auch den Kranken als Ganzes begreifen, wenn der Anatom nur

Leichen seziert, denn Lebende gehören nicht in sein Fachgebiet«, Krebsstation. Ich gehe mit H. im Wald und rede mit ihm über einen imaginären Film. Der imaginäre Film heißt »Krebs«. Christa T. stirbt an Leukämie. Aber Leukämie ist nur ein Zeichenwort für eine gesellschaftliche Krankheit. Aber wer begreift den vieldeutigen, wer begreift den dialektischen Sinn des Wortes »gesellschaftlich?« Umstritten bleibe das Vorgehen amerikanischer Chirurgen, die einem jungen Soldaten beide Beine, die Beckenknochen und die ebenfalls von Krebs befallene Blase amputiert hatten, der halbe Mensch überlebte, und immer raffiniertere, immer aufwendigere Geräte für die Bestrahlung von Krebsgeschwülsten würden entwickelt, oft seien diese Geräte Nebenprodukte der Atomforschung, alle vier Minuten sterbe ein Mensch an Krebs. Und noch nie habe die Krankheit in der modernen Literatur, in der Literatur überhaupt, eine solche Rolle gespielt wie in der Literatur des zwanzigsten Jahrhunderts. Eine kurze Notiz in der Zeitung, der berühmte Krebsforscher X, der vor kurzem den Nobelpreis bekommen hat, habe durch einen Sprung aus dem Fenster seiner Pariser Wohnung seinem Leben ein Ende bereitet, er sei selber unheilbar an Krebs erkrankt, und ich schreibe der Witwe, sie solle mir alles über ihren Mann schreiben, so ein dummer Brief, natürlich hat die Witwe nicht, nie, geantwortet. So ein Kerl mit Namen Visconti dreht einen Riesenfilm für zehn Millionen Mark, ich glaube über Ludwig von Bayern, wer dreht denn den Film für zehn Millionen Mark über Krebs, einen zugleich sozialen, den sozialsten, und zugleich artistischen, den artistischsten, Film, einen archimedischen Punkt finden und Patienten die richtigen Fragen stellen, man muß nur die richtigen Fragen stellen, und den Ärzten die richtigen Fragen stellen, und den Forschern die richtigen Fragen stellen, und die Autoren des Films sind wichtige Personen, der Autor ist ein wichtiger Mensch, aber das sind Pläne, das sind Gedanken, das sind alles Phantasien, Phantasien, und eigentlich sollte ich mit dem Bruder Anstreicher und der Schwester Friseuse vereint an einem Tisch sitzen, Schuster bleib bei deinen Leisten, eigentlich sollte ich ein kleines Büromädchen in der Schloß Holter Sparkasse sein und sollte Groschenromane lesen über das Leben von Verlegern und Fabrikanten, und wenn schon, dann soll ich meine Herkunft vergessen, aber »sie kann ihre Abkunft nicht verleugnen«, sagt Papa.

Abends. Ich werde solange zu viel fressen, wie meine Sinnlichkeit unterdrückt ist. Kafka nennt »das Bureau« den »Bodensatz des Jammers«. Ist Kafka nicht ein Vorbild der schreibenden Arbeiter? Hätte er das Bureauleben selbst minuziös beschreiben sollen? Oder könnte nicht seine Literatur eine Revolte bewirken, da sie die Auswirkungen des Bureaulebens intensiv beschreibt? Ja, bei entmystifizierter Deutung dieser Literatur. Morgen kommen meine Eltern auf ihrem Urlaubsweg in Anspach vorbei. Sie wollen mir »Schwarzsauer« kochen.

19. Juli. Meine Eltern sind wieder weg. Ich halte es nicht länger allein hier aus. Z. muß ich vergessen. Wahnsinnig, so verlassen. Zieh doch die Rollos hoch und laß Luft rein, du wirst ja verrückt in dem Halbdun-

kel, sagt meine Mutter. Mißtrauisch, ein schwarzer Köter, bin ich: sie wollen nur, daß ich meine Dissertation zuende schreibe, deswegen sind sie besorgt. Hast du das Fernsehspiel »Die Promotionsfeier« gesehen, fragt meine Mutter. Hatte viel Ähnlichkeit mit uns, nicht? Sagt meine Mutter. Hätte ich sie nicht ins Vertrauen ziehen sollen? Du tyrannisierst deine Eltern, sagt Z. Tyrannisierst? Ha, die verstehen wenigstens, was vorsichgeht, sage ich wütend zu Z. Sogar Geld für ein Zimmer wolle er mir geben, mein Vater, ich solle nur nicht in die Kommune ziehen. Den Mann solle ich vergessen. Du hast so volles Haar, meine Mutter streichelt mir über den Kopf, wenn er dich nicht will, laß ihn doch. Wenn ich ein Mädchen will, heirate ich es doch. Führe doch mal ein normales Leben, Karin.

G. hat recht, Z. ist genauso ein kapitalistischer Mann wie andere auch. Seine Sensibilität, sein Leiden: keine Ausrede, keine Rechtfertigung. H. ist wütend, daß ich sage, Z. hat mehr gelitten als du. Wer kriegt den ersten Preis fürs Leiden? Wer hat am meisten gelitten? Wer hat am meisten Anspruch auf Nachsicht? Ich müßte ihm das Kind geben, G. hat recht. Er müßte es aufziehen. Der Mann kann ja nicht ewig Kinder in die Welt setzen, sagt die Fürsorgerin. Nur wäre ich ja nicht sicher, ob er das Kind nicht irgendjemand überläßt, ob er es richtig ernährt, ob er es nicht nachts rumschleift zu seinen sozialistischen Kneipenbesuchen. Wenn eine Frau das machte, wäre sie verlottert. Wenn ein Mann das tut, ist es normal. Im Regensburger Kulturamt höre ich, daß Handke nicht zu einer olympischen Kulturveranstaltung kommen könne, seine Frau sei ihm »weggelaufen«, und nun habe er das kleine Kind »am Hals«, wie besonders dieser Kulturtrottel es findet, daß ein Mann sich um »das kleine Kind kümmert«, daß ein Mann das kleine Kind »am Hals hat«, und eine hübsche, nette usw. Sekretärin bringt, was wünschen die Herren, zu trinken. H. könnte man Kinder lassen. Noch in unseren mörderischen Kämpfen haben wir uns gegenseitig erzogen. H. nimmt Sarah mit zum Physik-Praktikum. H. gibt Sarah zu essen. Ich könnte ein halbes Jahr wegfahren, ohne Sorge. H. kann ich vertrauen. Aber könnte Z. das alles nicht auch? Er hat mir nicht mal über den Bauch gestreichelt, als Jakob sich im Leib bewegte, sagt M. Hätte mich H. nicht mit Sensibilität unterernährt. Die heruntergekommene marxistische Theorie hat H. sterilisiert. Ich wäre nicht auf Z.s Sinnlichkeit und Anschaulichkeit hereingefallen. Meine jahrzehntelange sinnliche Unterdrückung, und dann lacht Z. mich an, und das Wehr geht hoch. Mutti sagt, Papa sei nicht verklemmt. H. behauptet, die ganze Familie sei verklemmt. H. sagt immer, dein Vater der »Faschist«, jetzt sagt er es nicht mehr so oft. Papa beschimpft mich als »Hure«, wie ich mit einem Jungen im Holter Wald spazierengehe. Der Junge trägt mich über Pfützen und bewundert mein rotes Haar. Ich kenne das Wort »Hure« noch gar nicht. Mein siebzigjähriger Großvater fängt einmal an, meine Beine zu streicheln, Beine im Minirock. Ich frage Dietger, was er unter »sexuell« versteht. Aber normalerweise versteht man doch nur das darunter, sagt Dietger. Ich glaube, sage ich, schon Freud hat darunter etwas Ganzes verstanden, die ganze Sinnlichkeit des weiblichen oder des männlichen Menschen, nicht nur »das Loch« oder »den Pimmel«. Ja, das hab ich mir noch nicht überlegt, sagt Dietger. Und ja, du hast recht, diese abwertenden Begriffe »Vorspiel« und »Nachspiel«, du hast recht, ich habe darüber noch gar nicht nachgedacht. Dietger erzählt von der zurückhaltenden Mutter, nie habe sie ihn geküßt, vielleicht sogar noch auf den Mund. Wenn ich Sarahs Körper küsse, lacht sie. Auf den Bauchnabel. Auf die Brust. Auf die Nase. Auf die Arme. Inzestalpträume. Wie ich gesagt habe, ich will keinen Jungen, wenn es ein Junge wird, schmeiße ich ihn ins Wasser. Und jetzt will ich einen Jungen, manchmal aber schon wieder Angst vor einem Jungen. Ich habe keinen Groll gegen Z. Ich will keinen Groll gegen Z. haben. Ich darf keinen Groll gegen Z. haben. Z. »verbietet« mir unter Androhung seines völligen Liebesentzugs, Groll gegen ihn zu haben. Er hat recht. Er entzieht sich den Ressentiments solcher Frauen. Frauen müssen in ihrem doppelten Joch sehr viel mehr Ressentiments in sich haben als Männer. Z. hat das erfahren.

21. Juli. Z. als Leiter der Literaturabteilung. Er machte ja dort keine ausgebeutete Arbeit, er könne sich sogar vorstellen, Intendant zu werden, gehorsam seinem Vater nach dem Tod. Er hat hochmütig abgewehrt, als H. über den Arbeitsbegriff gesprochen hat. H. versuchte zu erklären, daß man nur arbeiten könne, wenn man liebe. Ach, hat Z. gesagt, in der Arbeit habe ich so viele erotische Antriebe, daß mich das gar nicht interessiert. Seine Frauen oft »kulturelle Werktätige«. Cutterin. Rundfunkmitarbeiterin. Mit »Karin I« ist er nicht fertiggeworden. Wie sollte er? »Unterschicht« ist für ihn ein exotisches Fremdwort. Und das Wort »Klasse« wie eine

Auster. Wenn die das Wort »Klasse« sagen, diese marxistischen Bürger, sagt H., schlürfen sie eine Auster. Er hat »Karin I« nicht helfen können bei ihren Schwierigkeiten, Aufstiegsschwierigkeiten, Zwischenreichschwierigkeiten. Die Arme hatte wahrscheinlich Grund, nach Spermaspuren auf dem Sofa zu suchen, wenn sie von der Arbeit kam. Krankhafte Eifersucht aus Minderwertigkeitsgefühl. Erwartete sie von Z. Hilfe? Woher das Minderwertigkeitsgefühl, an dem *wir* leiden? Ist Z. ein Heilmittel gegen Minderwertigkeitsgefühle? Nein. Ach nein. Halb sieben morgens. Ich bin wieder in einer depressiven Stimmung. Angst, daß ich keinen Deut selbständig bin. Diese Hitze. Ich liege auf dem Bett und kann mich nicht bewegen. Mein armer Magen, wie ich ihn quäle. Wie ich ihm diese ständigen Ersatzriten zumute. Dieses ständige Zu-Viel-Essen. Ich wundere mich, daß ich nicht längst Krebs habe. Essen als WELTANEIGNUNG. Essen als ANEIGNUNG. Essen als GEBORGENHEITSSUCHE. »Diese Art Herkunft macht außerordentlich unsicher. Gleichsam eingeborene Sicherheiten gibt es da überhaupt nicht.« Essen als IDENTITÄTSSUCHE. Essen als EINVERLEIBUNG DER BÜCHER, DIE ICH NICHT EINVERLEIBEN KANN. Man müsse die Leute an ihren innersten Bedürfnissen packen, sagt Z. Das Essen muß doch etwas sehr Wichtiges sein, sagt Z. Der Ausdruck »sie haben es immer noch nicht gefressen«, sagt Z. In einer Pommes-frites-Bude kaufe ich versalzene Pommes frites, sie sind schädlich, sie sind in altem ständig siedendem Fett gebraten, aber das Warme, Knusprige suche ich in der größten Verlassenheit. Bedeutungssystem des Essens. Ich denke darüber nach, warum im Krieg die Zigaretten so wichtig, so lebenswichtig sind, waren, wichtiger als alles andere, eine Zigarette, etwas Warmes mitten im Gemetzel? In einer medizinischen Zeitschrift eine Reklame für ein Magenmedikament. Enzynorm forte verdaut im Magen optimal. Ein Mensch, dessen Magen wie mit einem Dosenöffner geöffnet ist. In dem Magen eine Mahlzeit von gekochten Mohrrüben und Erbsen, gebratener Leber mit Zwiebeln. Eine andere Reklame. Panzynorm forte zum Verdauen. Eine Riesenschwarzwälderkirschtorte. Ich sehe die Bilder an. Nicht, daß ich wirklich Mohrrüben mit Erbsen und gebratene Leber mit Zwiebeln und Schwarzwälderkirschtorte essen wollte. Aber die Erinnerungen. Wie Muttis Schwarzwälderkirschtorte geschmeckt hat. Wie gern ich immer Mohrrüben mit Erbsen gegessen habe, dazu Leber mit Zwiebeln oder »Klopse«. Sonnabends Pellkartoffeln mit Rührei. Und »Schwarzsauer«. Der Geschmackssinn ist noch tiefer verwurzelt als Sehgewohnheiten, sagt der Maler Spoerri. Und spürt den Sauerkrauterinnerungen seiner rumänischen Kindheit nach. Essen. Ich habs gefressen. Ich könnte dich fressen. Z. mag keinen Pfefferminztee, »schmeckt nicht schlecht«, ihn probierend, aber er trinkt ihn nicht, denn der Pfefferminztee ist nicht der Pfefferminztee, sondern der Mutter-Pfefferminztee, den seine Mutter dem Kind bei jedem Zipperlein eingequält hat. Ich gucke mir die abendliche Reklame im Fernsehen an und bin erstaunt, wie viel Reklame sich um das Essen und Trinken und Einverleiben dreht. Die Nahrungsmittelindustrie als die Industrie mit dem größten Umsatz. Essen als BEFRIEDIGUNG. Essen als ANEIGNUNG. Der Ritus des Kaffeetrinkens. Jetzt weiß ich, warum das Essen ein Thema für mich ist.

Jetzt weiß ich, warum ich einen Essay plane über das Essen. Warum ich vorhabe, jahrelang Material und Gedanken, Erfahrungen und Beobachtungen zu sammeln für den Essay über das Essen. Man müßte ein Buch schreiben, es hieße einfach »Essen«. Erinnerung an einen Tageslauf in der Familie. Erinnerung, was Essen da bedeutete. Essen als IDENTITÄTSSUCHE. Jutta frißt seit Wochen ungeheure Mengen frischer Sahne in sich hinein, Jutta erzählt, in Rehringhausen sei früher gebuttert worden, jede Woche sei gebuttert worden, und zunächst entstehe ja aus der frischen Milch Sahne, bevor die Sahne zu Butter wird, und jede Woche habe sie als Kind in Rehringhausen von dieser frischen Sahne essen dürfen, und sie ißt jetzt seit Wochen ungeheure Mengen Sahne, Essen als IDENTITÄTSSUCHE, nachdem sie ihr Studium abgebrochen habe, nachdem sie in der bürgerlichen Institution Universität zermalmt worden sei, von ihr halbzermalmt wieder ausgespuckt worden sei. Als ob mein Leben nur aus Essen bestanden hätte. Juttas Mutter ist Serviererin! Der Mund, das einzige Organ, das unbeschränkt aufnehmen kann. Essen als LIEBES-MAHL. Meine Mutter hantierte in der Küche. Meine Mutter hantiert in der Küche. Man roch das Gänseblut. Daß es mir schlecht wurde. Kotzübel wird mir, wenn ich an einem »Metzgerladen« vorbeigehen muß. Es sei kein bloßer Zufall, daß Cerletti die sogenannte Behandlung mit Elektroschocks in den Schlachthöfen von Rom erfand, wo Schweine durch elektrischen Strom getötet wurden, die Schweine, die nicht sofort starben, zeigten bemerkenswerte Veränderungen in ihren Verhaltenswei-sen... Ein französischer Strukturalist, sage ich zu Papa, behauptet, die tiereessenden Menschen glauben unbewußt, sich die Kraft des Tieres anzueignen, dessen Blut, Fleisch und Sehnen sie verzehren, in Urzeiten tranken die Jäger das Blut, heute sei es alles nicht mehr so leicht zu erkennen, aber man entdecke die Bedeutung des Fleischessens noch in dem Satz, Fleisch ist kräftig, du mußt etwas Kräftiges essen, das Wort Kraft komme ja immer vor, und bisher habe niemand bewiesen, daß Fleischessen Kraft gibt, Papa sagt, diese Wissenschaftler müssen ja verrückt sein. Die Erinnerung an den voll mit Knochen beladenen Lastwagen. Die Erinnerung an den Gestank. Wie der Laster vor der Metzgerei hält. Ich wußte gar nicht, daß vom Schlachten so viele Knochen übrigbleiben, daß ein großer Laster davon voll wird. Deine Phobie vor Fleisch, sagt Z. Nein, meine Phobie vor dem Schlachten. Zwerenz erbricht sich, als ihn sein Vater zwingt, das Kaninchen zu schlachten, Zwerenz schlingt als Erwachsener, im Krieg, das warme Fleisch in sich hinein. Dem Menschen geschieht Perverses, und der Mensch tut Perverses. Wie diese Schriftsteller ihrem Ekel vor dem Schlachten Ausdruck geben. Aber deshalb braucht man es doch nicht zu lassen. Wie der Maler in Bernhards Buch »Frost« sagt, das Stück Leberkäs vor ihm sei »ein Stück Leichnam«, und der Medizinstudent zeigt keinen Abscheu, denn er arbeite ja immer mit Leichenfleisch. Der Maler in Bernhards »Frost« sagt, »alles was Menschen essen, sind Leichenteile.« Aber deswegen braucht man es doch nicht zu lassen. Und ich esse das »Schwarzsauer« verhungert. Diese dunkle Suppe mit dem Gänseblut und den Backpflaumen, den Klößen, dem sauersüßen Geschmack, ich esse ein Stück Gänseleber, ein Stück Gänsemagen, das heißt, ich esse ja das alles gar nicht. Ich esse meine Geborgenheitserinnerung.

»Du sollst mir die Maulbeer-Omelette machen, so wie ich sie vor fünfzig Jahren in meiner frühesten Jugend genossen habe. Damals führte mein Vater Krieg gegen seinen bösen Nachbar im Osten. Der hatte gesiegt und wir mußten fliehen. Und so flohen wir Tag und Nacht, mein Vater und ich, bis wir in einen finsteren Wald gerieten. Den durchirrten wir und waren vor Hunger und vor Erschöpfung nahe am Verenden, als wir endlich auf eine Hütte stießen. Ein altes Mütterchen hauste drinnen, das hieß uns freundlich rasten, selber aber machte es sich am Herde zu schaffen und nicht lange, so stand die Maulbeer-Omelette vor uns. Kaum aber hatte ich davon den ersten Bissen zum Munde geführt, so war ich wundervoll getröstet und neue Hoffnung kam mir ins Herz. Damals war ich ein unmündiges Kind, und lange dachte ich nicht mehr an die Wohltat dieser köstlichen Speise. Als ich aber später in meinem ganzen Reich nach ihr forschen ließ, fand sich weder die Alte noch irgend einer, der die Maulbeer-Omelette zu bereiten gewußt hätte. Dich will ich nun, wenn du diesen letzten Wunsch mir erfüllst, zu meinem Eidam und zum Erben des Reiches machen. Wirst du mich aber nicht zufriedenstellen, so mußt du sterben.« Da sagte der Koch: »Herr, so möget ihr nur den Henker sogleich rufen. Denn wohl kenne ich das Geheimnis der Maulbeer-Omelette und alle Zutaten, von der gemeinen Kresse bis zum edlen Thymian. Wohl weiß ich den Vers, den man beim Rühren zu sprechen hat und wie der Quirl aus Buchsbaumholz immer nach rechts muß gedreht werden... Aber dennoch, o König, werde ich sterben müssen. Dennoch wird meine Omelette dir nicht munden. Denn wie sollte ich sie mit alldem würzen, was du damals in ihr genossen hast: der Gefahr der Schlacht und der Wachsamkeit des Verfolgten, der Wärme des Herdes und der Süße der Rast, der fremden Gegenwart und der dunkeln Zukunft.« So sprach der Koch.

Ich will jetzt wieder andere Zustände einführen. Ich habe schon begonnen, mich an Z.s Lebensweise zu gewöhnen. Bis spät in die Nacht rumgondeln. Und bis mittags schlafen. Findet man bei Kneipenbesuchen die Realität? Wie ich es liebe, daß meine Eltern um neun Uhr werktags langsam daran denken, schlafen zu gehen. Wenn man früh rausmuß.

Um neun Uhr weckte mich der Paketmann. Ich wache aus einem entsetzlichen Traum auf. Sarah ist mir weggelaufen. Sie läuft unwahrscheinlich schnell, ich hinterher, ich trage sie zurück, über eine große Wiese und ein großes Feld, darauf sind unzählige Pferde, ich denke, traust du dich wirklich dadurch, die Pferde kommen immer auf mich zu, sie sind enggedrängt über dem ganzen Feld und der ganzen Wiese, als ich fast durch bin, sehe ich einen Stier und eine Kuh, die gerade einander besprungen haben, sie liegen da, der Stier mit einem blutigen Fuß oder mit einer blutigen Schnauze, oder was ist es, es ist ein blutiger Stumpf, entsetzlich »tierisch befriedigt« liegen sie da, die Augen geschlossen, und ich denke, im Traum, aha die reden also hinterher gar nicht zusammen, ich laufe mit Sarah im Arm zurück. H. liegt noch auf unserem großen »Ehebett« und schläft, erwacht gerade. Im Traum war auch Z. da. Er trieb sich mit einer Frau herum, oder mit zweien. Die hatten was mit Kunst zu tun. Ich lief dann nackt die Treppe hinunter, um mich zu verstecken, aber ich ging wieder zurück, Z. küßte mich flüchtig.

Ich wäre gern tot. Schliefe immer. Schlaf vor Mitternacht. Schlaf im Freien. Im Garten zwischen geruchausströmenden Gräsern, Blättern, Bäumen. Ohne die Alpträume. Die Gefahr immer, daß ich die furchtbare Unterdrückung gegen mich selbst richte. Aber ist es eine Gefahr? Dieser wahnsinnige Kerl, »coitus interruptus« sei keine altertümliche Methode, bisher hätte sie den Frauen nichts ausgemacht. Was gehen mich seine Weiber an! Ich bin Karin. Ich bin Ich. Und mir macht diese Methode etwas aus. Ich lese bei Freud, daß sie unmenschlich und krankheitserzeugend wirkt, »diese Methode«. Dietger sagt, Freud sei längst wiederlegt. Ich kann niemand vertrauen. Z. hat mich schon zu viel leiden lassen. Ich muß wegfahren. Wohin vor mir selber? Wo ich bin, will ich nicht sein. Wo ich nicht bin, will ich jetzt auf der Stelle sein. Ankommen und abfahren. Metamorphosen. Meta Vorsilbe mit der Bedeutung zwischen. Ohne Unterbrechung Metamorphosen. Ich löse mich auf. Ich muß wegfahren. Wohin. Wo ich bin, kann ich nicht bleiben, wo ich hinsoll, kann ich nicht hin. Wo ich hinwill, soll ich nicht hin. Ein Mann, der mit »unendlicher Liebe« ihren ganzen Körper küßte, dem man nicht anmerkte, daß er auch noch in ihren Schoß eindringen will, »Schoß«, sagt Z., so ein prüdes Wort, er küßt alles, ihre Arme, ihr Gesicht, ihre Hände, alles, alles für sich wichtig, er redet mit ihr, mit einem verschreckten Kind, das sich verirrt hat, sie redet mit ihm, und dann sind sie beide im selben Moment zusammen und lieben sich wahnsinnig, »zusammensein«, sagt Z., was für ein prüdes Wort.

Dieser schöne Schlaf und die schönen Alpträume! Wie schade, daß ich die tiefsten nicht weiß, nicht mehr weiß. Nur ahne. Ich trug ein Kind im Traum, es hieß Z., wars nun deines, oder warst du es selbst? Oder beides? Tot sein wollen. Sich völlig auslöschen wollen. Löschen. Löschen. Löschen. Acht Uhr. Z. ruft an aus Kassel, er ist auf der documenta. Mein Brief sei schön, der mit den Schattenspielen. Willst du was erzählen, fragt er. Nein rede du, dann höre ich ein bißchen deine Stimme. Und dann ist das Telefon schon weg. Und er hat sich wieder entlastet. Wie verlassen, wie verlassen. »Ich komme mir vor, als stünde ich vor einer abgesperrten Tür, hinter der du wohnst und die sich niemals öffnen wird.« Aber was verlange ich?

22. Juli. Die grausame Hitze des Tages ist um halb zehn abends ein bißchen vergangen. Ich höre Beat. Ich mahle Getreide, um mein Brot zuende zu backen. Ich sehne mich nach Z. Ich schreibe. Nach seinem roten Mund wie sollte er anders sein als rot aber er ist röter als rot. Vom vielen Küssen. Der Küssende. Wenn die Hitze des Tages zurückgegangen ist, erinnere ich mich an das was ich will. Tags liege ich betäubt und kann nicht denken, möchte nur schlafen. Schlafen und aufwachen auf Wellen. Schnelle Ebbe und Flut. Ans Meer noch fahren, wenn ich schwanger bin. Warum fährst du nicht nach Spanien? Fragt Z. Ich fahr doch nicht ins faschistische Spanien, sage ich, entrüstet. Aber Spanien ist ein schönes Land, sagt Z. Mein Wunsch, mit Z. im September nach Spanien zu fahren. Wunsch. Wunsch. Wunsch. Traum. Wunsch. Aber wo soll ich hin. Ich phantasiere, und

dann stehen da Strandkörbe und Buden herum, wo soll ich hin. Die Wärme des Tages müßte sich mit der Kühle der Nacht vermischen, so daß ich nicht friere und nicht schwitze, so tanzen. Dunkel wär es, ich ganz verborgen, ich taste mit den Händen nach Z., ohne sehen zu können, bis ich durch Tasten alles erkannt hätte. Romantisierung der Blindheit. Ich übe *ein* Sinnesorgan: ich teile es ab von allen anderen Sinnesorganen. Wie über Doderer erzählt wird, er habe Radio und Fernsehen abgelehnt, er habe sich von diesen Reizen ferngehalten, er habe jeden aufreizenden Lärm ferngehalten mit den tollsten Konstruktionen, und er habe ein ungeheures Gedächtnis gehabt. Stundenlang habe er bei Lesungen seine Werke aus dem Kopf zitieren können, ganze Bücher habe er aus dem Kopf gewußt. Delargy, Sammler irischer Volksüberlieferung, habe Neunzehnhundertunddreiundzwanzig Geschichten eines Bauern im Südwesten von Kerry aufgezeichnet, der Bauer sei nie weiter von zu Hause fortgekommen als bis zum nächsten Markt, habe nie eine Schule besucht, sei Analphabet gewesen, dafür habe er ein ungeheuerlich frisches Gedächtnis gehabt, er brauchte eine Geschichte nur einmal zu hören, um sie zu haben und wiedergeben zu können, manche hatte er vor mehr als fünfzig Jahren gehört, mehr als zweihundert Geschichten, die er von fahrenden Leuten, Bettlern und Nachbarn gehört hatte, konnte Delargy bei dem Bauern aufzeichnen, andere Erzähler hatten einen noch viel umfangreicheren Gedächtnisschatz gehabt, dreihundert bis vierhundert Geschichten seien keine Seltenheit gewesen. Wie von einer Ornithologenfamilie im Fernsehen berichtet wird, sie lebt auf einer vom Staat geschützten einsamen

Vogelinsel, zum Schutz der seltenen Vögel darf niemand außer dem Ornithologen und seiner Familie auf die Insel, und die Kinder erzählen, wenn sie mal in die Stadt müßten, würden sie verrückt, und sie könnten gut verstehen, daß die Stadtleute sich bemühen, nichts mehr wahrzunehmen, denn würden die Stadtleute auf alles genau achten, müßten die Stadtleute verrückt werden, warum mußt du denn immerzu dein Kofferradio laufen lassen, Ines, wenn ich keine Musik höre, ist es so still, auf diese Insel muß ich gehen, sage ich zu H., aber du darfst nicht auf die Insel, sagt H., aber ich bin doch kein Tourist, sagte ich zu H., wenn ich die Adresse der Ornithologenfamilie herauskriegen könnte und ihnen erklärte, warum ich auf die Insel will, daß ich weder die Vögel mit großem Geschrei fotografieren will noch die Vögel abschießen will für Trophäen noch lauthals schreien und reden will noch mit einem Kofferradio die Vögel erschrecken will, wenn ich ihnen erklärte, daß ich studieren will, ob Doderer recht hat, daß ich studieren will, mich und mein Gedächtnis, dann müßten sie mich doch auf die Insel lassen. Denn würden die Stadtleute auf alles genau achten, müßten die Stadtleute verrückt werden. Könnte ich das Wichtigste in mich eingraben, in klaren Umrissen im Kopf haben.

H. hat seine Haare wachsen lassen. Sie sind frischgewaschen, schwarz und weich, sein Bart rot, seine Haare schwarz, sein Gesicht sehr weiß und ernst. H. ist in Lemgo und läuft in einem weißen Arztkittel herum. Wenn eine Frau umfällt, hilft er ihr wieder auf. Alles sei schwierig, schreibt H. Er könne ja kaum Latein, er komme sich ganz dumm vor. Ich muß lachen, ein Arbeiterjunge ohne Abitur studiert Medizin.

Z. sagt mir, ich solle mich nicht in mein Leid versenken, die »Mehrheit der Bevölkerung« könne sich das auch nicht »erlauben«. Was für Sprüche! Er muß es ja wissen! Er rationalisiert sein eigenes Schuldbewußtsein, zur privilegierten Klasse zu gehören.

24. Juli. Immer dieser Wiederholungszwang der Erinnerung. H. schreibt von Krebs und psychischen Zusammenbrüchen »seiner« Patienten. Gemütszustand, was für ein schönes Wort. Ich kann einen ruhigen Gemütszustand haben, allen Schwierigkeiten mit Zuversicht und Kraft begegnen. Aber auch einen bitteren schwarzen. Meine Mutter will die Geschichte erzählen, wie ein Mann von einer Hure kommt und danach mit seiner eigenen Frau schläft, wie die Frau dann einen Mischling gebiert und angeschuldigt wird des Ehebruchs, und es doch so war, daß bei der Hure vorher ein Schwarzer geschlafen hatte und noch Sperma von diesem in der Hure gewesen ist und der Mann seiner eigenen Frau das Sperma von dem Schwarzen mitgebracht hat... Aber ich will nicht, daß meine Mutter die Geschichte erzählt, ich kenne sie ja auch schon.

Dennoch an den Erinnerungen seines Lieb-Seins festhalten. An die Erinnerungen seines Lieb-Seins denken und doch nicht an ihnen leiden. Ich habe von der Krankenkasse Geld für die Atemschulung bewilligt bekommen. Im Oktober werde ich also diese Schulung machen, durch die ich besser atmen werde, und noch Menuhin hat gestern gesagt, wie wichtig Atmen ist, zuerst sei das Atmen gewesen, bei der Geburt, und ja auch zuletzt ist das Atmen. Becketts Stück »Atem«. Denn ich schreibe ja nicht nur, ich schreibe, damit ich auch tue, was ich schreibe. Noch gar nichts ist gelöst, dachte ich gestern abend, wenn ich geschrieben habe. Noch gar nichts ist gelöst. Es geht alles weiter.

25. Juli. Der Traum. Alle meine früheren »Schulkameraden«, meine Eltern, Z., halten Gericht über mich, ob ich denn Z. liebe. Ich hätte doch gestern gerade noch einen anderen mit der heftigsten Intensität geliebt. Sie erzählen Z. allerlei Greuelmärchen über mich. Als die Leute zu gehen anfangen, beuge ich mich zu Z. und flüstere: »Glaubst du denn das alles?« Z. sagt daraufhin, daß »das Mädchen«, so drückt er sich aus, in der dritten Person, über eine weite Ebene gegangen sei und daß das Kleid »des Mädchens« voll Luft gepumpt gewesen sei, vom Wind aufgeblasen, das seidene lila fliederfarbene Kleid. Der Reflex seiner Karte, auf der er beschreibt, wie ich einen roten Luftballon für Sarah aufblasen soll. Erinnerung an H. und mich. An das Haus in Schweden. An die Ängste dort. An meine Erwartung, das Motorradgeräusch zu hören, daß H. kam. Es zieht mich zu H., und es zieht mich zu Z. Wohin gehöre ich? Z. schickt mir einen Tonbandbrief: ich will dir auch noch ein Wort sagen zu deinen Liebesbriefen zu deinen Liebestenbriefen ich liebe deine Liebe sozusagen aber ich bin da wirklich gehemmt und bitte dich laß mir ein wenig Zeit das zu bedenken und zu klären und die Identität

wiederzufinden deine und meine die nur eine gemeinsame oder potentiell gemeinsame sein kann wenn sie auch für sich allein eine Identität ist und ich glaube daß durch die Abhängigkeit durch diese wahnsinnige Sehnsucht von der du schreibst leider die Lage verändert wird und daß die wahnsinnige Sehnsucht eben ein Wahnsinn ist und daß das Handeln eine Realität wäre das Sein die Zuwendung die Zuwendung ist eine Realität aber die Folgerungen die Kristallisationen in uns die aus der Zuwendung entstehen nämlich die wahnsinnige Sehnsucht ist keine Realität nach meinem heruntergekommenen Realitätsbegriff sie ist ein Wahnsinn und darin natürlich eine Realität aber eben ein Wahnsinn und ich selbst will mein Leben möglichst einrichten ohne diesen Wahnsinn ich will da wirklich etwas einfältig und heiter und naiv leben und nicht so sehr von Sehnsüchten... ich will dich nicht verletzen ich liebe ich achte dich in... aber du mußt mich selbst sein lassen ich will dich nicht kränken aber wir richten solche Brutalitäten leider an und du richtest sie in gewisser Weise auch dem H. gegenüber an... es tut mir wahnsinnig weh dich in deiner Liebe zu verletzen denn diese Liebe ist in sich obwohl ich sie einen Wahnsinn nenne eine unglaublich gute Kraft und etwas Wichtiges...

Ruhig in einer ungeheuren Erschöpfung. Als hätte ich meine Liebe mit langen hochgehaltenen Armen hingestreckt und Z. hätte sie zurückgestoßen. Fast ruhig gegen Z. in einer ungeheuren Erschöpfung. Die Erschöpfung nach den Abiturprüfungen.

Wie ich Tage bevor ich Z. kennenlernte schrieb: »Wir sitzen um Mitternacht auf dem Rand der Badewanne

Wir stehen dazwischen, sagt H. ...« Z. liest dieses Stück und spricht von »Klassenverrat« gegen H., wenn wir uns lieben.

Dialog zwischen Z. und mir am Telefon. Ich: Fast muß ich denken, ich hätte dir das Kind bei Nacht heimlich gestohlen, wenn du sagst, ich hätte dich »reingelegt«. Z. (ironisch): Ich bin kein Königsgeschlecht. Ich (rhetorisch fragend): Nein? (so wie: wirklich nicht?).

Z. bewundert die klobigen Hände meines Bruders und seine stämmigen Unterarme. Ich bin direkt geil auf ihn, sagt er spottend.

Eine dicke Schwartenhaut anlegen. Unbeirrt meinen Weg gehen. Ich irre nicht? Ich verirre mich nicht? Ich bin nicht verirrt? Ich bin nicht irr? Die große Abnabelung.

Ich horche nach dem Regen, wie Z. bei P. nach den Rufen der brünstigen Hirsche horchte, den Kopf schief gelegt.

27. Juli. »Ein Verlangen habe ich nach dir, daß es mir auf der Brust liegt wie Tränen, die man nicht herausweinen kann.« Wie die anderen mich auslachen, daß ich Schriftliches so ernst nehme, »so tierisch ernst«. Auf dem Bild des russischen Malers Victor Michailowitsch Wasnetzow aus dem Jahre Achtzehnhundertundfünfundsiebzig betrachten Bauern staunend und furchtsam die Ware eines Bilderbogenhändlers in seiner Holzbude,

das Gedruckte, die Realität aus zweiter Hand ist ihnen völlig fremd. Die Bilder der Glasfenster in den Kirchen seien in erster Linie für die Einfachen, die nicht schriftkundig sind, die Bilder sollen ihnen zeigen, was sie glauben sollen. Wie meine Oma vor dem Fernsehen sitzt, ein Kind, das die Weihnachtsbescherung erwartet, das Gesicht vor Aufregung gerötet, und sie sagt sich immer laut vor, was gerade passiert, die Bilder der Glasfenster in den Kirchen, die Bilder die bunten Bilder der Illustrierten die bunten Bilder der schönen bunten Farbfernseher seien in erster Linie für die Einfachen, die schönen bunten Bilder sollen ihnen zeigen, was sie glauben sollen, die Schrift und die Differenz, die Schrift und die Distanz, und die Leute lachen über mich, daß ich Schriftliches »so tierisch ernst nehme«. Auf längere historische Zeiträume denken, und die Ursachen in längeren historischen Zeiträumen suchen. Die Treppe raufwollen und gleich die dreißigste Stufe nehmen wollen, so daß ich mir die Glieder zerreiße und schreie. Helio-Carinthia, ein Platz in den Bergen, abgelegen, nur Bergbäche machen »Lärm«, ich liege wach abends in Anspach, Irre rasen die Straße vor meinem Zimmer unaufhörlich mit krachenden Motorrädern herauf und herunter, Autos fahren an und ab, der Lärm ist für meine Ohren in seiner Intensität verzehnfacht, ich möchte mir die Ohren abschneiden, ich möchte mit einer Pistole in die Reifen der Autos und Motorräder schießen, daß sie lautlos ausrollen, am Morgen der fast gleichmäßige, nur leicht anschwellende und sich abschwächende Krach des Baggers auf einem schräg gegenüberliegenden Grundstück, dieser zum Wahnsinn treibende Krach, die Gedanken zerstückelnd, aber den

Bagger kann ich nicht erwürgen, daß ich nicht schon längst Ohrenkrebs habe, Z. sagt, was ist der Unterschied zwischen dem Rauschen eines Bergbachs und dem Rauschen des Großstadtverkehrs, ja was ist der Unterschied, wenn ich nur Stille hätte, zum Nachdenken, zum Horchen, zum Erinnern. Hab ich wirklich die Motive, diese »Recherche… der verlorenen möglichen Möglichkeiten… Recherche der unsichtbaren Bewußtseinsvorgänge in meiner Familie… meiner Klasse…« zu schreiben? Ein Kreisel in meinem Gehirn: »Suche nach Motivierung, Suche nach Motivierung, Suche nach Motivierung…« Sich mit der bürgerlichen Klasse verbinden, um von ihren jahrhundertelangen Exerzitien inspiriert und infiziert und befruchtet zu werden. Das Wort »Veröffentlichung« fast so magisch wie das Wort »Ehebrecherin«, im ersten das Wort »offen«, im zweiten das Hören des Brechens von dickem Eis auf einem See. Kann ich wirklich mit meinen zwei Kindern zu Grotowski nach Polen gehen? Sind das nicht alles »überkandidelte« Pläne? Da sitze ich und lese gerade die ersten dreißig Seiten von Prousts »Recherche…«, auf deutsch. Zu ungeduldig, um französisch lesen zu können. Wie lerne ich denn richtig Französisch? Ich habs ja gelernt, aber ich habs doch nicht gelernt, wie alles, was ich gelernt hab. Französisch ist auch wie ein Buch der Bürgerlichen, mit mehrhundertjährigen Siegeln. Während der ersten fanatischen Zeit als Kommunistin dachte ich, man könne Gedanken und Wahrnehmungen immer kurz und bündig in einem agitatorischen Satz, in einem Ergebnis liefern, an dem nicht mehr zu zweifeln wäre. Ich wunderte mich und dachte mit Schrecken daran, daß es nötig sein sollte, dicke Bücher und Romane zu schreiben und zu lesen. Wie lange sollte es dauern und wie schwer sollte es sein, das Wort »Dialektik« zu finden. Ich sitze im herbstlich winddurchwehten Garten, Sarah spielt, still, mit Kieselsteinen unter dem leergegessenen Kirschbaum, ich lese die ersten Seiten von Prousts »Recherche...« Die Großmutter. »Meine Großmutter aber konnte man bei jedem Wetter, selbst wenn es in Strömen regnete und Françoise hinausgestürzt war, um die kostbaren Rohrmöbel hereinzuholen, damit sie nicht naß würden, im leeren, vom Platzregen durchfegten Garten sehen, wie sie ihre zerzausten grauen Haare zurückstrich, damit ihre Stirn den heilsamen Kräften von Wind und Regen um so mehr ausgesetzt sei. ›Endlich kann man einmal aufatmen!‹ pflegte sie dann zu sagen und eilte durch die aufgeweichten Alleen...«. Meine Oma sitzt vor dem Fernsehen, ein Kind, das die Weihnachtsbescherung erwartet, das Gesicht vor Aufregung gerötet, und sie sagt sich immer laut vor, was gerade passiert. Oma und Opa Strauch sehen einen Film mit Heinz Rühmann an, ich glaube »Der Pater«. Opa Strauch schläft wieder mittendrin ein. In einem anderen Film mit Heinz Rühmann kommt der Enkel zu seinem Großvater ans Krankenbett, warum gibt es Krieg, fragt der Enkel, der Großvater sagt, ja das fragt man sich in deinem Alter, und das fragt man sich in meinem Alter, aber dazwischen darf man sich das nicht fragen, eine Zeile in Herbert Friedmanns Gedicht »Volksfest«, »wir wissen, aber/ wir wollen vergessen,/ müssen vergessen,/ sollen vergessen, – darum/ ist heute Volksfest.«, es ist ein alter Film, wie haben meine Eltern ihn gesehen, wie haben sie die Gesten des Großvaters, der sagt, dazwischen fragt man nicht warum gibt es Krieg, in sich

aufgenommen, unbewußt haben sie die Gesten nachge-
ahmt. Das Leben eines Kindes fange erst an mit seiner
Geburt, wenn jemand eine Krankheit habe, so forsche
man nach, ob auch schon seine Eltern und Großeltern
diese Krankheit gehabt hätten, und man spreche von
»Vererbung«, aus Bequemlichkeit spreche man von Vererbung, glaube, daß alles erklärt sei mit dem Wort »Vererbung«, und tatsächlich geben sich die Leute mit diesem hingeworfenen Wort zufrieden, wie solle man denn
von den Medizinern erwarten, daß die Wörter »Geschichte« und »Dialektik« für sie keine Fremdwörter
sind, wenn die Mediziner sogar abstreiten, daß ein Kind
schon sexuell empfindet, meine Eltern haben auch schon
Diabetes gehabt, aber wie weißt du denn, daß nicht
kleine Mengen Arsen über Generationen hinweg einge-
nommen sich summiert haben, daß nicht kleine Exerzitien über Generationen hinweg eine große Fähigkeit
erzeugt haben, nie bricht eine Krankheit los, nie bricht
ein Krieg aus, und nie fällt ein Meister vom Himmel.

Im Fernsehen über Franz Xaver Kroetz und den Schriftsteller Kempowski. Hochdeutsch sei eine Kunstsprache,
die es nicht gebe, sagt Kroetz, die Menschen sprächen entweder Dialekt oder Umgangssprache. Ich denke, hat er
nicht recht. Aus meinem Geburtsort floh man mit mir,
als ich sieben war. Seitdem fliege ich herum. Sprachlos,
landlos, klassenlos. Wo kann ich leben? Kempowski
spürt seiner Vergangenheit und seiner Familie nach.
Fotos sind ihm wichtiges Material. Ich habe mir ein
großes Bild von Ines, eine Plakatvergrößerung eines
Fotos, ins Zimmer gehängt, will ihre Züge studieren.
Nur vom Schreiben leben können käme ihm vor, als

fresse man sich selber auf. Er ist Lehrer. Auch ich will die Geschichte meiner Familie bis in alle Einzelheiten aufspüren. Aber da gibt es keine großartige Geschichte. Jutta erzählt, ihr Großvater sei Bauer gewesen und nebenbei noch Fuhrmann, ich denke an »Fuhrmann Henschel« und möchte gern wissen, ob der Fuhrmann Henschel Juttas Großvater der Fuhrmann war, aber ich habe gehört, Hauptmann ist ein Aufsteiger gewesen, seine Eltern waren schon Hotelbesitzer, sein Großvater soll aber noch Weber gewesen sein, und vielleicht hat Hauptmann sein Stück geschrieben, wie Professor Brekle weint, wenn er Kitsch hört, und es ist vielleicht ein lügenhaftes Stück geworden, ich muß das nachprüfen. Es gibt keine Denkmäler, deshalb brauche ich nicht in alle Welt reisen wie Kempowski und Denkmäler aufspüren. Es gibt fast keine Denkmäler. Die Lohntüten. Ob meine Eltern ihre Lohntüten gesammelt haben? Oder der Buckel meines Vaters vom frühen Säcketragen? Der Buckel meines Vaters, er muß sich mehrere dicke Kissen unter den Rücken legen zum Schlafen. Der Gang meines Vaters. Dieses Bedürfnis, sie groß zu machen, die nicht groß sein konnten. Zeigen, warum sie nicht groß sein konnten. Was heißt denn »groß«? Die *kleinen* Leute, sagt man. Die *kleinen* Leute, sagen selbst die *kleinen* Leute. Der *kleine* Mann. Ich will die *kleinen* Leute groß-machen. Die *kleinen* Leute *groß* machen. Ihnen näher kommen. Die verborgenen Schlupfwinkel ihres Bewußt-seins aufdecken. Ihre nie formulierten Wahrnehmungen. Denn was da bisher über die Arbeiterklasse, über die einfachen Leute, über die kleinen Leute, über die ollen Arbeiter da, über die Bauern mit den dicksten Kartof-feln, geschrieben wurde, das ist ja Makulatur. Kosmetik.

Als ob es genüge, Demonstrationen zu beschreiben, den Aufbau von kommunistischen Betriebszellen, die Entwicklung von Klassenkämpfen. Die ollen Arbeiter da sind doch keine Marionetten. Wer schreit denn »Psychologismus«? Wer? Die Bürgerlichen haben durch ihre Literatur jede Kleinigkeit ihres Lebens groß gemacht. Sie haben sich behauptet. Sie haben sich gestärkt. Groß machen. Wo anfangen? Und wie? Wie Proust die verlorene Zeit aufsuchen. Gibt es für mich so etwas wie eine Madeleine? Nach den Geburtsorten meiner Eltern und Großeltern fahren? Ich höre, es gebe doch schließlich die Methoden von Joyce, und es gebe schon viel bessere, viel experimentellere Methoden, ja aber gibt es auch Methoden für etwas, was gar nicht da war, was aber hätte dasein können? Für diese schlauen Intellektuellen, sagt H., gibt es nichts Neues unter der Sonne, sie kennen schon alles, sie wissen schon alles, und sie begreifen nicht, daß ich höchstens drei Zeilen von Joyce gelesen hab, und sie begreifen auch nicht, warum, sie haben ihre jahrhundertealten Brillen der Bildung auf und kapieren das nicht mal, sie streiten es einfach ab, daß sie ihre jahrhundertealten Brillen der Bildung aufhaben. Schlagtow bekannt machen, wie Proust Combray bekannt gemacht hat. Warum soll ich nicht so Wichtiges über meine Klasse schreiben wie Proust über seine? »Sie hätten den Vater auch in die Destillationsapparate werfen und zu Petroleum oder synthetischem Gummi verarbeiten können wie sein ganzes Leben...« Ja? Ja? Und wenn ich nun die Spuren aufspüre und die einplanierten Möglichkeiten aufdecke? Die Möglichkeiten, die immer zerstört wurden? Die Gegenwehr? Die Selbstbehauptung trotz allem? Ja, dazu wollen sie uns bringen, und sie haben uns ja bisher immer dazu gebracht, die Herkunft zu verdammen, die ollen Arbeiter da für minderwertig zu halten, dazu wollen sie uns Aufsteiger bringen, und wir fühlen uns selber so minderwertig, daß wir uns die Hacken ablaufen, zu zeigen, was wir können, trotz allem, wir nehmen jahre- und jahrzehntelang die allerschlimmsten Demütigungen in Kauf, wir lassen uns zur Sau machen, und wir glauben immer noch, alles sei uns nur barmherzig geschenkt, wir glauben immer noch, wir ergaunern uns alles, wir werden nicht zu Mördern wie Golubtschik, zu Mördern aus Ehrgeiz und Minderwertigkeitsgefühl, aber wir werden zu Mördern an uns selbst, wir verleugnen und sehen herab, auf uns und auf die, von denen wir kommen, A.s Mann, Arbeiterkind und Physikstudent, hat sich völlig von seinen Eltern losgesagt, A. ist die Tochter von Kunsthistorikern, und vielleicht kommen die jahrelangen »asozialen« mörderischen Ehekämpfe daher, daß ich mich für nichts achte, daß ich H. für nichts achte, und daß jeder merkt an den klitzekleinsten Gesten, daß jeder wahrnimmt, daß der andere den anderen für nichts achtet, am liebsten würde der andere sich selbst und den anderen in die Destillationsapparate werfen, aber dazu kommt es nicht, denn die Aufsteiger müssen kreiseln nach dem Gesetz, nach dem sie kreiseln sollen, hochmütig gegen ihre Klasse, verachtungsvoll gegen sich selbst und voll stiller Anbetung für die ganze sensible, schlaue, mächtige in den Sesseln sitzende Klasse. Z. erzählt, Richter hätte zu Celan gesagt, Sie müssen so einfach schreiben, daß der Bäcker an der nächsten Ecke Sie versteht, Celan habe daraufhin geantwortet, die einfachen Leute seien gar nicht so einfach, wie er, Richter, sich das denke, er müsse gerade schwer schreiben, wenn er für die einfachen kleinen Leute verständlich sein wolle, diese einfachen kleinen Leute nähmen viel komplizierter wahr und dächten viel komplizierter als sich Herr Richter in seiner eingebildeten Schulweisheit träumen lasse. Dieses Bedürfnis, groß zu machen, denn was hätte ich sonst für eine Hoffnung? Wenn ich nicht einschlafen kann, sagt Mutti, erinnere ich mich an den Brand im »alten Haus« in Stukenbrock, wir nannten die verlotterte Kate »das alte Haus«, in die wir nach Flucht und Flüchtlingslagerzeit zogen, ich erinnere mich an alle Einzelheiten des Brandes, sehe das Feuer, sehe meine Kinder barfuß über die Felder zum Bauern laufen, sehe das lichterlohe Feuer, denke mit Schrecken daran, daß ich eigentlich mit Papa zum Pollhans hatte gehen wollen an diesem Abend, dann wärt ihr Kinder verbrannt, wir saßen in der Stube, Papa und ich, Papa hörte Radio, hörte sehr lautes Radio, ich strickte, und plötzlich denke ich daran, daß ich draußen noch Wäsche hängen habe, denn ich höre ein Geräusch wie Hagel von draußen, und als ich nach draußen laufe, sehe ich das Dach in Flammen, die Kinder die Kinder, und ich sehe euch vor der Haustür sitzen, barfuß und im Nachthemd, ihr hattet hinterher eine so heisere Stimme, daß ihr kein hörbares Wort herausbringen konntet, und du Karin schreist immer »Mutti Mutti«, du hattest Angst um mich, ich rannte immer noch ins Haus, um das Radio zu holen und den Wohnzimmerschrank, und erst später dachten Papa und ich daran, daß die alten Sachen ruhig verbrennen konnten, die Versicherung dachte erst, wir hätten das alte Haus selber angesteckt, ich hatte den ganzen Tag Kohleintopf gekocht auf einem alten Kohleherd, und der Schornstein war wohl zu heiß geworden oder das Ofenrohr, und das Strohdach hatte Funken gefangen, ich erinnere mich an alle Einzelheiten des Brandes, ich sehe das Feuer, und dann schlafe ich auch bald, vielleicht mit dem Gefühl der überstandenen Gefahr. Nein, Mutti kann viel besser erzählen. Erinnerung, Phantasie, Grübeln... Hoffnung für mich. Und doch denke ich, sie sind nichts, ich bin nichts, H. ist nichts. Du hattest doch mal eine Geschwulst, die Ärzte sagen, sie sei »gutartig« gewesen, Mutti, und Mutti erzählt, wie sie hat unterschreiben müssen vor der Narkose, daß man ihr die Brust abnehmen könne, wenn eine bösartige Geschwulst in der Brust entdeckt würde, und du hast unterschrieben?, ja sicher habe ich unterschrieben, als ich aufwachte, man ist lange Zeit noch ganz duselig von der Narkose, fragte ich immer wieder, ist meine Brust noch dran?, ist meine Brust noch dran?, der Schwester wurde es zu bunt, und sie sagte schließlich, sehen Sie doch selber nach, und du hast unterschrieben?, wenn was ist, sagt Mutti, können sie nur noch schneiden, das ist die einzige Möglichkeit, und Mutti sagt das im Tonfall eines Spezialisten, meine Kollegen im Büro reden oft über Krankheiten, ich höre dann weg oder gehe raus, *ich* höre zu, ich kann nichts anderes als zuhören, denn ich weiß nichts, ich zweifle nur, ich kann nichts dagegen sagen, wenn ich erst Arzt wäre, wenn ich erst Arzt wäre, ich könnte denken, und ich könnte anfassen, und ich könnte zweifeln, und ich könnte, vielleicht, antworten, ich könnte etwas tun, ich könnte mehr erfahren, ich könnte die richtigen Fragen stellen, die Wahrnehmungen und Ängste, wenn Mutti fragt, ist meine Brust noch dran?, ist meine Brust noch dran?, warum fragt sie nicht, *wie* ein bösartiges Geschwür in ihre Brust gekommen ist. Papa fährt in einem Postauto, Papa hat eine Postuniform an, eine Postuniformmütze, ich denke, auf andere Art findet er also seine Identität, das Gefühl, etwas Eigenes zu haben, das Gefühl, über einen Bereich zu bestimmen zu haben, wie er sagt »mein Bezirk«, »das ist nicht mein Bezirk«, er meint den Bezirk, in dem er die Post austragen muß, ein Auto hat ihm nicht ausgereicht, und ein Schrebergarten hätte ihm nicht ausgereicht, die Kaninchen hätten ihm nicht ausgereicht, er ist Postbote in einem leuchtendgelben Postauto, schön sieht er aus in der Uniform, ich hatte immer gedacht, er duckt sich, aber Mutti sagt, er ließ sich nichts sagen bei Epping, Papa sagt, wenn der Boß kommt, sind sie still, er meint die Kollegen, Papa schlägt die Hände über dem Kopf zusammen, daß ich mit anderen einen Bauernhof haben will, wie soll ich können, was er nicht hat fortführen können, und ich denke, mein Gott, der Wahnsinn, der hinter dem allem steckt und den man nicht sieht, das gelbe Postauto leuchtet so, und Papa sieht so schön aus in seiner Uniform, und ja, wir haben Fehler gemacht, sagt der Genosse bei der FDJ-Schulung, wir müssen zugeben, wir haben Fehler gemacht, die Angst, meine Angst, alles was ich tue, werde ein Anfang ein Anlauf bleiben zu einem großen Mut, zu einer richtigen Arbeit bis zu Ende, nach dem Anlauf werde ich steckenbleiben, ich werde einschrumpfen wie die Ziele meines großen Vaters, meines starken Vaters, und der Genosse sagt, wir haben Fehler gemacht, das muß ich zugeben. Ich erinnere mich, daß Papa mal erzählt hat, er habe »Doktor Schiwago« gelesen während einer Kur, und ich wollte ihn immer

251

fragen, ob er auch diese Stelle gelesen hat: ». . . Überall, wo Sie hinkommen, sind Bauernaufstände. Gegen wen, werden Sie fragen. Gegen die Weißen oder gegen die Roten, je nachdem, welche Macht gerade dort herrscht. Sie werden sagen: Der Muschik ist eben ein Feind jeder Ordnung, er weiß selber nicht, was er will. Triumphieren Sie nicht zu früh: Er weiß besser als Sie, was er will. . . . Als die Revolution ihn aus seinem dumpfen Dahindämmern weckte, glaubte er, daß sein jahrhundertealter Traum von einem eigenständigen Leben und einem freien Dasein als kleiner Landbesitzer, der von seiner Hände Arbeit lebt und von niemanden abhängt und keinem verpflichtet ist, endlich in Erfüllung ginge. Aber kaum fühlte er sich aus der eisernen Umklammerung der alten, gestürzten Staatsgewalt befreit, da geriet er schon unter die unvergleichlich viel härtere Macht des neuen, revolutionären Überstaates. . . .« Der Genossenschaftler Kostojed im Gespräch mit Schiwago. Ich werde Papa zu lesen geben, was ich geschrieben habe, um mit ihm über alles zu sprechen. Scholochow lesen. Ernst Moritz Arndts Geschichte der Leibeigenschaft in Pommern lesen. Ernst Moritz Arndt war ein Bauernsohn. Der Traum vom eigenständigen Leben und von einem freien Dasein. Adenauer erkennt, daß jeder sein Häuschen haben muß. Jedem Arbeiter sein Häuschen. Und die Kommunisten erkennen nicht, daß diese Wünsche wirklich und wahrhaftig berechtigt sind. Daß diese Sehnsüchte in sich gut sind. Die Sehnsüchte der Arbeiter werden zu hohen Preisen gehandelt. Flick hat es im Übergroßen im Überübergroßen geschafft, eigener Herr auf eigenem Grund und Boden zu sein. Und Erika sagt, soll etwa jeder seine eigene kleine Parzelle haben. Wenn

diese einsamen von ihrem Ich überwucherten Intellektuellen nur das Wort »kollektiv« hören, leuchten ihre
Augen, sagt H. Wie könnte es sein, wie hätte es sein
können, was wäre wenn. Kein Wunder, daß der Vater
rechts steht, nicht links, nein nicht links wo das Herz ist,
und Mutti wird ganz weiß, Mutti nimmt reißaus, wenn
ich zu Hause die Platte laufen lasse »dem Karl Liebknecht haben wirs geschworen«, das erinnere sie an ein
Hitlerlied, ihr Entsetzen, daß ich dieses Lied singe, und
mein späteres Entsetzen, daß ich dieses Lied gesungen
habe, ich habe es niemand geschworen, niemand, nicht
Gott, nicht Karl Liebknecht, nicht meinem Vater, niemand, kein Wunder, daß Papa rechts steht, gewiß, oft
entstammen die faschistischen Junta-Offiziere Bauern-
familien, aber es gebe eben die soziologischen Aposta-
ten, die Verräter an ihrer Klasse, noch vor nicht langer
Zeit waren die meisten Bauern, und alles, was dann
kam, hat sie überrannt, sie konnten sich nicht wehren,
sie konnten keine Bücher schreiben, es geschah ihnen,
jetzt komm bloß nicht, komm uns bloß nicht mit dem
Aufstand der Bauern, mit der Revolte der Bauern,
komm bloß nicht mit der Behauptung, die Arbeiter seien
immer noch Bauern, mein Schwiegervater, mein Schwiegervater, Industriearbeiter, Sozialdemokrat, mein
Schwiegervater war Wilderer, es ist die Sehnsucht nach
Freizügigkeit, über das Wildern, es steckt ein aristokra-
tischer Zug im Charakter der Bergbewohner, ein souve-
ränes Bedürfnis nach freier Bewegung, mein Schwiegervater hat gewildert, mein Schwiegervater ist mit Kraft
durch Freude nach Norwegen gefahren, mein Schwiegervater ist ein Waldschwärmer, mein Schwiegervater
zieht Kaninchen, alles Erinnerung, komm uns bloß nicht

damit, Revolte der Bauern, komm uns bloß nicht damit, denn die Bauern sind schließlich nichts anderes als die Bündnispartner der Arbeiterklasse, und wer ist das, die Arbeiterklasse, wer, wer, die ollen Arbeiter da, wer sind sie denn?

29. Juli. Musik wirkt am ehesten sprengend auf mich, sie ist am direktesten sexuell. Die Gänsehaut und das schreckliche Erschrecken beim plötzlichen Anblick eines Ohrenkneifers. Sie kriechen durch die offenen Türen und Fenster ins Haus und erscheinen plötzlich in der Mitte an den Zimmerwänden. Jetzt ist die Zeit der Ohrenkneifer, es wird August. Gestern kroch mir einer entgegen aus dem Buch der Briefe Kafkas an Felice, ich hatte einen Bleistift als Lesezeichen hineingelegt, und an dieser Stelle hielt der Ohrenkneifer sich auf. Eben habe ich wieder einen dieser ekelhaften Ohrenkneifer totgedrückt, die plötzlich auf dem Tisch kriechen, als fielen sie einem aus den Ohren. Grüne Raupen winden und schlängeln sich, gucken Sie mal, Frau S., sagen die Kinder, wir haben schon dreißig Stück gesammelt, die Kinder haben dreißig Raupen von den Bäumen gesammelt, was macht ihr damit, wir gucken zu, wie sie sich puppen, sagen die Kinder, sie fassen die Raupen sogar an, ich rufe die Kinder um Hilfe, in meinem Zimmer kriechen grüne Raupen, die Kinder kommen und steigen auf den Tisch und holen mir die grünen Raupen von der Wand, was macht ihr damit, wir gucken zu, wie sie sich puppen, sagen die Kinder. Du hast Angst vor Regenwürmern, Karin, und du willst Bauersfrau werden? Ich kaufte mir ein orangenes Seidentuch, ich binde die Zip-

fel des Tuches im Nacken zusammen, Karin die Bauersfrau. Ja, das haben sie gern, solche Leute wie Gorki haben sie gern. Gorki: »Die Natur verschwendet eine gewaltige Energiemenge für die Schöpfung von Läusen, Mücken, Maulwürfen und anderem höchst schädlichem Plunder. Kornblumen im Roggen sind reizend, aber es sind doch Parasiten. Und wieviel für den Menschen nutzloses Unkraut laugt die Säfte der Erde aus? Bazillen und Bakterien, die den Organismus des Menschen zerstören, wurden von der Natur geschaffen, Pasteur, der den Weg zum Kampf gegen die Krankheitserreger gewiesen hat, wurde von der Wissenschaft, der zweiten Natur, erzogen. So ist für mich die Natur wenn auch kein Chaos, so doch keinesfalls eine Harmonie, sondern eben Material. Unsere Aufgabe als Menschen ist es, dieses Rohmaterial zu bearbeiten, soviel Energie aus ihm herauszuholen, wie gebraucht wird, um den Menschen von der Notwendigkeit zu befreien, seine Kräfte für die schwere und sinnlose Arbeit zum Ruhm und zum Vergnügen von Parasiten zu vergeuden, die nicht nur in der menschlichen Gesellschaft, sondern auch in der Natur vernichtet werden müssen.« Ich gehe durch Bischofsheim, ich sehe eine Frau in einem Garten, sie kehrt fein säuberlich trockenes Laub auf dem Rasen zusammen, das Laub ist von den Bäumen gefallen, verschmutzt ihren Rasen, ihren feinen ordentlichen Rasen, die Frau kehrt das Laub mit geduldiger Akribie zusammen, schleppt es mit ihrer Schüppe zur Mülltonne, den schönen Dung für den Boden schleppt sie zur Mülltonne, denke ich, aber meine Eltern kehren auch das Laub unter den Kirschbäumen und unter den Apfelbäumen zusammen, säubert nur die Erde, säubert sie, fegt sie blank, auf daß die Erde chemisch rein werde. »Willkommen sind Gäste, / die Unkraut lieben«. Tretjakov sind zuwider unberührter Nadelwald, brachliegende Steppen, ungenützte Wasserfälle, die nicht dann herabströmen, wenn man es ihnen befiehlt, Regen und Schnee, Lawinen, Höhlen und Berge. Majakowski. »Siebenjährig. Vater begann mich zu Forstinspektionen im Sattel mitzunehmen. Gebirgspaß. Nacht. Von Nebel umfangen. Nicht mal Vater mehr zu sehen. Schmalster Fußpfad. Vater riß offenbar mit dem Ärmel einen Heckenrosenzweig zur Seite. Dornenzweig mit voller Kraft gegen meine Wangen. Ziehe leise wimmernd die Stacheln heraus. Nebel und Schmerz, beides plötzlich weg. Hinterm auseinanderweichenden Nebeldunst zu unseren Füßen Tageshelle. Das ist Elektrizität. Faßfabrik des Fürsten Nakaschidse. Seit der Elektrizität schwand mir jedes Interesse für die Natur. Eine unvollkommene Sache.« Christa T., die Waldschwärmerin. Ich lese Majakowskis Bericht vor, ich sage, das ist der Weg zum Wissenschafts- und Technikglauben, auf einer Veranstaltung über russische revolutionäre Kunst, und schon wieder schreit einer »Psychologismus«, und langsam glaube ich, diese Intellektuellen schreien immer und immer wieder »Psychologismus« und wollen so liebevoll die Arbeiter vor dem »Psychologismus« bewahren, weil sie selber so ein großer tiefer Sumpf sind, aus dem sie herauskommen wollen, Durruti kannte keine Depressionen. »Willkommen sind Gäste,/ die Unkraut lieben.« Am Nachmittag auf dem Bett gelegen und noch einmal »Abschied von den Eltern« von Peter Weiss gelesen. Erschrecken, daß schon wieder die Zeit der Ohrenkneifer ist, obwohl doch gerade erst Mai war. Ich lese in

»Abschied von den Eltern«. »Meine Finger öffneten die nassen, weichen Lippen, unter deren Schwülsten und Vertiefungen sich das Geheimnis allen Daseins verbarg, und wenn ich eindringen könnte..., würde ich eindringen in den Kernpunkt des Lebens.« Würde in mich einer so eindringen, würde ich eindringen in den Kernpunkt des Lebens. Ungeheure Aggression gegen Sarah. Aus Müdigkeit. Wie kann ich ändern, daß das Essen meine ganze Energie besetzt? Ein Gartenschuppen in einem Garten, von Himbeersträuchern umgeben, in den Himbeeren sind so viele Raupen, gerade in den süßen, und dann mag ich sie nicht mehr essen, und ich kriege Schüttelfrost, in dem Gartenschuppen der dreijährige Junge, mir zur Aufsicht anvertraut, ich locke ihn in den Gartenschuppen, ich entblöße meinen Unterleib, ihm mein Geschlecht zu zeigen, in gehetzter Eile, es passiert nichts, keine Erregung, nur Gehetztsein, und der Junge ist erschrocken, in den Himbeeren sind oft Raupen, gerade in den süßen, und dann mag ich sie nicht mehr essen, ich höre von einer Frau, die ihre Kinder zu liebevoll geküßt hat, die Frau wurde ins Irrenhaus gebracht, auf daß sie wieder vernünftig werde, M. erzählt einen Traum, sie habe im Traum an zwei schönen Brüsten gehangen, sie habe im Traum an den Brüsten gesaugt, friedlich habe sie gesaugt, plötzlich seien aber die Brüste zwei Pimmel gewesen, ich träume, die schönen Brüste einer Frau zu liebkosen, die Sehnsucht nach den Brüsten der Mutter, Narzißmus, die Sehnsucht nach einer ungeheuren Sensibilität, vielleicht könnte wenigstens ich sie lernen, wenn ich die Brüste einer Frau liebkoste, denke ich, dann Inzestalpträume, aber immer stoße ich zurück, Mutter, Vater, ich stoße zurück, im Traum. Ein

Buch muß die Axt sein... Das Bild: gefrorenes Meer, die Vorstellung des schmelzenden Eismeeres, die Vorstellung des *Meeres*. Die größte Konzentration erreichen. Sinne. Meine Sinne. Die Sinne der Menschen. Im Herbst das erste frische Sauerkraut essen. Wie einem die dicken süßen Kirschen überwerden, und man sehnt sich nach sauren Sauerkirschen, obwohl man denkt die mag ich nicht, die das Zahnfleisch zusammenziehen, so sauer. Wie nach wochenlangem Essen der süßen Kirschen einen der Ekel ankommt, wo man doch nur nach seinem Hunger gegessen hat. Der Mensch gewöhne sich eben an alles, der Mensch sei ein Gewohnheitstier, der Mensch stumpfe eben ab, aber, sage ich, es ist doch nur das Prinzip der Veränderung, der Dialektik, der Vielfalt. Die Arbeiterfrauen im Müttererholungsheim der Arbeiterwohlfahrt, über dem Isartal mit Ferngläsern homosexuelle Nackte beobachtend, die im Isartal am Fluß unbefangen sich sonnen und... Die hungrigen Sinne der Ausgehungerten. Mutti sagt, ich erfahre jetzt die Jahreszeiten nicht mehr so neu wie früher, vielleicht, weil Mutti nichts hat, von dem sie zehren kann. Nach der Lektüre von Weiss Verlangen nach Liebe, diese verdrängend, da sie unerfüllbar ist, jetzt.

30. Juli. Sonntag. In Werthers Leiden geblättert. Die früher angestrichenen Stellen nachgelesen. Wie schwach das Buch ist gegen mein Leiden. Unangenehm und zugleich rührend, das Selbstmord-Ritual Werthers. Wieder bin ich erst mittags aufgestanden, ein kurzer Gang mit Sarah im Sportwagen zwischen den Feldern durch, ich rieche die Wohlgerüche des Sommers. Dieser Som-

mer ist wieder verloren, denke ich. Und im Sauerland soll es kühler sein, früher kalt im Herbst, denke ich, ich erinnere mich an die Kälte im »alten Haus«, als wir einmal nach einwöchiger Abwesenheit in das »alte Haus« zurückkehrten, der Vater mußte mit seinem Körper alle Betten wärmen, weil wir in ihrer Frosteskälte erfroren wären, Mutti und wir Kinder. Gestern abend in alten Notizen geblättert. Immer das Motiv des Nicht-Lernen-Könnens, das Motiv der Gedächtnisschwäche. Ermüdend die Wiederholungen über die Jahre, die Wiederholung der Situationen. Ja aber wer sagt mir denn, daß dies Raster überhaupt der Rahmen ist: mit einem Teil ihrer Persönlichkeit möchte sie gar nicht von der Mittelschicht anerkannt werden, sie mißtraue den höheren Klassen und verachte sie, mit einem anderen Teil ihres Selbst aber sei sie voller Bewunderung für die spielerische Intelligenz und den Stil dieser Klasse. Wer sagt denn, daß dies das Raster ist? Wenn ich jetzt nichts von Marxismus wüßte. Wenn ich nicht wüßte, daß es Klassen gibt. Bin ich eine Klasse, fragt die Fabrikantenfrau, Frau Abs ist eine so einfache Frau, manchmal kommt meine fünfundsechzig Jahre alte Putzfrau, aber meistens und das meiste mache ich selbst, bin ich eine Klasse? Die Fabrikantenfrau sitzt, so schön, so freundlich, im Sessel. Ja, wenn sie ein Wolfsfell statt Haut um sich hätten, wenn sie einen Wolfsrachen hätten, wenn sie katzenartig wären, aber warum sollen Wölfe entsetzenerregend sein?, wenn sie Teufel mit Hufen wären, dann könnte jeder sehen, sie sind eine Klasse, aber sie sind keine Teufel mit Hufen. Der Mensch hat keine Sinnesorgane, mit denen er radioaktive Strahlen wahrnehmen kann.

Zitate statt Assimilation. Z.: Du winkst mir mit einem Zitat, schön, daß du winkst, nun lese ich auch das Zitat. Zitieren kann ich, das muß man mir lassen. Ich bin ja ein bißchen weiter als meine Kameraden im Konfirmationsunterricht, die nicht einmal lesen konnten, im achten Volksgefängnisschuljahr konnten sie nicht einmal lesen, nur Buchstaben konnten sie zusammenstottern. M. sagt, sie mag die Zitate in meinen Notizen. Wie ich mit dieser Lust und Wut Bücher geklaut habe. Wie ich einen Tag die Tasche so voll geklaut habe, daß sie überlief von Büchern. Diese Wut, und ich bildete mir ein, wenn ich die Bücher an mich genommen habe, bin ich schon ein Stück weiter zu ihrer Einverleibung. Gestern abend kurz vor dem Einschlafen der Gedanke, anknüpfend an Flicks Tod, daß die Ehrfurcht vor dem großen Genie ist wie die Ehrfurcht vor dem großen Konzernherrn, daß diese Konzernherren sich oft von kleinen Schwachen und Armen hochgegaunert haben zu ihren Reichtümern und Machtstützpunkten, daß sie Millionen sich unterordnen, daß sie Millionen die Luft nehmen, und in der Analogie dazu, daß für Millionen ein »Genie« steht, das stellvertretend für Millionen Macht ausübt, Millionen die Luft nimmt. Genie: »die Möglichkeit wird aber nur dann aktualisiert, wenn der Übersetzer ein Genie wie Joyce wäre«, werde ich irgendjemand sein, eine von den vielen, werde ich kein Genie sein, wenn ich ein Genie wäre und sein werde, können denn nicht alle Genies sein, warum ist nicht jeder einzelne Mensch auf der Welt Joyce, jeder ein anderer Joyce, jeder ein anderer Ho Shi Minh?

2. August. Träume von Pferden, die mir auf Straßen und Wegen begegnen, diesmal sanft, und ich gehe, ohne Angst. Meine Oma aus der DDR schreibt, ich wahr 4 Wochen im Krankenhaus bin am Freitag erst nach Hause gekommen bin noch ganz schwach, ich wurde immer zu ohnmächtig der Artzt sagte es wäre Blutleere im Gehirn. Ich denke, das tolle Gesundheitssystem der DDR. Ich denke, wie sie ihre Brille sucht, die sie gerade vor sich hin gelegt hat. Ich denke, Burkhard und Ines suchen nicht ihre Brillen, sie suchen immer ihre Autoschlüssel. Ich denke, bei mir fängt das alles jetzt schon an. Oma sagt, schon kleine Kinder werden mit grünem Star geboren, woran liegt das denn alles. Ines und Burkhard brauchen jetzt auch schon Brillen. Die junge Frau Retzlaff ist fast erblindet. Die junge Frau Retzlaff hat nicht mehr lange zu leben. Man kann doch heute so viel machen, warum setzen sie ihr denn keine künstliche Niere ein. Die junge Frau Retzlaff ist fast erblindet. Woran liegt denn das alles, sagt Oma.

4. August. Ich liege im Traum im Bett, Ines und Mutti halten mich mit langen spitzen Brotmessern in Schach. Nach anfänglicher übergroßer Angst bin ich ganz gelassen und lese ein Buch, während sie mit den Messern um mich rumfuchteln. Ich bin gelassen, und sie scheinen mir ungefährlich zu werden.

5. August. M. ruft an. Sie freut sich über das Kind. Ich will dir über den Bauch streicheln, sagt sie. Dann bekommt Jakob ja einen Halbbruder. Und Z. habe dann

drei Söhne. Ja, sage ich, drei Söhne von drei verschiedenen Frauen. Heute morgen singe ich gleich nach dem Aufwachen. Das gibt viele Beziehungen, sagt M. Dein Sohn hat dann gleich drei Geschwister. Sarah, Jakob, Hans. Wie kann ich Z. lieben? Wie kann ich H. lieben? Z. fragt, wie lange wohnt ihr schon in dieser Wohnung, mit Blick auf die leeren Wände, vor einigen Monaten noch hingen Carlo-Schellemann-Bilder an den Wänden, wir haben sie verschenkt, wir konnten sie nicht mehr sehen, ich weiß nicht, sage ich trotzig zu Z., soll ich mich rechtfertigen, daß da keine kostbaren Bilder hängen, keine großspurigen Vietnamplakate und keine pornografischen Bildchen? Ich Dumme hänge mir zur Rechtfertigung einen Vers an die weißen Wände. Die Wände meiner Wohnung sind weiß/ ohne Bilder/ Ich kann mir noch kein Bild machen von mir/ Ich bin ein unbeschriebenes Blatt. Gestern abend fiel mein Blick auf einen dieser einfachen Holzweidenstühle, die H. noch gekauft hat, der spinnt, denke ich, muß denn unbedingt eine Visitenkarte an den Wänden hängen, Wandschmuck unterer Sozialschichten, Wandschmuck mittlerer Sozialschichten, Wandschmuck von Zwischenkläßlern, Wandschmuck oberer Sozialschichten... M. sagt, einer der sich so reinstürzt wie ich, der sich kaputtmachen läßt, der ist stark, die Schwachen stürzen sich nicht so ganz, sagt M., mit Haut und Haar rein, sie hat den Zettel mit der »entsetzlichen Schrift« gefunden in ihrer Wohnung, ja ich habe darauf gekritzelt in der Nacht, als ich schreiend und nach Selbstmordmöglichkeiten suchend, Z. schlief, allein war, da stand »Ich liebe Z. ich liebe Z. ich kann nicht mehr ich kann nicht mehr.« Burkhard besucht mich. Mit seinem neuen Firmenwagen, der voll ist von pharmazeutischen Probepackungen, für »seine« Ärzte. Von fünfundvierzig Bewerbern hat die Firma nur vier ausgesucht, und Burkhard war unter diesen vier. Mensch die müssen gedacht haben, auf den ist Verlaß. Diese Verläßlichkeit. Wir gehen durch den Wald. Burkhard trägt mein Kind im Huckepack. Es ist ihm ungewohnt, aber er kann es tragen. Ein umgestürzter Baum quer über den Weg, Mensch wenn wir hier im Sturm unter dem Baum gegangen wären, sage ich zu Burkhard, ach sagt er gleichmütig, der Baum stürzt langsam, und du hörst ihn ächzen, wie er da liegt, ausgestreckt mit seiner Riesenwurzel. Die Bindungen an H. sind lauter klitzekleine Wurzeln, die sich zwischen uns ausstrecken, uns überziehen, die Wurzeln des einen überziehen die Wurzeln des anderen, den anderen. Burkhard hält Ausschau nach Eichhörnchen. Viele abgefressene Zapfen liegen am Waldboden, die haben Junge, die Eichhörnchen, hast du die schon gesehen, frage ich, ach nein, sagt Burkhard, die Nester sind doch zu, wenn sie klein sind, werden sie gesäugt wie alle Säuger. Wie findest du »Martin Eden«, fragt Burkhard. Du denkst immer, wir lesen nur Groschenromane, aber du siehst ja, wir lesen auch gute Literatur. Was liest Karola denn, liest Karola keine Groschenhefte? Nein, sagt Burkhard, ich weiß nicht genau, Unterhaltungsromane, zum Beispiel Simmel, ich weiß nicht, ob du den kennst. Ja, sage ich. Wir umarmen uns, als Burkhard mit seinem weißen Firmenwagen wegfährt. Ich habe Mutti einmal »Irrlicht und Feuer« geschickt. Ich weiß nicht, ob sie das Buch gelesen hat. Ich verstand auch nicht sofort ihre ungeheure Wut über den Anfang des Buches. Ein Mann fährt zur Nachtschicht mit dem Fahrrad. Der

Mann denkt: »Wie ich sie haßte, diese Zeit und die Schicht! . . . Wie ich sie haßte, diese Zeit!« Ich verstand nicht sofort Muttis ungeheure Wut über diesen Anfang. Wo ist das denn anders, wo, fragt Mutti. Ich glaube, Mutti hat nach dem Anfang das Buch nicht weitergelesen, aber ich habe sie auch nicht danach gefragt. Ich will Mutti das Buch »Wunschloses Unglück« schikken, vielleicht liest sie dieses Buch, es ist eine Reflexion über Herkunft und Aufstieg, bei mir bringt die Liebe zu Z. alles ins Rollen, dort der Selbstmord der Mutter.

10. August. Nein, nicht so. Herbert Friedmann schreibt Gedichte über seine Kollegen, die kaufmännischen Angestellten, die kaufmännischen Angestellten denken, sie sind was Besseres, sagt Herbert Friedmann. Nein, nicht so. Er mußte jahrelang unter kümmerlichen Verhältnissen leben und unter der strengen Aufsicht des . . . Nein, nicht so. Der Unternehmer hat keinen Sohn, Hoffnungen regen sich, die eines Tages enttäuscht werden, der Unternehmer macht Kasse, der Traum, der einmal war, ist dahin, doch das Auto ist nicht die Krankheit, sondern das Symptom, Frontalzusammenstoß aus enttäuschter Aufstiegswut. Nein, nicht so. Fehlte bloß noch, daß auch Springer ein Arbeiterkind ist. Der Werksdirektor von Mannesmann in Duisburg habe dem Betriebsrat Knapp immer Warnungen zugehen lassen, denn er sei auch Arbeiterherkunft gewesen, der Direktor, einmal habe der Werksdirektor dem Knapp in einer Sitzung eine Tasse Kaffee aufgezwungen, obwohl er genau gewußt habe, daß der Knapp kei-

nen Kaffee trinken könne wegen seiner Leberzirrhose, als der Knapp dann die Tasse hochgehoben habe, habe auf dem Serviettenpapier unter der Tasse eine Warnung gestanden, daß das Betriebsratsbüro durchsucht werden würde, aber H. glaubt nicht, daß der Werksdirektor, der Arbeiterherkunft ist, es wirklich ernstgemeint hat, diese scheinbaren Solidaritätshandlungen seien nur eine ungeheure Raffinesse, um den Knapp, der ja Macht über die Arbeiter hat, sagt H., zu binden, aber sind diese scheinbaren Solidaritätshandlungen nicht auch die Handlungen eines sich schuldig fühlenden und deshalb sich als Komplizen aufspielenden Werksdirektors, der Arbeiterherkunft ist, sage ich zu H., H. sagt, diese scheinbaren Komplizen sind viel phantasiebegabter als die Bürgerlichen und gehen nicht mit solch roher Macht vor, schon die römischen Söldnerführer seien immer Leute von Unten gewesen, diese Führer seien die phantasiebegabtesten, sagt H. Aber als er zur Wand ging, um erschossen zu werden/ Ging er zu einer Wand, die von seinesgleichen gemacht war/ Und die Gewehre, gerichtet auf seine Brust, und die Kugel/ Waren von seinesgleichen gemacht... Ihn aber führten seinesgleichen zur Wand jetzt/ Und er, der es begriff, begriff es auch nicht... Und ich, die es begreife, begreife es auch nicht. Musik, Musik. Aber als er zur Wand ging, um erschossen zu werden... Nein, nicht so. Papa bietet aus einer feinen Kiste Zigarren an, bietet nach dem Mittagessen den Verwandten Zigarren an, mit den Gesten und dem Gesichtsausdruck eines Herrn Dreißiger oder eines Herrn Epping. Nein, nicht so. Nicht so. Nicht so. Schreiber werden, um den König zu sehen. Ich habe den Schmied beobachtet, wie er seine

Gießer anleitet, ich habe den Metallarbeiter bei seiner
Arbeit vor der lodernden Esse beobachtet, seine Finger
sehen aus wie die Haut eines Krokodils, er stinkt ärger
als Fischlaich, und jeder Zimmerer, der arbeitet oder
Löcher stemmt, hat er etwa mehr Ruhepausen als ein
Pflüger?, seine Felder sind das Holz, seine Ackerwerk-
zeuge sind das Kupfer, in der Nacht, von seiner Arbeit
entbunden, arbeitet er weiter, mehr als seine Arme während des Tages gearbeitet haben, der in seiner engen
Hütte sitzende Weber ist schlechter dran als die Frauen,
seine Schenkel sind dicht an seine Brust gepreßt, und er
kann nicht frei atmen, wenn es ihm auch nur an einem
einzigen Tage nicht gelingt, das volle Quantum an
gewebtem Stoff herzustellen, dann wird er geschlagen
wie die Lilie im Teich, nur wenn er den Wächter an der
Tür mit seinem Brotkuchen besticht, kann er sich den
Anblick des Sonnenlichtes verschaffen, ich sage dir, der
Beruf des Fischers ist der schlimmste von allen Berufen,
sein Umgang sind Krokodile, wenn ihm nicht gesagt
wird, wo das Krokodil lauert, macht die Furcht ihn
blind, wahrhaftig, es kann keine bessere Beschäftigung
gefunden werden als der Beruf eines Schreibers, der der
beste von allen Berufen ist, wahrhaftig, es gibt keinen
Schreiber, der nicht im Hause des Königs speist. Schreiber werden, um den König zu sehen. Nicht so. Nicht so.
Das Weitere ist Routine. Nein, nicht so. Er, Mitscherlich, könne nicht verstehen, ihm, Mitscherlich, sei rätsel-
haft, wie man als Schriftsteller das Schreiben, mein
Schreiben, als Therapie für die Patienten brauchen könne. Ist eine Ärztin nicht eine Werktätige? Ärztin sein
und schreiben. Schreiber werden, um den König zu sehen.
Nein. Huchel habe hundertzwanzig Gedichte geschrie-

ben, in der größten Konzentration habe Huchel hundertzwanzig Gedichte in einem siebzigjährigen Leben geschrieben, und wenn diese hundertzwanzig Gedichte, jedes einzelne, notwendig sind, für Huchel und andere, dann ist es ein revolutionärer Akt, denke ich, nicht mehr als hundertzwanzig Gedichte in einem siebzigjährigen Leben zu schreiben. Was die Bürgerlichen können, was Benn kann, arbeiten und schreiben, sich die Hände drekkig machen, in Gedärmen und Krebsgeschwülsten und Selbstmordversuchen wühlen *und* schreiben, hundertzwanzig notwendige Gedichte, das muß ich auch können. Herbert Friedmann sagt, immer wolle er Prosa schreiben, aber es würden immer nur Gedichte, wenn er abends von der Arbeit nach Hause komme, esse er erst und wasche sich, dann sei er so schlaff und tatenlos, daß er nicht mehr schreiben könne, doch was müßte er alles aufschreiben, wir müssen das schaffen, wir, Herbert Friedmann, oder wollen wir auch Schreiber werden, um den König zu sehen, dann machten wir nichts anderes als die anderen auch, hätten nichts anderes als die Sehnsucht nach dem weißen Kragen, oder ist alles falsch, was ich sage? Ich sage Herbert Friedmann, ich vermute, daß die sozialistischen Arbeiter ihre Reihen so fest schließen, daß sie keine Kritik reinlassen, liegt an ihrem Minderwertigkeitsgefühl, Herbert Friedmann sagt, ja, das Minderwertigkeitsgefühl kann aber auch dazu bringen, daß man alle Kritik annimmt, alles tut, was bestimmte Leute, die einem mehr scheinen, die einem was Besseres scheinen als man selber, einem vorerzählen. Wir ärgern uns beide über den Satz im Werkkreis-Informationsblatt: »Die Mitglieder des Werkkreises sind der Überzeugung, daß im Werkkreis absolute Äußerungsfreiheit besteht, theoretisch und praktisch, außer für Äußerungen, die das Prinzip der solidarischen Zusammenarbeit im Interesse der arbeitenden Klasse verletzen.« Ein sophistischer Satz, ein Minderwertigkeitssatz. Jetzt erst fällt mir ein, daß schon alles in dem Satz steckt: »Du sollst einmal was Besseres werden...« Was Besseres. Aber was seid ihr, was sind wir denn? Wenn die da was Besseres sind, was sind wir dann? Glaubst du, frage ich Herbert Friedmann, daß wir das uns einsoufflierte Minderwertigkeitsgefühl wieder aus uns rauskriegen? Wir müssen es aus uns rausschreiben und rausreden und rausschreien und rausarbeiten und rauskämpfen. Der Junge wird mal was ganz Besonderes, ich bin nichts, wir sind nichts, schreibt Herbert Friedmann. Und wenn es uns schon in Fleisch und Blut gegangen ist, ich bin nichts, wir sind nichts? Lieber H., häute dich, laß uns uns häuten, von der falschen Sprache, der Angstsprache, der Abwehrsprache, der sterilen bürokratischen kommunistischen Abwehr- und Angstsprache, sag doch nicht, wir haben Fehler gemacht, sag doch nicht, ich habe Fehler gemacht, sag doch die Fehler, du fällst doch nicht zusammen zu Staub, du denkst nur, du bist nichts, du bist der letzte Dreck, lieber H., wir brauchen es denen da oben nicht zu zeigen, wir brauchen es niemand zu zeigen, der Junge soll mal was Besseres werden, laß uns die unseren Bregen verschlingenden Väter und Mütter abschütteln, lieber H., laß uns nicht mehr so verkrampft sein, laß uns nicht mehr den anderen in die Destillationsapparate wünschen, laß uns ruhig werden, ruhig werden, Frontalzusammenstoß aus Aufstiegswut, den nicht, nicht den, hörst du die da oben und in der Mitte sagen »wir brauchen Leute, die ganz frisch sind«,

Regisseur Heising über Eva Mattes in »Stallerhof«?, frisch, frisch, frisch, lieber H., die wollen uns verbrauchen, aufbrauchen, gebrauchen, ex und hopp, lieber H., laß uns ruhig sein, laß uns ruhig lieben, aber vielleicht müssen wir erst mit Händen und Krallen und Wunden und Blut und Heulen und Gebären erkennen, daß die da oben und in der Mitte die da die da nicht mehr wert sind als wir, sind sie nicht mehr wert?, können wir es erkennen, werden wir es erkennen? Und wenn es uns schon in Fleisch und Blut gegangen ist, wir sind nichts, ich bin nichts, du bist nichts, in jede Geste, jeden Satz? Elias pocht in meinem Leib, Elias pocht in mir herum. Ich komme vom Bahnhof in Anspach, eine glänzende Kastanie rollt mir vor die Füße, sie rollt in den fliegenden Blättern, ich erinnere mich an ein Gedicht von Z. über glänzende Kastanien, ich erinnere mich an Z.s »Unfall«, ein Stein hat Kristalle in seine Windschutzscheibe geschnitten, die Kristalle sind herausgesprungen auf die Straße, ich stecke die glänzende Kastanie in einen Briefumschlag und schicke den Briefumschlag an Z. Ich hatte so eine Wut auf Böll, Lenis fehlende Geldgier soll proletarisch sein, Leni liebt einen ausländischen Arbeiter von der Müllabfuhr, ach auch der erzählt die Geschichte vom Schuster und seinen Leisten, aber zugleich würdigt er die Arbeiter herab, Böll, zugleich ist in Leni etwas Utopisches, zugleich strömt Leni Ruhe auf mich aus, »Leni wußte immer erst, was sie tat, wenn sie es tat, sie mußte alles materialisieren«, und Leni haßt sich nicht dafür, Leni strömt zugleich Ruhe auf mich aus. Ich höre Sarah immer »ei« »ei« rufen, Sarah sagt zu einer grünen Raupe, die ins Zimmer gekrochen ist, »ei« »ei«, Sarah faßt die Raupe an und sagt »ei« »ei«, ich erschrecke, und jetzt erschrickt auch Sarah, ich nehme eine Schüppe und schüppe die grüne Raupe in den Garten, weit von mir, Sarah erschrickt jetzt auch, und sie hat doch »ei« »ei« zu der Raupe gesagt und hat die Raupe angefaßt.

18. August. Wo kann ich in die Lehre gehen, schreiben zu lernen? Ein Wörterbuch kaufen. Was für ein Wörterbuch? Wollte mir schon immer ein Wörterbuch kaufen. Zuhören können. Hören können. Sehen. Mein rechtes Auge sieht nur unscharf, wenn ich das linke schließe, wenn ich zu lange in die Bücher starre, wird mein linkes Auge blutunterlaufen, die Ohren tun mir nicht weh, auch nicht die Hände, auch nicht die Nase tut mir weh, wenn ich mich der mich umbrodelnden Hetze anschließe, nur die Augen werden klein, die Augen schrumpfen in ihre Höhlen, die Augen. Wie kann ich arbeiten, ohne zu hetzen? Hören können. Zuhören können. Erinnern. Es gebe für einen Schreibenden keine zwei möglichen Arten, ein Buch zu schreiben, wenn der Schreibende an einen zukünftigen Roman denke, beschäftige seinen Geist immer zunächst eine Weise des Schreibens und verlange nach einer ausführenden Hand, der Schreibende habe Satzbewegungen, Architekturen, ein Vokabular, grammatische Konstruktionen im Kopf genau wie ein Maler Linien und Farben, man müsse träumen von einem literarischen Verfahren, dem es gelinge, in den Strom jener unterirdischen Dramen einzutauchen, den Proust nur zu überfliegen Zeit gefunden habe und von dem Proust nur die großen unbeweglichen Linien wahrgenommen und wiedergegeben habe, die kaum wahr-

nehmbaren Vibrationen, Vibration heiße Schwingung Beben Erschütterung, der Vibrationssinn sei die Fähigkeit von Lebewesen mit Hilfe der Vibrorezeptoren durch den Untergrund übertragene mechanische Schwingungen wahrzunehmen, aber dies sei nur die biologische Bedeutung der Wörter Vibration und Vibrationssinn, die kaum wahrnehmbaren Vibrationen im Wahrnehmen, Fühlen und Denken der ollen Arbeiter da aufspüren, manchmal träumte ich, nachts wachliegend mit kreiselnden Gedanken im Kopf, von einer Maschine zum Aufzeichnen von Gedanken, Empfindungen, Wahrnehmungen, Erinnerungspartikeln in ihrem Entstehen und in ihrem Prozeß, von einer Art Elektrokardiogramm, nur nicht für das Herz, sondern für das Gehirn und seine Gedanken und Wahrnehmungen, aber das ist ein lächerlicher Traum, wo kann ich in die Lehre gehen, schreiben zu lernen? »Leni wußte immer erst, was sie tat, wenn sie es tat, sie mußte alles materialisieren.« Elias pocht in meinem Leib, Elias pocht in mir herum. Man könne doch heute in keiner neuen artistischen Form schreiben, sagt Herbert Friedmann, aber, sage ich, ist denn die Ausbeutung heute auch die gleiche wie vor hundert Jahren, was heißt denn »neu«, wenn du sagst, man könne heute in keiner neuen artistischen Form mehr schreiben, sagst du es, als sagtest du, es gibt nichts Neues mehr unter der Sonne, es ist alles schon mal da gewesen, kannst du dir einen Film vorstellen, der zugleich der artistischste wäre und zugleich der sozialste, aber was hieße das? Ich möchte einen Film machen, nur über meinen Vater, der ein Gebiß bekommt, der weint, daß er ein Gebiß bekommt, der lacht und sagt, ich habe viel weißere Zähne als du jetzt, Karin, über die kaum wahrnehmbaren Vibrationen des ollen Arbeiters da, der seine Zähne verliert, nur darüber, zugleich den artistischsten und zugleich den sozialsten Film. Wo können wir in die Lehre gehen, sage ich zu Herbert Friedmann, wir müssen in die Lehre gehen, schreiben zu lernen. Ich fahre mit Sarah nach Göttingen, Herbert Friedmann kommt von der Kaserne zum Bahnhof, wir suchen gehetzt nach einer Kneipe, nach einem stillen Nebenraum in einer Kneipe, dann finden wir einen Raum im Göttinger ASTA, dort spricht Herbert Friedmann seine Gedichte ins Mikrophon des Uher-Aufnahmegeräts, wir sprechen ins Mikrophon des Uher-Aufnahmegeräts über das Schreiben, wenn er gewußt hätte, daß es so schlimm ist, hätte er noch weiter versucht, den Kriegsdienst zu verweigern, er ist nur bis zur zweiten Instanz gegangen, gleich die ersten Tage sei ihnen ein Plakat präsentiert worden, darauf ein russischer Soldat und darunter, das ist dein Feind, Mutti sagt, das gibts doch gar nicht, ich habe doch schon so viele Bundeswehrsoldaten gesprochen, und keiner hat sowas erzählt, vielleicht, sage ich, war denen das selbstverständlich, wir schießen auf Pappkameraden, sagt Herbert Friedmann, da wo das Herz ist, ist ein besonderes Zeichen, ich sage, warum stellen sich denn eure Obersten nicht mal zum Spaß als Zielscheiben hin, Herbert Friedmann redet in Ausdrücken, die ich nicht verstehe und nicht gleich behalte, ich verstehe nur was von Kriechen, Herbert Friedmann sagt, beim Marschieren und Üben denke ich immer was, und dabei komme ich manchmal aus dem Gleichschritt, ich passe nicht richtig auf, *ich* erinnere mich an mein Liederbuch und die hinter der Maschine stehenden Abteilungsleiter und Betriebsleiter und Vorarbeiter, dann muß ich allein vorexerzieren, und ich kriege dann keinen freien Sonntag, sie suchen sich immer die raus, die unangenehm auffallen, er hätte seinen Kameraden schon erzählt von seinen Gedichten, ball die Faust, sage ich zu Herbert Friedmann, laß dich nicht kaputt machen, sechs Mann in einer Stube, wie soll ich da in Ruhe schreiben können, die haben das ja schön eingerichtet, sage ich, sehr schön, hier ist alles viel offener als im Betrieb, sagt Herbert Friedmann, dann nimm das doch als Perspektive, daß du vergleichen kannst, wenn du dann in den Betrieb zurückkommst, kannst du alles viel schärfer noch sehen, Herbert Friedmann schreibt täglich Briefe in tagebuchartiger Form, alles soll er aufschreiben, er sagt, ich habe doch gesehen, wieviele ahnungslos zum Kriegsdienst gehen, ich ja auch, Tagebuch einer Kriegsdienstzeit, mach das, sage ich zu Herbert Friedmann, an Fahnenmast pinkeln nutzt nichts, wahrscheinlich, auf der Rückfahrt sehe ich eine Frau mir gegenüber im Zugabteil die Offenbach Post lesen, eine dicke Fettzeile springt aus ihrer Offenbach Post, »SPD: Ausbau der Bundesrepublik zu einem sozialen Rechtsstaat«, ich denke, jetzt hab ich euch also, den müßt ihr erst ausbauen, aber dann merke ich meinen Irrtum, wenn man ein Haus nur ausbauen will, steht es ja schon, aber was ist das für ein Haus, denke ich, Herbert Friedmann gibt mir seine Adresse, Ziethenkaserne Ausbildungskompanie zwei zwei erster Zug vierte Gruppe, schick mir »Kopf und Bauch«, sagt Herbert Friedmann, ich muß im TEE zurückfahren, ich fahre zum ersten Mal im TEE, die geräumigen Abteile, die Polstersitze, der Schaffner regt sich auf, daß ich laut »Scheiße« sage, weil mein Sauerkraut in die Tasche ausgelaufen ist, ach hier gibts nur feine Leute, Sarah klettert auf den Polstern rum, ein geräumiges Klo, fast kein Klo, sogar sauber, überall in Abteilen und Gängen teppichartiger Fußboden, Zeitschriften baumeln von den Gepäcknetzen, Sarah will eine, was willst du mit dem Revolverblatt, sage ich zu Sarah, Nixdorf Information Wirtschaft Recht Marketing Unternehmens-Praxis Unternehmensführung Unternehmenspolitik Wissenschaft Technologie Gesellschaft EDV-Praxis Organisation Dialog, steht auf dem Titelblatt.

23. August. H. hat dem Betriebsrat Knapp das Buch von Bruker über Ernährung und Krankheit geschickt. Der Betriebsrat Knapp leidet an Leberzirrhose. Der Betriebsrat Knapp schreibt, mit meiner Krankheit ist in meinem Wirkungsbereich so vieles durcheinander geraten, die Gegner hatten ganze Arbeit geleistet, unsere politische Gruppe stand auf einem verdammt dünnen Fundament, grausam nahe waren die Betriebsratswahlen, ich ließ mich vorzeitig aus dem Krankenhaus entlassen, damit konnte ich, für meine Gegner überraschend, noch zeitig in die Auseinandersetzungen eingreifen, von der Arbeit vor und nach der Wahl will ich erst gar nicht berichten, mit meiner Krankheit soll es angeblich wieder zum Stillstand gekommen sein, von den Schmerzen her würde ich widersprechen, alle drei Monate muß ich nach Hamburg ins Krankenhaus, zwei bis drei Wochen wird der neueste Stand überprüft, im November wäre ich wieder fällig, über zehn Jahre in ärztlicher Behandlung ohne Erfolg nimmt mir jede Hoffnung auf Hilfe, äußerlich gibt es keine Anzeichen,

meine Nerven stehen unter starker Belastung, ich brauche mindestens zehn Hände. Gerd Sowka hat sein Stück »Im Mittelpunkt steht der Mensch« nach einer Krankheit geschrieben.

25. August. Kafkas Schreiben ist ein Schreiben vor der Geburt. Das ist meine Situation: ein Leben vor der Geburt. »Das Zögern vor der Geburt... Mein Leben ist das Zögern vor der Geburt.« Gespräch mit Jutta, eine Stunde lang, nach Düsseldorf. Wie sie sich abends alles zurechtlege für die Arbeit und morgens dann gelähmt vor ihrem Schreibtisch sitze und den Tag zubringe mit scheinbar lustigen Reden und zerstreuten Handhabungen, mit Zeitungslesen, Hemdenwaschen, alle diese immer wieder und für immer verlorengegangenen Anfänge und Ideen, soll Konrad zu Wieser gesagt haben, sie, Jutta, lenke sich dauernd durch Essen ab, und dann sind wir noch Frauen, das kommt noch zu allem dazu, ich lese dann eine Brigitte, sagt Frau F., ich hole mir mehrere Zeitschriften und blättere die leeren Seiten durch, als daß er, Konrad, sich mit allen ihm zur Verfügung stehenden Kräften, auf die Niederschrift der Studie konzentriere, gleich was als Ablenkung sei ihm recht, alles sei ihm recht und nichts minderwertig und unbedeutend und desavourierend genug, um sich abzulenken, diese ihre andauernde Essenserwartung, sagt Jutta, die Briefe auf einen Haufen zu werfen und dann nach und nach auf den Dachboden hinaufzutragen, sei durchaus etwas Neues zum Unterschied von den zwei, drei Dutzend sich jahrelang immer wiederholenden

Beschäftigungen, wie zusammenkehren, aufwischen, Nägel aus den Wänden herausziehen, Schuheputzen, Sockenwaschen, vor welchen ihr im Grunde längst ekele, vor allen diesen grauenhaften Ablenkungsmanövern. Ich sage zu Jutta, du mußt dir unbedingt »Das Kalkwerk« kaufen, der Kalkswerkirre ist Sohn reicher Eltern, aber du kannst, was in dem Buch passiert, beziehen auf dich. Ich frage Z., ob er Bernhard kennt, Z. kennt Bernhard, Z. »liebt« Bernhard, ich weiß nicht mehr genau, ob er gesagt hat, er »liebe« Bernhard. Ich sage zu Jutta, du mußt auf den Satz hinlesen, daß die Eltern Konrad immer gezwungen haben, seine ganze Aufmerksamkeit auf Kalkwerke zu wenden, und dann mußt du zuallererst auf den Satz hinlesen, den Satz auf der letzten Seite, aber das Wichtigste habe ihm gefehlt: Furchtlosigkeit vor Realisierung, vor Verwirklichung. Ich schicke Z. »Das Kalkwerk«, auf Seite zweihundertsiebenundvierzig schreibe ich neben das Wort »Internat« einfach: Z., und dann schreibe ich noch zweimal an den Rand: Z. ich, neben den Satz »alles, soll Konrad zu Fro gesagt haben, sei in seiner Kindheit wie in seiner Jugend wie auch später im Grunde immer über seine Kräfte gegangen« und neben den Satz »schon in der frühesten Kindheit hatte ihm immer alles in totaler Erschöpfung geendet«. Jutta will sich »Das Kalkwerk« sofort kaufen. Ich erzähle Jutta von der Konrad, die hunderte und tausende von Fäustlingen strickt, ohne je einen einzigen Fäustling zuende zu stricken, ich sage, Jutta, das Bild der fäustlingstrickenden Konrad verfolgt mich im Wachen und Schlafen. Das Verrückteste aber ist, ich erinnere mich an die Wohnung in der Argelanderstraße in Bonn, eine Souterrain-Wohnung, ich habe halbtot auf dem Bett gelegen, und nicht viel hätte gefehlt, ich wäre auf die Straße gerannt und hätte auf der Straße geschrien und getobt, lies mir aus dem Ofterdingen vor, habe ich zu H. gesagt, und nun finde ich hier wieder, daß Konrad seiner Frau aus dem Ofterdingen vorliest, das ist das Verrückteste, ich müßte rauskriegen, warum gerade aus dem Ofterdingen, ich erzähle H. von meiner Erinnerung und dem Buch, aber H. hört nicht richtig hin, er wundert sich auch nicht darüber bis zur Ruhelosigkeit, nur Jutta sagt, ich muß mir das Buch gleich besorgen, die sind gefallen, wir sind gestiegen, etwas gefallen und etwas gestiegen, beide taumeln dazwischen, sage ich zu Jutta, du kannst, was in dem Buch passiert, auf dich beziehen, als ich elf war, wurde ich herausgeschnitten und kam ins Internat, sagt Jutta, ich wurde verlassen, zurück bleiben starre bewegungslose Figuren, die mir nachschauen, meine arme Mutter, was sollte ich einmal alles erreichen, ich hätte schreien mögen vor Mitleid und Ohnmacht, als ich ihr sagte, ich breche mein Studium erst einmal ab, ihr staunendes schmerzhaftes Bemühen zu verstehen, gleichzeitig ihr Unbehagen, das ertragen zu müssen, nicht fortlaufen zu können, ich möchte beides gleichzeitig, sagt Jutta, mich unsichtbar machen, auflösen, verschwinden, ohne Spuren zu hinterlassen, schreien, ich bin keine Vorzeigetochter, schreien, was habt ihr aus mir gemacht, habe ich nie Hilfe gerufen?, liebe Mutter und Co. es tut mir sehr leid, aber ich lasse mich nicht länger auffressen, ich kam ins Internat, tagsüber krampfartiges und hektisches Bemühen zu beweisen, ich bin wert hier zu sein, ängstliche, stillhaltende nichtseitwärtsblickende Anpassung als Antwort auf die Aufforderung, dort zu

277

leben, als ich elf war, wurde ich herausgeschnitten und kam ins Internat, sagt Jutta, ich wurde verlassen, ich verließ, sagt Jutta, zurück bleiben starre bewegungslose Figuren, die mir nachschauen, aber Jutta wird das Buch kaufen, sie wird es hinlegen, sie wird sich davorsetzen, sie wird Hemden waschen, sie wird um das Buch herumschleichen, nur »Kopf und Bauch« hat sie in einem Zug gelesen. Als ich geboren wurde, arbeitete mein Vater an der Walze, in Tag- und Nachtschicht, Kategorie: Schwerstarbeiter, Eisenblöcke bewegen, die glühten, das ging über Haut und Knochen, die kaputt dabei gingen, aus dem Bauernstand in zwei Generationen abgesunkenes Proletariat, in einem noch halb ländlichen Industrierevier, die Kinder, fünf, sollten alle etwas werden, ich galt in der Familie als etwas Besonderes, schreibt Heinrich Vormweg, diese Art der Herkunft macht außerordentlich unsicher, gleichsam eingeborene Sicherheiten gibt es da überhaupt nicht, die Schreibarbeit, schreibt Heinrich Vormweg, ist für mich unerreichbar, wenn ich nicht eine komplizierte Mechanik in mir stimuliere, die alles zu ihr hin in Bewegung setzt. Elias pocht in meinem Leib. Elias pocht in mir herum. Angst, wieder dasitzen zu müssen, wie Jutta, alles kalt, nichts geht mich etwas an. Elias. Jutta spricht dann vom Sexuellen, sie habe auch Angst vor den ihr aus SPIEGEL-Artikeln entgegenschlagenden zynischen Wörtern, Sprache von leitenden Angestellten und Halb- und Mittel- und Großunternehmern, Angst, dann bin ich das alles auch, die wollen, daß ich so bin, ein zufriedengrinsendes Bündel Fleisch, fand ich einmal in einer DDR-Buchhandlung ein Buch über Sexualität, darin eine Zeichnung, zwei Kreise, ein Kreis war die Familie, ein Kreis war der

Betrieb, und das Rädchen war Familie und Sexualität, und das Rädchen war Familie und Entlastung und Genuß, Qualwort Genuß, und das Rädchen war Betriebsrädchen, zwei Kreise, dieses wahnsinnig große Stück Sensibilität, das ich suche und das nicht daist, sagt Jutta, das Versprechen fast, eher nicht glücklich sein zu wollen, ehe das nicht möglich ist, dann müßte ich warten wie lange, bei ihnen, sagt Jutta, »klappe« zwar alles, ich weiß nicht, was sie meint, aber sie fühle sich »danach« unglücklich, lernen, nicht mehr vor der Geburt leben zu wollen. Dietgers Eingefrorenheit. Sein zehnstündiges Taxifahren. Sie, Jutta, wisse es, ja, daß dieses Taxifahren die in der Kindheit durch Dietgers Mutter erzeugte Eisigkeit, die Mutter war reserviert gegen jede Zärtlichkeit, die kannibalistische Mutter, daß dieses Taxifahren die erzeugte Eisigkeit noch weiter festige. Dietger kann nicht weinen. Vom Tod seiner Oma sei er erschüttert gewesen, die Oma habe er intensiv geliebt. Von der Beerdigung kommend, habe er gesagt, ich überlege mir, ob ich mir einige Tränen abquetschen soll, abquetschen hat er gesagt, sagt Jutta. Jutta träumt und erzählt Dietger ihre Träume. Dietger sagt, ich brauche keine Träume. Dietger ist stolz darauf, daß er nicht träumt. Er sagt, ich träume nie, ich habe einen gesunden Schlaf. Jutta sagt, Dietger leugnet seine unbewußten Wahrnehmungen und Gefühle wie seine Träume. Dietgers zehnstündiges Taxifahren. Kommen Dietger und Jutta nach Anspach. Dietger kauft ein, und dann sagt er, sollen wir jetzt abrechnen, und ich merke, er rechnet gerne ab, denn er kennt das Abrechnen vom Taxifahren, Arbeiter und Arbeiterkinder in einer hochgelehrten Versammlung, und plötzlich geht der Strom weg, ein Elektriker wird gebraucht, dann leben sie auf, sie reparieren, sie können reparieren, sie können abrechnen, was kann ich, einer müßte ein Ballett tanzen, welche Schritte Gesten Gebärden macht Juttas Mutter Serviererin, den Tageslauf von Juttas Mutter Serviererin tanzen, den Tageslauf von Juttas Großvater Fuhrmann, den Tageslauf von Karins Oma und Opa und Mutter und Vater und Vorfahren Landarbeiter Bauern Arbeiter von Karins Schwester und Bruder und H.s Mutter und Schwestern und Vater, was kann ich, was soll ich können. Ich habe Angst, daß H. irrsinnig wird. Eugen Gabritschewsky lebt seit Neunzehnhundertachtundzwanzig in der Heilanstalt Haar bei München, im sechsunddreißigsten Jahr brach die Schizophrenie aus, Eugen Gabritschewsky malt Bilder mit den Titeln Puppen die sich umarmen Götzendiener der Industrie, Eugen Gabritschewsky ist Biologe und Chemiker, er arbeitete wissenschaftlich in Amerika und Paris, seine Bilder sind Bilder eines Geisteskranken, ein Buch über Eugen Gabritschewsky erschien bei Bayer-Leverkusen Pharmazeutische-wissenschaftliche Abteilung, warum glauben denn sogar Atomphysiker und Astronauten an Gott, sagt Mutti. In meinem fünfundzwanzigjährigen Lebenskrieg hat man mir mit einer dicken Kanonenkugel ein Loch in die Brust geschossen, schreibt H. Ich habe Angst, daß H. irrsinnig wird. Denn wie soll man ohne den ganzen empirischen naturwissenschaftlichen Scheiß erklären, daß... Kann ich verhindern, daß H. irrsinnig wird? H. schreibt und redet wie ein Irrsinniger. Eugen Gabritschewsky sei fast taub, und man könne schon lange nicht mehr mit ihm reden, und ich wollte doch hinfahren und über seine Bilder mit ihm reden.

Wird H. irrsinnig werden. Elias pocht in meinem Leib. Elias pocht in mir herum. Ruhig in einer ungeheuren Erschöpfung.

Literatur von Frauen
im Suhrkamp Taschenbuch Verlag

Literatur von Frauen
im Suhrkamp Taschenbuch Verlag

Elizabeth von Arnim: Vater. Roman. Aus dem Englischen von Anna Marie von Welck. Neuübersetzung. it 1544
– Verzauberter April. Roman. Aus dem Englischen von Adelheid Dormagen. Mit Fotos aus dem gleichnamigen Film. it 1538 und Großdruck. it 2346
Jane Austen: Die Abtei von Northanger. Aus dem Englischen von Margarete Rauchenberger. Mit Illustrationen von Hugh Thomson. it 931
– Anne Elliot. Aus dem Englischen von Margarete Rauchenberger. Mit Illustrationen von Hugh Thomson. it 1062
– Die großen Romane. Mit den Illustrationen von Hugh Thomson. Sieben Bände in Kassette. it
– Emma. Aus dem Englischen von Charlotte Gräfin von Klinckowstroem. Mit Illustrationen von Hugh Thomson. it 511 und it 1631
– Lady Susan. Ein Roman in Briefen. Aus dem Englischen von Angelika Beck. Mit zwei Romanfragmenten: Die Watsons. Sanditon. Aus dem Englischen von Elizabeth Gilbert. it 1192
– Lady Susan. Ein Roman in Briefen. Aus dem Englischen von Angelika Beck. Großdruck. it 2331
– Mansfield Park. Aus dem Englischen von Angelika Beck. Mit Illustrationen von Hugh Thomson. it 1503
– Stolz und Vorurteil. Aus dem Englischen von Margarete Rauchenberger. Mit Illustrationen von Hugh Thomson und mit einem Essay von Norbert Kohl. it 787
– Verstand und Gefühl. Roman. Aus dem Englischen von Angelika Beck. Mit Illustrationen von Hugh Thomson. it 1615
Ingeborg Bachmann: Malina. Roman. st 641 und st 2346
Emmy Ball-Hennings: Gefängnis. st 1936
Djuna Barnes: Nachtgewächs. Roman. Deutsch von Wolfgang Hildesheimer. Mit einer Einleitung von T.S. Eliot. st 2195
– Ryder. Aus dem Amerikanischen von Henriette Beese. Mit elf Zeichnungen der Autorin. st 1638
Sylvia Beach: Shakespeare and Company. Ein Buchladen in Paris. Aus dem Amerikanischen von Lilly v. Sauter. st 823
Maria Beig: Hochzeitslose. Roman. Mit einem Nachwort von Martin Walser. st 1163
– Rabenkrächzen. Eine Chronik aus Oberschwaben. Roman. Mit einem Nachwort von Martin Walser. st 911
– Die Törichten. Roman. st 2219
– Urgroßelternzeit. Erzählungen. st 1383
Marija Belkina: Die letzten Jahre der Marina Zwetajewa. Aus dem Russischen von Schamma Schahadat und Dorothea Trottenberg. st 2213

Literatur von Frauen
im Suhrkamp Taschenbuch Verlag

Literatur von Frauen
im Suhrkamp Taschenbuch Verlag

110/5/7.95

Literatur von Frauen
im Suhrkamp Taschenbuch Verlag

Literatur von Frauen
im Suhrkamp Taschenbuch Verlag

110/7/7.95

Literatur von Frauen
im Suhrkamp Taschenbuch Verlag

Literatur von Frauen
im Suhrkamp Taschenbuch Verlag

110/9/7.95

Literatur von Frauen
im Suhrkamp Taschenbuch Verlag

Deutschsprachige Literatur
in der edition suhrkamp:
Essays, Reden, Briefe, Tagebücher

edition suhrkamp
Eine Auswahl

edition suhrkamp
Eine Auswahl

edition suhrkamp
Eine Auswahl

edition suhrkamp
Eine Auswahl

316/5/6.93

edition suhrkamp
Eine Auswahl

edition suhrkamp
Eine Auswahl

edition suhrkamp
Eine Auswahl

316/9/6.93